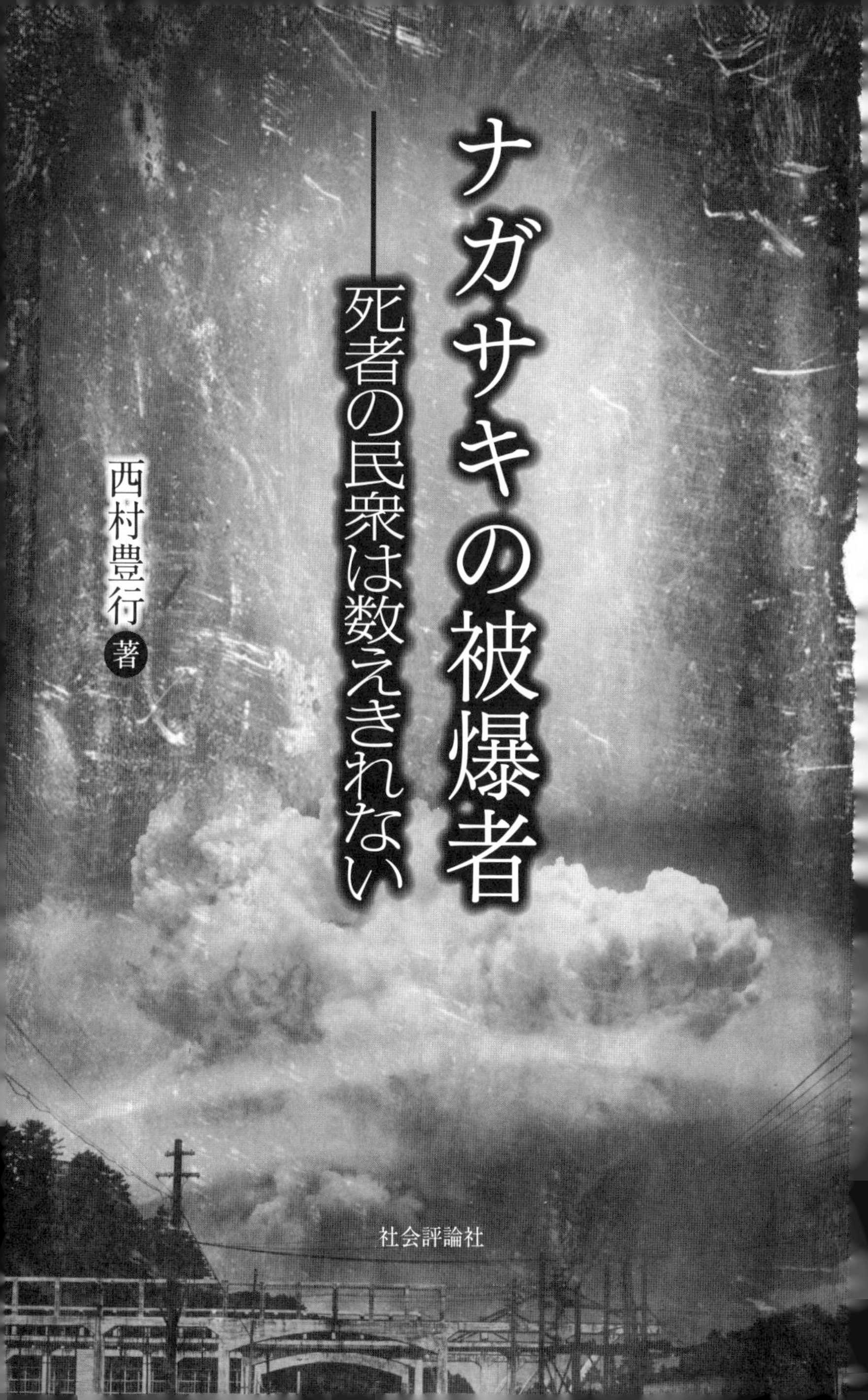

ナガサキの被爆者

死者の民衆は数えきれない

西村豊行 著

社会評論社

夏の花あつくてとてももてません（出口ひろ子）

ナガサキの被爆者——死者の民衆は数えきれない＊目次

第Ⅱ部　死者の民衆は数えきれない

第Ⅰ部

ナガサキの被爆者

部落・朝鮮・中国

〝原始野〟に放り出された
マリア像に残るケロイド

はじめに

「ヒロシマ・ノート」が、一冊の書物の感動以上の力をもってわたしを揺り動かしたのは、六年前のことである。一九六四年の秋、雑誌『世界』で大江健三郎氏のヒロシマをめぐっての一連のエッセイを読んだときの、意識の高揚がそれであった。

一九六五年の春、わたしは憑かれたように大阪からヒロシマに出かけた。自分の足と感覚で確かめたかったのである。といっても、わたしがヒロシマで確かめようとしたものは、被爆者や核兵器の問題ではなかった。わたしが確かめようとしたものは、もっと個人的な問題であった。わたしがヒロシマで確かめようとしたものは、これからの自分の生き方をどうするかといった、直接には原爆とは関わりのない問題だった。

他者との〝関わり〟の問題が、自閉症的なわたしを執拗に悩ましつづけていたからだと言えるであろう。関わりとは、自分の前に何か問題をどっしり据えることであるなら、まさにヒロシマ・ナガサキを、わたしは自分の生き方の問題として自分の前に据えようとしたといえる。つまり、ヒロシマ・ナガサキに関わらせることで、自分をつくり変えようと決断したのである。まぎれもなく「ヒロシマ・ノート」は、そのような生き方の選択の契機の端初を切り拓いてくれたのであった。

ところで、わたしの生き方の問題が、なぜヒロシマ・ナガサキであり、またヒロシマ・ナガサキでなければならないか、きっと疑問に思われるに違いない。実を言えば、その問いは、わたし自身がわたしにもった問いであり、その問いこそが、わたしのナガサキでの作業の主要なモメントであったと言いかえることができる。

誰が被爆者をつくったか。被爆者とはどのような存在であるか。わたしが選んだ主題を整理するとそのことにつきる。わたしにとって「被爆者」は、差別の上塗りでしかない同情や、改良主義的な救援の対象でもない。わたしのもっとも好きな詩の一行である〝階級の底は深く／死者の民衆は数えきれない（黒田喜夫）〟の詩精神を、方法論の核にとりこみつつ、長崎の土着性に即して〝原爆〟を抉ることに努めた。

一口に原爆の問題と言うが、それが差別問題、民族問題、独占資本の問題など、帝国主義の矛盾の帰結であることに行きつかざるをえないことを発見したとき、正直いって、わたしは自分の能力の限界と力不足を痛感せずにおられなかった。にもかかわらず、原爆の問題はたんに一地方の問題ではないという確信と、すぐれて今日的な問題であることだけは、はっきり摑むことができたといえる。

わたしにとってナガサキとは何か——わたしは、わたしなりに力を尽してこの問に答えたつもりである。もちろん「わたしにとって」が、はたして、「われわれにとって」にまで、十分に高まり得たかどうかについては、読者のご理解と判断をまつほかはない。

Ⅰ　だれが被爆者をつくったか

原爆投下の決定と三菱独占資本

一

「昭和二〇年八月一日　水曜日　晴

朝起きて掃除をし、朝食をいただいていると、警戒が発令になった。私はいそいでたべて、かたづけていると解除になったので工場に出かけた。大学前に来たら、すいていたのですぐ乗れた。大橋に岩田さんが待っていらっしゃった。岩田さんと二人工場へ行ったら、今始まったばかりだった。道具をおいて便所に行ったら、又、警戒が発令した。私と岩田さんは、家に帰ろうと帰ってみたら永田さんと福島さんと二人、こられていた。岩田さんが誰もおられないから帰ろうといった。電車に乗って、松山の所で停電になった。おりて、電車道を歩いていたら、空襲になり、敵機来襲になった。私と岩田さんと永田さんと三人、よその家に入った。まもなく、空襲解除になった。すぐ工場に行った。組長さんから仕事をいただいた。仕事をしていたら、布施さん、川口さん、江島さん、三人こられた。仕事を一生懸命して、ようやく三ヶした時、一一時すぎ警戒が発令した。いそいで仕事をかたづけ、便所に行った。いそいで、道具をからって、走っていたら、空襲になった。先生が走っておられた。それで日記をもってかせいした。途中で敵機来襲になった。よその家に入った。

八月二日　木曜日　晴

今朝は、六時前に起きましたが工場を休みました。のどがいたくて、口を、塩でゆすぎました。朝食をいただく時は、たいへんいたくて、たべられなかった。食事をすまして、後かたづけをして、掃除をした。掃除をして昨日の日記を書いて、避難用意をしていたら、全員待避といわれたので、いそいで山に待避した。たいへんきつくて、たまらなかった。山についたら、待避解除といわれた。でも私達は、姉と山におった。あつくてあせをふいて、家に帰った。時計を見たら、一一時前でした。私は、姉と昼食をした。でも私は、のどがいたいので、あまりたべませんでした。昼から、あみ物をした。二時頃あまりいたかったので、のどをうがいして、昼寝をした。私がねているとと、母が、明日佐賀に行くと、かたずけておられました。すこし、かせいした。掃除をして、夕食をいただき、かたずけて、あみものをした。電気がつかないのでこまります。それで、ねころんで話をしたり、色々した。九時頃寝た。」

この日記は、当時、K女学校三年生で、一七歳の鹿谷スミ子が綴ったものである。八月一日から書き始められた日記は、空襲下を逃げまどい暗い防空壕にうずくまって耐えた日々や、学徒報国隊の一員として三菱長崎兵器製作所での生産増強の苦しい強制労働に拘束されていた日常を詳細に書きとめている。これは異常でも苛酷でもない当時の余りにも尋常な日常体験の記録としてある。

一九四五年七月二四日、アメリカ軍が発令した「陸軍省参謀本部、ワシントン二五DC極秘」(F・ニーベル／C・ベイリーⅡ『もはや高地なし』笹川正博／杉淵玲子訳)によると、「第二〇航空隊第五〇九飛行隊は、一九四五年八月三日ごろ以降、天候のゆるすかぎり早急に、最初の特殊爆弾をもって、爆撃目標のひとつに、目視爆撃を行なうべし……目標は広島、小倉、新潟、長崎とする(後略)。」とある。長崎が、原爆投下の目標地として選ばれたことについて『原爆投下決定』(ギオワンティ・F・フリード、堀江芳孝訳)によると、「トルーマンはスチムソン(陸軍長官)に、日本でどんな都市が軍事生産専門に活動しているかとたずねた。スチムソンは早速広島、長崎その他の名前を挙げた」とある。「トルーマンは目標の中で陸軍の補給センターで港である広島、大きな工業地帯を含む重要な港である長崎がいいと言った」(前掲書)ことから判断すると、トルーマン大統領みずからが軍事的に重要な都市として広島や長崎への原爆投下を確信するにいたったことは明らかであろう。もちろん、その軍事作戦計画に一点の曇りもなかったわけではない。一九四五年八月二日に出された「特別爆撃任務第一三号、極秘野戦命令」(『もはや高地なし』)によると、長崎は広島、小倉についで目標地としてはあったが、すでに知られているように、あくまでも「予備第三目標」だったのである。将軍ファレルの見解によると、「長崎は丘が多くて原爆の威力を十分に発揮できないし、これまでの爆撃で破壊されているから」（前掲書）というものであった。原爆の投下目標として、広島や小倉と比べて長崎が理想的でなかった理由は、「町は丘あり坂ありで、爆風の効果は著しく妨げられると考えられた。それに、ここは、もうアメリカの爆撃機に五回も空襲されていた」（前掲書）ことは事実であろう。したがって、長崎より「大きな陸軍の造兵廠があって、まだやられていない小倉の方が、目標としてはよさそうだった」ということは、しごく当然の結論に違いない。ところで「一九四五年七月三日付の統合参謀本部作戦命令ＷＡＲＸ二六三五〇に示された広島・小倉、……への爆撃禁止命令を解除（中略）第二〇航空隊第五〇九飛行隊のみによる攻撃……」（前掲書）とは、一体どのようなことを意味しているのだろうか。原爆投下の際は、極秘命令である「陸軍省派遣の軍人及び科学者は、爆発の効果の観測並びに記録を行なうべし」とあることから判断して、紛れもなく原子爆弾の威力を可能な限り発揮させるための保障の措置であることは否定できないであろう。だからといって、アメリカの日本への原爆投下の作戦計画の焦点から、長崎がはずされたわけでは決してない。現実に「長崎は三菱の大きな航空機工場が四つもある港湾都市」として、軍事的戦略目標として、原爆投下の対象であった。なぜなら、三菱独占資本が日本帝国主義の軍事機構の中枢を担って、文字通り長崎市を〝軍需生産都市〟化していたからである。しかし、基本的には、アメリカにとっては「日本を打倒し、戦争を終らせるうえで、何らかの効果をもつためには、日本国民を目標とせねばならなかったし、厖大な数の日本人を殺さねばならなかった」（フレミング『現代国際政治史』）ことから、日本そのものが原爆投下の目標地だったことは明らかである。

二

「八月三日　金曜日　雨
今朝起きた時も、のどがいたかった。工場を休み、六時すぎて起きた。口をゆすぎ、顔を洗って、掃除をした。朝食は、いただかなかった。後をかたずけて、あみ物をし、モンぺをつくり始めた。昼は、おだんごをつくった。でも私は、たべきらないので、おかゆをたべた。昼すぎは、又、モンぺをつくり、四時頃掃除をした。母は、今日雨が降ったので、佐賀に行かれなかった。夕食ができ、いただいて、又、モンぺをつくり始めた。今日も電気がつかないので、はやめにやめて、なにもしないでおばと色々話をしたり、明日母が佐賀に行くので、よういをして、九時すぎに寝た。ちっともねむれなかった。のどがいたくなった。
八月四日　土曜日　雨のち晴
今朝起きたら、雨がざあざあ降っていた。床をたたみ、掃除をし、母は今日も佐賀に行かれなかった。朝食前、疎開荷物をかたづけたり、整理したり、いそがしかった。私は、のどはよくなり、今日こそは工場へ出ようと思ったが、なかなか出られませんでした。かたづけて、八時頃食事をすまし、後をかたづけ、モンペをつくり始めた。昼前につくり上げ、昼食をすましモンペにボタンをつけて、一時すぎ、今町の半田屋へ疎開荷物を取りに行ったり、非常米を取りに行ったり、電車はかよわず、歩いて行った。半田屋についたかと思うと警戒が鳴り、間もなく空襲になった。私は、頭巾も持ってこなかったので、おばさんの頭巾と、長袖の洋服とをかりて、防空壕の中に入った。まもなく空襲解除になり、警戒も解除になった。すぐ夕食をいただき、お風呂をわかして風呂に入り、持って行く物を用意して、家に七時すぎ頃帰った。家に帰ったら、母が、友達が三人見えたといわれた。私は、永田さん達と聞いたら、母が、一度も見ない人といわれた。私はだれだろうと、考えても思いつきませんでした。日記を書き、明日母が佐賀に行くので用意していたら、警戒が発令した。私は、かたづけ、ふとんをしいて寝た。」

トルーマン大統領は、広島への原爆投下から一六時間後、次のような声明を出している。「日本軍は、開戦にあたり、パール・ハーバーを空襲したが、いまや、何十倍もの報復を受けたのである。しかし、戦争はまだ終わってはいない……」と。トルーマンは、パール・ハーバーの報復として原爆を投下したという。鹿谷スミ子は、トルーマンの言葉によると、真珠湾攻撃の報復を受けて死んだということになる。アメリカに対して奇襲作戦でパール・ハーバーを焼討ちにかけた日本、その日本にパール・ハーバーの報復として原爆を投下したというアメリカ――。この戦争は、一体どのような性格をもった戦争だったのだろうか。

レーニンはその『帝国主義論』（菊地昌典訳、以下同）の中で、「資本主義が資本主義であるかぎり、過剰な資本は、その国の大衆の生活水準を向上させるのに向けられることはなく――なぜなら、そうしたら、資本家の利潤が引き下げられるから――国外の後進諸国へ資本を輸出することによって利潤を引き上げるのに向けられるのだ。これらの後進国では利潤が高いのがふつうである。というのは、資本は少ないし、地価は比較的高くないし、賃金は低いし、原料は安いから」と述べた後、つづけて「一八七六年には、まったく植民地をもっていなかった」ドイツ、アメリカ、日本の三列強は一九一四年には、六大列強のイギリス、ロシア、フランスに次いで植民地をもつ「異常に急速に進歩してきた若い資本主義国」であると規定している。

文字通り、若い資本主義国である日本は、一八九五年、台湾を中国から分割して支配することになり、一九一四年にはすでに「日韓併合」を完了して、朝鮮を植民地下においていた。レーニンの「独占は植民政策から成長した」という『帝国主義論』のテーゼにもとづいていえば、三菱独占は紛れもなく植民政策から成長したのである。『岩崎小弥太伝』によると、植民政策による成長の課程が次のように描かれている。

「三菱合資会社は明治四四年に朝鮮において製鉄事業を計画し、黄海道兼二浦周辺の鉄鉱の調査を開始した。これは日韓合邦（明治四三年八月）の翌年であった。三菱が合邦直後に夙くも朝鮮に進出を試みたのは、朝鮮総督寺内正毅元師の熱心な勧奨によるものと云はれている。……」日露戦後の満州経営等の国策と相関連したものであろう。このとき以後「日本帝国主義の最も本質的経済的基礎をなす資本輸出」（レーニン『帝国主義論』）は、洪水のように朝鮮へ奔流となって侵していった。

三菱独占は、紛れもなくその最右翼としてあった。一九一二年から一九二四年（大正年間）にかけて、朝鮮での権益の基礎を固めた三菱独占は、「昭和年代となるや朝鮮金鉱の開発に力を注ぎ、佑益、金提、青岩、花田里、宝生、海州、三光、等諸鉱を経営、朝鮮事業は同社の有力な部門となり」、また「同社は朝鮮、満州、台湾、等外地に進出して多角的に企業を行い、短日月の間によく綜合的化学工業会社として巨大な発展を遂げるに至った」（『岩崎小弥太伝』）とある。特に朝鮮は「朝鮮植民地政策に固有の特徴は、植民地としての収奪とともに、日本帝国主義の大陸進出の前進基地」（大江志乃夫『日本産業革命』）だったことを忘れてはならない。すなわちアジアへ向けて、とりわけ中国大陸へ向けての前進基地だったことは、日中戦争の強行による中国侵略――が明らかにしているところである。日本は、レーニンのいう「帝国主義とは、独占体と金融資本の支配が成立し、資本輸出がきわだった意義をおびるにいたり、国際トラストによる世界の分割が始まり、最大の資本主義諸国による地球の全領土の分割が完了したという発展段階にある資本主義のことである。」そのような資本主義をめざして猛然と進みつつあった。宇垣一成は自分の日記に告白している。「第一、対支関係は日本の存立、帝国民死活の重要問題である。英米其の他の国々の立場である、より好きな生活、より安全に存立せんとする者とは根抵に於て異なって居る。日本に採りては贅沢な仕事でなく死活を伴う真剣味の問題である。第二、対支問題は帝国の存立、国民死活の大事であるから、軍部としても国防の一端として軍閥外交の非難ありても構いなく進んで積極的に働き来ったのである」。「支那人の性格は全然ユダヤ的である」とつけ加えて。

「死活を伴う真剣味の問題」とは、一体どんな問題なのであろうか。「江南造船所は」と、三菱造船所社史は記している。「昭和一二年（一九三七）一一月第二次上海事変の蘇我海軍の占拠した中国国民政府所属の工場である。海軍は占領直後工作班をして設備の応急修理を行わしむる一方、艦船の修理作業を開始した。然し本格的な復興と経営は之を民間に委託するの方針を採り、昭和一三年（一九三八）一月当社に経営方の指令があった。そこで地理的に近い長崎造船所が其の衝に当ることとなり、同所より派遣した従業員に中国人を配し復興に努力の結果、昭和一四年（一九三九）四月には施設の復旧も一段落した」。資本は、高い利潤を無限に要求する。「経費の関係でなるべく支那人を使う事にした」とある。まさしく利潤を増殖させるための、〝後進国支那人〟は、安価な労働力だったのである。

……鹿谷スミ子の生と死も、たんに戦争の中の突出した被害――原爆死――としてあったのではなく、帝国主義間の領土、権益など「勢力範囲」をまもり、あるいは拡張する目的の手段として、文字通り物質化されたものとしてあった。

一九四五年七月二四日「ポツダム会談」が行なわれていた。「午後の会議が終わったときのことだった。トルーマンがまずスターリンに歩みよった。かれは、アメリカが強力な新兵器をつくりだしたこと、それを日本に対して使うつもりだと何気なく言ってのけた。スターリンは関心がなさそうだった。かれはニコリとして、うまく使えるように希望するといっただけだった」（『もはや高地なし』）。

三

「八月五日　日曜日　晴

今日は日曜日、五時前に起きた。今朝五時頃母は佐賀に行く。弟、一郎、誠ちゃん三人をつれて、佐賀に行った。汽車は乗らず、トラックで行った。母が行った後は、皆、しんと淋しくなった。私は、ふとんをかたずけ、掃除をし、朝食をいただいて、荷物を下の家から私の家に皆持ち上げ、かたづけていたら警戒が発令した。いそいでかたづけ、一一時頃食事をすまし、かたずけて、用意していたら、空襲になり、あわてて山に走った。山に行ったら、皆来ていらっしゃった。あつかったので、あせをふき、モンペを一枚ぬいで昼寝をした。ふと目がさめた時、警戒解除と言ってこられた。又、モンペを着て家に帰った。すぐかまに水を入れて、火をおこし、頭を洗った。掃除をして、夕食をいただき、米をといだ。体を水でふいて、今日の日記を書いて、洋服をたった。夜は、電気もつき、さいわいに洋服をぬい上げきった。いっ時涼んでいたら、警戒が発令した。北九州に、五、六百機の大型小型の飛行機が、二二時頃来るとの事、私はひやひやして、半田屋のおばが、おじと私と二人、山に行っとけといわれた。私はちっとも行きたくなかったが、しかたなく行った。山に行く途中、とても暗くて、おそろしかった。ようやく山にたどりつき、すぐ寝たが、ちっとも眠れず、空襲になり、吉川のおばさん達がこられた。私は、姉の来るのを待っていたが、ちっともこないし、はらがたってたまらなかった。二時頃空襲解除になった。二時過ぎた頃、うすらうすら眠ったが、夜の明けるまでちっとも眠っていなかった。

八月六日　月曜日　晴のち雨

今朝は、山にとまって六時前に山を出た。家についたら六時頃でした。すぐ顔を洗って掃除をし、母がいないので朝食をすまし、後をかたづけて、七時に家を出て、岩田さんをよびに行った。岩田さんも私と同じ日、三日休んだそうです。歩いて工場へ行き、森崎さんが来ていらっしゃった。私は森崎さんと何日も会っていないし、今日始めてお会いした。長く会っていないので、話がたくさんあった。外に出たら私達の朝礼はなかった。現場へ行き、組長さんが詰所のかせいに行けといわれた。間もなく永田さんがこられ、一緒に師範学校まで第四仕上一二名行った。学校についたら、いっとき遊んで、間もなく掃除をし、整理していたら、警戒が発令した。私はびくりとしましたが、又、仕事に取りかかった。引続き空襲になった。いそいでかたずけ山に待避した。なるだけ欠勤せぬように、心をいましめて生産に頑張りなさい」

「なるだけ欠勤せぬように、心をいましめて生産に頑張りなさい」は、教師の添削であり注意書きであると考えられる。

　鹿谷スミ子が強制的に動員させられた三菱長崎兵器製作所が、兵器生産の本格的な量産に入ったのは一九三九（昭和一四年）年である。

「同年九月に至り当所は、俄然画期的な大拡張を断行するの要に迫られた。即ち、国際情勢の緊迫化に対処して、海軍は当所に対し生産能力の倍増を要請したからである。当時浦上工場は、一二九〇〇坪の土地に対し建物は七〇七八坪となり、既に拡張の限界点に達していたので、調査研究の結果、長崎市の北端大橋に約六〇〇〇〇坪の土地を買収し、昭和一七年（一九四二）四月までに一六一〇六坪の新工場を建設し、発射場も之に伴う土地建物及び機械設備の拡張増設を行う計画を樹てたのであった。処が翌一五年（一九四〇）海軍は更に第二次施設拡充として、第一次拡充に対し五〇％の生産増強を要請した。依って工事中の大橋新工場に建物五〇〇〇坪、機械設備五三四台を増設のこととし、発射場に付ては機密保持の必要上隣接山林三〇〇〇坪をも買収することとなった。」（三菱造船所社史）又、「然るに太平洋戦争に入るに及んで、先に増強を計画した数量の更に七〇％増強計画が示達された。当所としては之が対策に腐心の末、工場建物は大橋工場完成と共に閉鎖の予定であった浦上工場を引続き使用し、機械類は当局より借受け、尚不足の部分は作業方法の強化を以て補うこととし、建物其の他の新規拡充は最少限度に止むこととなった。以上三次に亘る拡張工事は、大体昭和一九年（一九四四）を以て終了したが、此の結果全工場の規模は、土地七五四〇〇坪、建物四一七九四坪、機械設備三四三五台と云う大規模のも

のに飛躍した。」（前掲書）

戦時体制の拡大強化と共に、軍需生産の増強が要求されるのは戦争の必然である。一九三八年（昭和一三）に制定された「国家総動員法」の意味するものは、軍需生産の増強に見合う労働力の確保である。帝国主義者にとって、〝労働者狩り〟を日常的にしかも合法的に進める必要があったからである。第四条には「政府ハ戦時ニ際シ国家総動員上必要アルトキハ、勅令ノ定ム所ニ依リ帝国臣民ヲ徴用シテ総動員業務ニ従事セシムルコトヲ得」とある。すなわち必要なとき、可能な限り戦時動員できる体制を完備したのである。その時、逐次〝労働者狩り〟を強行していくわけであるが、三菱の場合をその社史に見てみよう。

「民間からは勤労報国隊等が繰出され、同一六年（一九四一）には愈々国民徴用令が実施されて、同年一〇月頃より続々と新規徴用工員が各工場に送り込まれた。此の結果同一七年（一九四二）には、一五八五三五名、翌一八年（一九四三）には、二二一五五七名と遂に二〇万台に跳躍した」のである。

国内の労働力だけはではまかないきれず、朝鮮人労働者や中国人捕虜などを強制的に連行してきて補完することになる。朝鮮人に関しては、一九三九年頃から強制連行を開始しており、戦況の拡大と共に連行を強化し、『朝鮮人強制連行の記録』（朴慶植）によると、太平洋戦争中「日本『内地』への強制連行数七二万五千名」とあり、また、中国人強制連行に関して東条内閣は、一九四二年閣議をもって「華人労務者内地輸入に関する件」を決定した。それによると「内地ニ於ケル労務需給ハ愈々逼迫ヲ来シ特ニ重筋労働部面ニ於ケル労力不足ノ著シキ現状ニ鑑ミ左記要領ニ依リ華人労務者ヲ内地ニ移入シ以テ大東亜共栄圏建設ノ遂行ニ協力セシメントス」。（中国人強制連行事件資料編纂委員会『草の墓標』）。「四一七六二名」（草の墓標）が、連行されたとある。――これは、当時の帝国主義間の戦争＝「列強による世界の分割」がいかに暴挙をきわめ、かついかに果てしのない残虐な行為であったかを立証するものであろう。

ところで「人手は尚不足であったので、大学、専門学校は勿論中学及び国民学校から果ては俘虜、囚人、保護少年までも動員」（三菱造船所社史）した結果、「二一〇年（一九四五）六月には国内工場のみにて三五八一二七名」にまで達したという。因みに「昭和一三年（一九三八）には七二〇一〇名」と比較すると約五倍になっている。もちろんそれだけでは十分ではなかったので「昭和一八年決戦的様相が次第に濃厚となるに伴い、六月『工場決戦時特例』が公布され工場就業時間制限令は廃止、造船部門は二四時間制を採用し……更に同年（一九年）五月『生産増強慰労金制度』等の実施により一人一日の平均就業時間は一二時間を超過する」（三菱造船所社史）苛烈な労働を強制したのである。

「米国は原爆を日本に対し無警告で使用すべきである……。その目標は、投下すれば最大の心理的衝撃を与える人口稠密な地帯における軍事工場とすべきである」（『原爆投下決定』）。また「戦後、日本にやってきて、戦争中の米軍の空襲による被害状況を詳細に調査したアメリカの戦略爆撃調査団の公式調査報告にも、『広島と長崎とは、そこにもろもろの活動と人口が集中されていたために、目標として選ばれたのである。』」（西島有厚『原爆はなぜ投下されたか』）。

長崎が「人口稠密な地帯における軍事工場」都市であり、「そこにもろもろの活動と人口が集中されていた」否定できない事実について、奥園時利さんは軍需工場の多い長崎では、徴用工、女子挺身隊動員学徒が街に氾濫」し、姫野欣次さんも「人手不足を補うために、徴用工、動員学徒、囚人、捕虜、半島人、女子挺身隊などというお手伝が多数、造船所に来ていたことは、皆さん御存じの通りです。しかし、学徒というと中学生以上とお思いでしょうが、この中には勤労奉仕の名目で長崎立神小学校の五、六年の児童まで造船所に来ていた」（三菱造船所職員被爆手記「原爆前後」）と証言している。

四

「八月七日　火曜日　晴

今朝起きて掃除をし、朝食をすまし、七時に家を出た。途中で布施さんと会った。一緒に工場へ行った。工場へついて、道具をおき外に出た、と一緒に警戒が発令した。私と布施さんと二人だったので、帰ろうといって門を出て帰ろうとしていたら、永田さんと森崎さんと二人こられていたので、帰ろうやといって帰っていたら、先生が来ていらっしゃった。私達にトンネルに行きなさいといわれたので、私達はトンネルに行く途中で、解除といわれたので工場へ帰り道具をおいて、日記を出しに行った。洗面所へ行き水をのんで現場へ行ったが仕事はなかった。現場におったら、八時四五分頃警戒が発令した。いそいで道具をからって、いつもの所に集合してトンネルに行き、まだ警戒だけでしたので住吉神社の所へ行った。だいぶん長くたって、空襲が発令した。一一時五〇分でした。いそいでトンネルにはいろうと行ったら、電気がきえていた。手さぐりで行っていたら間もなく電気がついた。よかさいわいで場所へついていたら間もなく電気がきえた。私達は、場所についていたのでよかった。」

八月八日　水曜日　晴

今日は大詔奉戴日で七時半に始まる。私はねぼすけで六時に起きた。あわてて掃除をした。朝食をすましていそいで家を出る。大学前に行ったら、警戒が発令した。私はいそいで家に帰っていると、半田屋のおばが帰っていた私と一緒に家に帰って、山に行く用意をしていると空襲が発令した。すぐ山に走った。山について間もなく、敵機来襲のかねがなった。私達は、よかさいわいに山についていたのでよかった。私は、敵機来襲でも寝ていました。」

一九四五年（昭和二〇）八月一日から始められた鹿谷スミ子の日記は、八月八日で途絶えている。九日以後は何も残されていない。わずか八日間にしかすぎない一七歳の少女のつつましい営みを誰が圧殺してしまったか、改めて言うまでもないであろう。一九四五年八月九日、トルーマンの命令によって、アメリカ空軍が投下した原子爆弾によって圧殺されたのである。

アメリカ大統領トルーマンは言い切っている。「いつ、どこで原爆を使用するかの最後決定は、かかって私にあった。この点は、あくまでも明白にしておきたい。私は、原爆をひとつの兵器とみなし、その使用については何らの疑念も抱かなかった。」(『もはや高地なし』)トルーマンは「原子爆弾」を〝兵器〟とみなした最初の人間である。しかし長崎への原爆投下は、軍事的見地からのみ敢行されたのではなかった。少なくとも、長崎への原爆投下に関しては、ソ連の対日参戦をアメリカが牽制するための、極めて政治的な意図を含んだ手段の結果であったことは、今日周知のとおりである。そのことにふれて、ブラケットは次のように述べている。「何故われわれは原爆を投下したか。……もし原爆投下の目的がロシアの参戦前に日本を叩きつぶすことにあったとすれば、ないしは少くとも、その目的が、日本の崩壊に先立つロシアの参戦をして、名ばかりの参戦に止まらしめることにあったとすれば、……原爆投下の決定は正当であったといえるかもしれない。……すなわち、原子爆弾の投下は、第二次大戦の最後の軍事行動であったというよりも、むしろ目下進行しつつあるロシアとの冷たい外交戦争の大作戦の一つであったと」(ブラケット『恐怖・戦争・爆弾』)。

ところで、広島、長崎における原子爆弾の実験は、その後のアメリカにおける核兵器の開発を、一挙に進展させた。アメリカのH・A・キッシンジャーは『核兵器と外交政策』の中で次のような恐怖すべき事実を報告している。「核兵器は、僅か一〇年程前には、困難かつデリケートな技術的離れ業であったが今ではあり余る位になった。広島や長崎の上空で用いられたような原爆の何分の一かの爆発力を有する兵器から、はじめの原爆の千倍もの熱核装置（いわゆる水爆）に至るまで、あらゆる大きさのものがつくれるようになっている。それはあたかも第二次大戦型の大型爆弾から広島原爆まで、一〇倍も威力を増大したのに似ている。広島と長崎の原爆は二万トンのＴＮＴ（二〇キロトン）に相当する爆発力を有していた。今日ではＴＮＴ一〇〇トンに相当するような小型の『戦術』核兵器が開発されている。一方ＴＮＴ二〇〇〇万トン（二〇メガトン）に相当する熱核装置も存在しているのであり、その最高限界はないのである。原水爆はどんな大きさのものでも希望のものがつくれるようになった」。

「広島、長崎に落された原爆は、現在の原水爆に比べれば、とるにたらぬものであったといえる。その損害は比較的小地域に限られており、放射線効果にしても、一般に熱風や爆風の被害をうけた地域に限られていた。これに反して、熱核兵器にはこのような区別のできる比較法は存在しない。理論的には、その破壊力は無限である。われわれの能力の範囲内で容易につくれるのは二〇メガトン兵器であるが、（ソ連も間もなくつくれるようになるであろう）、その致死半径は八哩（約一二・八キロ）、全壊区域は四八平方哩（約七六・八平方キロ）である。この区域内では、少くも人口七五％は死亡、残りは重傷となろう」。

一体、広島、長崎への原爆投下について、アメリカ人はどう考えているか。川島武宜氏は、（ハワイ便り、四『法律時報』一九六五年二月）で、原爆投下から二〇年後の一九六五年にアメリカで行なわれた「ハリス調査報告」についての資料を提供してくれている。それによると、設問は「われわれが原爆を使用したのは正しかったか、悪かったか、（あるいは遺憾だったか）」というものである。ハリスの調査の結果について川島氏は書いている。「『遺憾だ』と答えたのは、アメリカ国民（アメリカ国民全体のサンプル）の一七％にすぎない。そうして七〇％は積極的に『正しかった』と答え、さらに一三％が『よく分らない』と答えている。すなわち、八三％の人々は、『遺憾』と考えていないのである」。

これは二〇年前（ハリス調査の行なわれた一九六五年の時点から）トルーマン大統領が「私は原爆をひとつの兵器とみなし、その使用については何らの疑念も抱かなかった」と言いきった確信と暗合し、二〇年間（恐らく今後も）、広島、長崎への原爆投下は、大多数のアメリカ人によって、「正しい」として追認され、支持されたことの例証といえる。「核兵器の使用に対する」アメリカの良心と理性はゆるがなかったのである。

トルーマンの確信を信じて疑わない多くのアメリカの中で、クロード・イーザリーは例外的な存在といえるだろう。彼は、広島への原爆投下を直接指令した元空軍少佐である。「われわれは」とイーザリーは続けて語る「各自の思惟や行為に対する責任というものを、否応なしに社会的な制度（例えば政党とか、組合とか、教会とか、国家とかいった）に移管させられてしまうような、われわれの生き方について、どうしても再検討しなければならなくなるような状況へつき進んでいるのではないだろうか。」（篠原正瑛訳『ヒロシマわが罪と罰』）

Ⅱ　切支丹（カトリック）と被差別部落における被爆

浦上の「クロシュウ」（切支丹）

一

友永成二（仮名）さんのケロイドは、二二五年前、一四歳のとき、原子爆弾の熱射により溶解して形成されたものである。赤茶色のポテッとした皮膚は、引きつったまま左首からあごにせり上がり、上からつぎを縫い合わせたようにゴワゴワして、いかにもはれぼったく窮屈そうである。寒い冬などは衿《えり》をたてると、だいぶ隠れてしまうが、ワイシャツしか着ない夏は肩の部分までケロイドが露《あらわ》になる。その上、首の回転が不自由なので、いつも正面を向いたままの姿勢である。原爆の資料として標本にもとられたという生々しい傷痕のケロイドを正視することは、決して心やさしいことではないが、友永さんの「人間」に背を向けないためにはそれをしなければならない。

友永さんにとつて、そのケロイドがどんなにうっとうしく重苦しいものか、恐らく、ケロイドは見えない心の部分に食いこんでいるのであろう。わたしに向かってとっかかりから「言葉だけでは話にならない」と言った意味は、まさに見えない部分――心――のケロイドが言わせた言葉に違いないのだから。

「『被爆者の店』とは、被爆者を売ってる店かと思った」と半ば冗談めかしに言った観光客もいたが、友永さんはその観光客相手に土産物を扱う「被爆者の店」で働いている。

「私がいるところまで落ちてこれるね。人を信じることもできん冷たかところバイ。いくらよかしこ言葉ば並べたって駄目さ。私がいるところまで落ちてこんね、落ちてきたら話してやるけん！」

自分の落ち込んだ穴ぼこまで落ちて来いという言葉には、恐ろしいまでの敵意がこもっていた。その穴ぼこは二つの意味を持っていると思われる。一つは、わたしたち非被爆者が多くの友永さんを遺棄してこなかったかという問題であり、もう一つは、穴ぼこそのものである。ここでは後者に関わって、前者をも問題にしていきたいと思う。

いったい穴ぼこはどのようなものであろうか。友永さんが被爆したカトリック信者だということは関係あるのであろうか。ところが、友永さんは「とんでもない、私は創価学会の信者です」と答え、カトリック信者であることを強く否定した。なぜだろう？　友永さんが売り場を離れたすきに、わたしは他の若い女店員に尋ねてみた。

「友永さんは本当に創価学会ですか？」

「そげんこつなかです。友永さんがカトリック信者であることは誰でも知っとります。バッテン、なしてそげんこつ言うたとやろう。おかしかね……」

わたしは帰り際にもう一度念を押してみた。

「本当に創価学会ですか?」

「いや、カトリックだよ」。友永さんは意地悪な笑いを浮かべて答えた……。

およねさんの話によると、

「こまかとき、私は、長崎の方さ野菜をもって行ぎよったです。浦上が長崎市に入るのは、大正九年ですけん、明治二一年生まれの私の、こまかころはまだ、浦上は長崎じゃなかった。長崎からみると、わしら浦上もんは他所者ですたい、中にはよか人もあったですけど『クロがきた! クロがきた! クロシュウだぞ! ヤソクロ十文字だぞ!』と石をもって追い返されよったです。わしら切支丹は特殊な人間のごつ、いうたら人間じゃなかごと思われよったものです。わしらの先祖は『あら、キリシタンも人間よ。目もあれば鼻もあり、口もある』といわれたもんです。」

友永さんの落ち込んでいる穴ぼこは、およねさんのいう被差別と関係があるのではないだろうか。

また、

「あの人はクロシュウげなよ」

「ほうね」

「ほうよ、あんた知らんやったとね」

「浦上もんじゃったと？」

「ほうじゃから……」

わたしが、この陰微な会話を耳にしたのは一九六九年二月のことである。たまたま入院した先の個人病院での出来事だった。わたしは歩行を禁じられてベッドに釘付けにされていた。壁の向こう側から聴えてくる話し声は女性の声だったが、わたしは確かめようもなかった。〝クロシュウ〟という言葉は、不特定多数を抽象的に指すのではなく、具体的にある特定の人たちを指さして、しかも、ある特殊な意味合いをもって使われる言葉だったのである。ある特殊な意味合いとは、特定の人たちを現実に差別する機能をもっているということにつながる。すなわち、その病院は非浦上にあり、彼女たちは紛れもなく非浦上の人たちだったのである。

その後「考えられないことですがね」と、東京から赴任して三年に充たないプロテスタントのM牧師から教えられたところによると、

「教会というところは、何となくロマンチックなムードでもあるのでしょうかね、女学生や女子大生が多い。他に行くところがないというといささか言い過ぎになりますが、信仰が知的な営みと無縁ではないでしょう。まあ初めは軽い気持ちなんでしょうが、そのうち多少なりとも考えたり迷ったりするうちに、本人自身のものになっていって、そこで洗礼をどうするかという深刻な問題にぶっつかる。信仰はあくまでも個人の内面の問題で、それを誰かに相談したりするもの

ではない。本人の意識が深まっていないというのでしょうか、どうも色々親に相談したりしている。それまでは親も黙認していたんですね、それが洗礼の問題になると口出しするんです。激昂して「そんな恐ろしいことは止めなさい」と、こうです。「どうして？」と娘が尋ねると、「血が汚れる」というそうです。キリシタンに対する偏見からきているんですが、根深く残っているのは事実です」。

また、原爆で生き残った田中さんは、

「浦上は貧乏村だった。〝うちの父ちゃん死んだら米のおマンマが食える〟という言葉がある。葬式の供物として米がいただけるという意味であるが、葬式を出さないと米が食えないほど貧乏だった。家ごとに豚や牛を飼ったのは、私たちの宗教が肉食を禁じていなかったせいもあるが、何よりも百姓だけでは食えなかったからである。

居留地の外人は肉食をしていた。一般の人も肉食を始めるようになっていた。浦上の信者の中には、いまも肉商売をやっている人が多いが、私のじいさんも肉商売をやっていた。主に五島から仕入れていた。私たちのたしかい（現金収入のこと）にするために、正月に向けて肥らしていく。仏教のコッポ（こりかたまった人）から、〝浦上は深堀と豚の糞ばっかし！〟とか〝浦上のクロシュウは四つ足ば食いよる！〟といわれ、被差別部落と同じように扱われた。わたしのじいさんは、肉商売をやっていた関係で、皮や骨を被差別部落に持って行っていた。しかし、じいさんは『連中を差別したことはない』と話していた。仕事の上からいってもきょうだい分であるが、宗教上からも差別は許されなかった。神が創った同じ人間だからである。私たちは〝クロ〟と言われて、部落の人間と同じように差別されていた。三菱で働けるようになって生活は少し楽になるが、浦上から行ってたものは同じ職工から〝クロ〟とか〝クロシュウ〟として差別された。私の場合、しばしば弁当が機械油で汚されたものである。」

二

「ゼノ神父さん、知っていますか。長崎の〝蟻の街〟というところで伝道しておりました。もう二十年も前のことです。〝蟻の街〟というところはスラムのようなもので、紅葉谷というところにあります。原子後、都市計画によって追われた人たちが住んでいるのです。が、この前、そこの世話役で、こうもり傘の修理をやっている人がたまたま来て、いろいろ話していったんです。二〇世帯くらいあるそうですが、ほとんど失対に出ていて、家といっても山小屋のようなバラックで、それが傾斜に建てられているものだから、雨が降ると床の下に流れができるという、空を見上げると高圧線がめぐらされているというんですね。

それはともかく、私の家では家族八人原爆で殺されました。それを、ゼノ神父さんが『神に召されて結構です。きばってお祈りしなさい』と私に言ったんです。正直言って、私はガッカリしました。原子で八人も殺されて何が結構なものですか、そうじゃありませんか」。

〝原子〟前まで、田中さんの家族は一〇人の大世帯であった。当時七八歳の母親、田中さん夫婦に七人の子供である。通称〝キリシタン墓地〟と呼ばれる山里の赤木墓地の「田中家の墓」の「昭和二〇年八月九日原爆死」と前書きのある墓碑には、マリヤ・ジョワノなどの霊名を頂いて八人の家族の名前が刻まれている。〝原子〟前まで、浦上では一〇人家族は普通であった、子供はたいてい、一家に六人から八人いた。一〇人というのも珍しくはなかった。浦上に子供が多い理由は、多くの場合、彼らの信仰する宗教によっている。すなわち、カトリックの戒律が堕胎を禁じているからである。田中さんも両親から「旅の話」(明治政府の宗教弾圧の迫害による配流を浦上のキリシタンは旅と名付けた)を聞いて育った浦上土着のカトリック信者である。

田中秀之助さんは、浦上村上野町の農家、田中亀吉さんの次男として、明治三一年四月一六日に生まれた。「四方は畑と山、農業以外に仕事もなかったが、私が小学校を出ると一四歳で三菱のかんかん叩きに雇われた。一日の給料八銭(当時、米の値段は一升一二銭五厘)、勘定日が来て本当に自分のからだで働いてお金をいただいたときは嬉しく使いたくもなかった。……給料など毎日、与えられるのではなく、盆と正月に小遣い銭貰うくらいで、一〇円も貰ったら、郷里の祖父母にお土産品がどっさり買われて喜ばれたものだった」と上野町長寿会会報に回想記をのせている。

「私は三菱に出ていて助かった。二五年経つけど、あの声はいまも耳からはなれない。九日の夜からその声は何日も続いた。はっきり見定めがつかない、助けてくれ! 水をくれ! というのではない。父母の名前を呼ぶのでもない。そういうもろもろの声が一つになって……そう、猛獣が吠え怒っているといった恐ろしいまでに無気味な声であった。後で分かったことだが、信者一万二〇〇〇のうち九〇〇〇人近く殺られたということである。中心地一キロ以内の瓦礫の上に横たわっているのは、死体か、さもなければ息も絶えだえの被爆者ばかりである。なぜ逃げだそうとしなかったのか、浦上に対する愛着から留まったのか、いずれにしろ、いま考えると、あのような尋常でない世界に平気でおれたことは不思議である。

地面は熱をもっていたから、裸足では危なかった。私は燃え残りの柱からいいところを足に合わして二つ揃えた。極限に追い込まれた人間の生命力とは恐ろしいもので、学のない私に巧みな知恵をはたらかせるのである。焼け跡から鉄の棒を探し出して、穴をあけて下駄を作った。着るものは、暑い盛りだったから薄着でもよかった。しかし、食べる方はそうはいかない。私の家では全滅していた関係で動き易かった。看病の手間が省けたのである。浦上で生き残ったものは少なかったが、他所の人が倒れていても、自分の居住区だから見捨てるわけにはいかない。浦上には医者も来なかった。浦上には、七五年間、草木も生えんと恐れられたからかも知れない。少なくとも私の知っているかぎり。原子病者を回復させるには、炎天下であったので日陰も必要であったが、それよりもまず食べものが必要である。八月一二日ごろ、大橋で炊出しをやっているという情報が入ったので、貰いに行くと、一人一個あてもなかった。私たちも腹が空いていて力がなかった。一人でも多くの人は胃袋に分配するにはおかゆにとかすにかぎる。と言っても、鍋などあるはずもない。焼け跡をかきまわしていると、鉄かぶとが出て来た。逆さにして鍋代わりに使った。

八月一五日、天皇がラジオで敗戦を宣言した。すると、それまで看病のために一緒に働いていた兵隊が、潮を引くように去って行った。みんなヘトヘトに疲れていたから無理はないと思う。それに天皇みずから、ラジオで放送しただけで何もしなかったから、兵隊が放り出してしまうのも当り前ですよ。……でも、いちおう人の生命を預かる立場にあったものとして、そんなことが許されるでしょうか。

軍といえば、山里小学校の地下でいつまでも燃える物があるんです。トロトロと小さな火でしたから初めは気付かなかったのだが、分かったときにはびっくりしただけではなく腹が立ちましたね。何だと思います？　米なんですよ。軍部が隠していた米に火が燃え移ったんですよ。米粒など数えるほどしかないおかゆをすすっていたころでしたからね……」。

〝原子〟後、浦上では再婚する人が多かった。男たちが徴兵や徴用から帰ってみると、女たちは原子にもぎとられていたのである。再婚といっても、きわめて変則的な家庭ができ上がった。田中さんもその一人である。一九四八年、田中さんが、たった一人生き残った娘を（一八歳）連れて再婚するとき、戦死で夫と死別させられた奥さんの方にも四歳の男の連れ子があった。四人はみんな被爆者である。戦後、二人の間に三人の子供ができた。

田中さんは昭和二七年、三菱を定年で退職した。退職後は下宿屋を開いた。一九六八年から被爆者のある団体に所属し、地域の責任者として世話をやいている。田中さんの世話で、特別措置法や健康管理手当などの恩恵に浴した被爆者は少なくない。

ところで田中さんは、日本の将来の自衛のためには核武装も辞さないと考える被爆者の一人である。もちろん、ためらうような意識こそあれ積極的な意志はない。それにしても、田中さんの被爆者意識がみずからを否定した核兵器による自国の武装をなぜ許すのか。噂によると田中さんの属している被爆者団体は、自民党につながっているということであるが、それがもし事実であるなら、「核武装」というイデオロギーの注入があることは否定できないであろう。少なくとも、地域に組織され、田中さんも属している「朗寿会」が自民党につながっていることは否定できない事実である。その会報に掲載された活動日誌によると、「五月二日、九日、自衛艦で佐世保行の話合、国旗掲揚を町内に徹底させること」等が強く打ち出されている。浦上のカトリック被爆者で、君が代を歌いながら息を引きとったというエピソードもわたしは耳にした。それはともかく、「被爆者としては割り切れんものがありますがね」と、自分の矛盾を対象化できる余裕も、いずれ踏みにじられていくのではないだろうか。いずれにしろ「被爆者」が分解を遂げて、新たな段階を迎えていることは明白である。

「爆心地よりの距離による被害状況」（長崎市制六五年史）によると

「一キロメートル以内は、二万から三万度の異常な高熱が発生し……爆心直下にある碍子型開閉器は輻射熱により熔熱し……爆心地附近一平方当り一〇トン以上の爆圧が起こり……人畜は強力な爆発圧力および熱気によってほとんど即死、家屋その他の建物、木柱は粉砕し、爆心附近は同時に焼失、他はほとんど同時に各所より強力に火災を発生す。墓石の倒壊算出す。草木は大小にかかわらず爆風の方向へ薙ぎ倒され、幹枝も切断、炎上。」

この原子爆弾の威力が、どのような人間的悲惨を生んだか、「浦上は貧乏じゃったけど、何かぬくかもんのあった」という森内マツさんの言葉に象徴されているように、〝原子〟前の浦上「共同体」に似たものの存在は、生き残った多くの信者が夢見るように、一致して認めるところである。「隣人を疑うというようなことはなかった」「物をもらったりやったりよくした」「果物なんかお互いちぎって食べても構わなかった」。そういう声を、わたしは浦上でよく聞いた。この「共同体」の中味は、必ずしも宗教に裏打ちされた〝運命共同体〟としてばかりではなく、生産活動を基盤にした階級的連帯といったようなものの側面もかねそなえていたのではないだろうか。

さて、同じ信者のNさんから、原爆の破壊によって「神も仏もあるものか」と不信を越えて虚無に陥った人として紹介されたMさんを訪ねてみた。「うちの夫はまだ会社からもどっていませんん」と、奥さんである。「主人は異常なくらい人間嫌いです。あの問題については何も話しません」と言いながら、奥さんがボソボソと話したところをつなぎ合わせると、次のようになる。Mさんは、昭和二一年七月、辛くも日本に生還した。戦地はインドネシアのジャワ島であった。もどってみると、故郷の浦上は廃虚の街と化していた。浦上は、見渡すかぎりバラックが点在しているだけである。爆心地から六〇〇メートル、浦上天主堂からは目と鼻の先にあったMさんの家は、倒壊していたが幸い焼失は免れていた。家に残していた最初の奥さん、姉、弟の家族は即死であった。被害の様相については噂で聞いていたが、こんなにまでひどいとは思わなかったと、Mさんは言っていたという。大方、軍・情報局が真相を過少に発表したのであろう、敗戦前であったから玉砕に対する士気を保つためだとMさんは分析する。……〝原子野〟はMさんを茫然自失の状態に陥らせた。次の事実は、Mさんから生きる意欲の芽をつみとったばかりではなく、虚無の底に突き落してしまった。

家は倒壊していたが焼失は免れていたから、家具や衣類などMさんの生活必需品は残っていなければならないはずである。家具は壊れたにしても、壊れたままのものが残っているのが本当である。Mさんは親せきを訪ねてみた。幾分かのものが親せきに移されていた。原子前に疎開させていたものであるが、あのドサクサだったから全部というわけにいかなかったのであろう。Mさんが手にしたのは、時計と印鑑だけだったという。Mさんはすっかり諦めていた。浦上の廃虚にも家らしいものが建ち始めてきたある日、Mさんは近所のOさんを別の用件で訪ねたところが、そのOさんの家に見おぼえのある家具があった。いうまでもなく探していたMさんの家のものである。そんなことがあってから、用事があるようなふりをして近所を訪問した。やはりPさんの家にも、Qさんの家にもあった。「私たちは、盗んで行ったとは露ほども思ったことはない」と奥さんは説明する。「家に残っていたものはみんな死んでしまったし、うちの夫も戦死したと思われたのでしょう」とつけ加えた。「それはいい。でも、戦地から生きて帰ってきたからには『お宅のものを借りていた』とか『使わせて貰っていた』とか、一言ことばをかけてくれてもよさそうなものではないですか、重ねていいますが、盗むという意識はなかったと信じます。その人たちも被爆して裸で焼け出されたから無一物でしょう。でも持って行ったことを黙っていたら盗みになりませんか、それも浦上天主堂の同じ信者同士です。名前は言われません。うちの家族はそれから信仰を止めてしまいました」。

このように〝原子〟は生き残ったものの隣人との紐帯――人間と人間との関係――を真二つに引き裂いてしまった！

Mさんの奥さんは続ける――「その人たちも神には告白し懺悔しているでしょう。しかし、人間の人間に対する罪を神にすりかえる――合理化――というのは誤っていないでしょうか？　人間の人間に対する罪は、人間において償わなければならないと思うからです。」

あの絶望的な破壊と虚無の中に生き残ったことは、残酷であり、不幸でもあった。それにもまして、生きなければならないという厳粛な真実が先行する。O、P、Qさんらはそのような状況の中におかれたのである。衣食住は何にもまして不可欠である。残された物質は〝恵み〟であったとは言わないまでも、〝原子野〟の中を生き延びる上での唯一の支えではなかっただろうか。

もし、田中さんが言う「一〇月に入ってから、鍋やしゃもじが初めて配給になった。ところが浦上から四キロも離れた新大工町である。配給といっても、物資が無かったころだから〝早いもん勝ち〟といったふうで不平等な分配の仕方である。浦上の人が着くころには何も無かった。長崎市中の被害の少ない人たちが貰って、浦上の無一物になった人たちが貰えないというのは理屈に合わない。浦上でどうして配給を行なわなかったのか」ということが問題になったら、行政的に救う道はあったであろう。

わたしがMさんの話を浦上に住む同じカトリック被爆者のRさんに伝えると、Rさんはこう語った。「O、Qさんは決して盗んだのではない。本当に何も持たないものは絶対に他人のものを盗むわけがない。飢餓は徹底して〝人間〟を駄目にするからである。ひどい話ですけど、浦上の外の人間で、あのドサクサに紛れて、リヤカーを引っぱってきて他人の家具や衣類を持ち出したしたたかものがいたが、これなど自分が何も持たないのではないのですよ……きつと。それにひぎかえ、浦上のO、Qさんらは完膚なきまでに無一物だったはずだ、あの場合、仕方なかったのですよ。でも、Mさんの心を闇に突き落とした責任は問われるでしょう。同じ教会の信者として、私にも責任がないとは言えない」。

三

「八四年間、悲しいことも苦しいことも、いろいろ経験しましたが、原子ほどはがゆい思いをしたことはありません。はがゆいことというのは、私は罪が深いでしょうが、償いの足らなかったから原子のとき、神に召されなかったのです。信仰がうすかったのでしょう。神様に仕えようが足りなかったに違いありません。何もかもとられてしもうて……言っても始まりませんし、思っても元には戻りませんが、原子がなかったらいまごろどうしているでしょうか……？　原子前まで浦上は和やかでした。隣近所はみんな同じ信者でした。私の家は貧乏しておりました。貧乏しておりましたが、平和で楽しかったものです。お互いの心に何かぬくかもんのあったようです。いまは、関係のない他所者がほとんどでしょう。信者さんは原子でほとんど死んだのですから。浦上者でない人が、わが土地の顔をして、よか家ば建て、きれいな服ば着て、思い思いの幸福はあるでしょう。でもみんなの幸福はないじゃありませんか。

私の家では、子供夫婦、孫二人殺されました。生き残ったのは一番すその孫と私だけです。孫といっても、子供が養子だったものですから血のつながりはありません。原子がなければ、貧乏でも家族水入らずの生活はあるのにと、はがゆうてね……。息子の又市は三菱兵器で、嫁は炊事場、二人の孫は防空壕近くで遊んでいるところを殺られました。又市は行方不明になったまま、遺骨はありません。

防空壕のすぐそばが山里小学校で、原子後焼場になっておりました。毎日々々青白い煙を出して、昼となく夜となく人間を焼くものですから我慢なりません。八月一一日だったと思います。又市を探すために、焼場になった校庭につれられて行ってみましたが、人間が焼けるところなど

どうして見れますか。その校庭で私が目にしたのは、丸太のように転がってる死体にたかってい
る蝿とうじ虫です。食欲なうじ虫は、ちょうど米粒をまいたように、死体という死体に群がって
食いついているんです。

もう二五年たちますが、原子後の親切は忘れられません。

防空壕で五歳の孫と二人で横たわっているときでした。『ばあちゃん、からだ大丈夫ね。お茶ぐらい飲んどるやろうね。』と、声をかけてくれた人がありました。もちろん、食べるものはありませんでした。お茶を沸かすといっても、毒ガスを吸うてからだの自由がきかない上に、沸かす器もありません。それで『いいえ』って答えると『よか、ばあちゃん、待つとかんね』と、どこかへ行ったかと思うとすぐ戻って来て、『これば食べんね』とおかゆをもってきてくれました。あのときの一杯のおかゆの美味かったこと、言葉では言えません。それだけではありません。その人、今度は、死んだ嫁や孫を、山里小学校の焼場まで運んでくれて、焼いてくれたのです。そして『ばあちゃん、骨ぱ拾いに行こうで』と骨箱とはさむものまで準備してくれたけど、私は石のようにからだが固くなって、少しも動けません。すると、『無理もなか、こげんむごか殺され方して、黙って箱に納めきれるもんでもなか、気持ちは分かるばってん、でもばあちゃん、お骨を拾うとは生き残ったもんの務めばい、箱に納めて、ちゃんと弔うてやらんば成仏せんじゃなかな、よか、代わりに拾うて来てやるけん』と言って、みんな世話してくれました。反対に惨いことをした経験も覚えています。ある子供が、私の防空壕に訪ねてきて『ばあちゃん、父ちゃん、

母ちゃん、知らんやろうか』と聞くのです。見たこともない子供ですが、小学二、三年くらいだったでしょう。からだ中ひどい火傷をして可愛想だったのですが、『私は助けようと思っても助けきらんから、すまんバッテン他へ行ってみなさい』と追い返したのです。ところが、焼き場に行ったとき、その子供が死体になって軽がっているではありませんか、『ああ――この子は私が殺してしまったのだ！』と、長くつらい気持ちをぬぐいきれませんでした。」

「ようやくのこと生活保護をもらえるようになって、鍋ややかん、米等揃えて、ひとりで食べられるようにしました。これで、誰にも迷惑をかけることはありません」。手塩に掛けて育てた孫が、籍をぬいて独立してしまったのは一九六二年である。それ以後、食事が運び込まれる以外は何の交渉もなくなったから、老婆は半ば見捨てられたような形である。息子夫婦にしてみれば、生活が決して楽ではないので、生活保護をもらう上にも、別棟を建てることはやむを得なかったのであろう。マッさんの隠居部屋と母屋の間には廊下さえもつけず、まったく別世帯の趣を強調しなければならなかったのも、生活保護申請の方便だったのであろうか。原子前までは「何かぬくかもんがあった」というマツさんの嘆息が、「ぬくか家庭」の崩壊を意味しているとして、最も憎むべきは原爆であるにしても、その責任は孫にも無いとは言えない。

血縁のない孫が建てたという三畳の隠居部屋には、ボール箱をひっくり返しただけの粗末な台に、同じく粗末な菓子箱のような箱がのっていて、聖壇に仕立てられている。その中には、ちゃんと木の十字架が納められていた。壁という壁には、額縁に入れられたキリスト、マリアの写真の他、葉書大の聖画がベタベタと貼られて、部屋全体が、さながらみすぼらしい教会を感じさせるのであった。

マツさんの隠居部屋は、母屋から独立しているにしては、水道もガスもない。昭和三九年、交通事故にあってから、足の悪いマツさんの便所はどうしているのだろうと、わたしは気になった。別の日、訪ねたとき、狭い上がり口で着物をからげて、洗面器に小水しているマツさんに出くわして、わたしは了解した。マツさんは恥ずかしそうにしながら、尿の入った容器を座敷の下の暗い土間に押しやった。マツさんの話から気付いたのであるが、浦上のカトリック被爆者は、原子爆弾のことを、原子爆弾から「爆弾」を取り除いて、なぜ「原子」とだけ、優しくいとおしむように、呼び習わしてきたのであろうか。そのことと関係あるかどうか、故永井隆氏は「……戦争の最後のころ、私たち日本人はいわゆるじり貧におちいって、まったく絶望状態にあった。そこへピカドンと原子爆弾がはじけたしだいだった。原子爆弾は人類に、まったく新しい資源のあることを教えてくれた。ここに大きな意義がある。石油は乏しくなる。石炭の底は見えてきた、動力源がなくなるとともに人類の文明も終わるのではあるまいか？　人類生存の前途には絶望の黒岩が立ちふさがっていた。ーその岩をあの原子爆弾は吹き飛ばしたのだった。原子爆弾の吹き飛ばした穴を通して、新しい世界の光が射し出すのを人類は見た」と、原子爆弾から「爆弾」を捨象して「新しい世界の光」として解釈した。これは、原子物理学者、永井隆氏の個人的な解釈であるのはいいとしても、時のトルーマンアメリカ大統領が、原子爆弾について「私はこの爆弾を軍事兵器とみなし、それを使うことに少しも疑念を持たなかった」と述べているとおり、逆に「爆弾」に「原子」がついたことこそ問題であり、それゆえにこそ「新しい世界の闇」以外ではないのである。いまではすでに常識になっているとおり、人間の意志、より正確にいうなら、綿密な計算の下に国家の意志が決定した破壊である。はたして、宗教的な世界の中に組み込むには、響きの悪い「爆弾」は除いて、語呂もよく滑らかな「原子」だけにしてしまう必要があったかどうか、そのことをわたしはマツさんに尋ねてみたい気持ちに駆られたが、マツさんは続けて話し始めた。「私はこの先もう長くありませんが、無益に生きたくありません。天国に行くのもひとりで行くのはやさしいです。

まつと神の意志はみんなが天国へ行くことです。みんなが天国へ行けるように、神の意志を全うしたいんです。そのためにも、こうやって(見せながら)ロザリオを繰るのです。あなたはロザリオの祈りを知っていますか。一緒に天国へ行けるよう、あなたもお祈りをしませんか。ひとつ、ロザリオを繰るときの祈りを教えましょう。いいですか。玉は全部で五九あるのです。五つ目から首輪になってるでしょう。小指の爪程の楕円形のメダルがあって、これを不恩義のメダイというのです。キリストの十字架のところでまず『使徒信経』のお祈りをするのです。みんないうと長いので全部じゃないですよ。『われは、天地の創造主、全能の父なる天主を信じ……かしこより生ける人と死せる人とを審かんために来り給う主を信じ奉る……』を終えて、一つ目の玉のところで『天にましますわれらの父よ、願わくは御名の尊まれんことを、御国の来らんことを、御旨の天に行わるるごとく、地にも行なわれんことを……』の『主祷文』に移るのです。次に二つ目の玉にかかって四つ目の玉まで『天使祝詞』『めでたし、聖寵充満てるマリア……罪人なるわれらのために、いまも臨終のときも祈り給え』を一〇ペン繰り返し、五つ目の玉で初めの『使徒信経』に戻って『栄唱』『願わくは、聖父と聖子と聖霊とに栄えあらんことを、アーメン』と結ぶのです。五九の玉を繰りながら、このお祈りを繰り返すのです」。

被爆した深堀お力さん（七一歳）も「毎年八月九日の松明行列のときにも、ロザリオは繰るのです。右手で松明をもって、左手でロザリオを繰りながら。松明は熱いし、また、煤が顔にふりかかってくるのです。私は、祈りの最後に『おもいも、言葉も、行ないも、マリア様、あなたにおん捧げます。マリア様、あなた様のよいようにはからってください』とつけ足します」。

浦上のカトリック被爆者が〝キリスト者〟として「絶対天皇制」と、どのように確執をかもしたか。「天皇を神格化して押しつけたのは無茶である」とは、カトリック被爆者が一致して口にした言葉であるが、「信仰上の神と〝現人神〟が予盾した」と答える人は一人もいなかった。「神は心の中に存在し、天皇は心の外に存在した」しだいであるが、信仰の自由精神の自由を守るために体をはり、〝隠れ〟となってもぐった先祖の〝切支丹〟のように身を処することだってできなかったとはいえない。「キリストやマリアの写真の上に天皇の写真を貼り、夜中にこそっと天皇の写真をはがして信仰を続けていく」というのは、傍観者や余裕のあるものの見方であるが、擬装して生きる道も残されていたはずであるが、果たして、その必要はなかったのであろうか。

宗派こそ異なれ、日本基督教団（プロテスタント）は、「わが国の政府は、そのころ戦争遂行の必要から、諸宗教団体に統合と戦争への協力を、国策として要請いたしました。……『世の光』『地の塩』である教会は、あの戦争に同調」したことに対して、一九六六年一〇月、第一四回教団総会において、「犯したあやまちを、今一度改めて自覚し、主のあわれみと隣人のゆるしを請い求めるものであります、」と、はっきり戦争責任を告白した。

浦上教会は、ローマ法王庁のいわば下部組織であるから、独自に自由な判断はできないと仮定しても、戦争責任がないとはいえない。例えば山崎ミツエは、「『聖母よ日本を勝たしめ給え』大東亜戦争のさなか、お国のために机を離れ、ノートを捨てて、ただひたすら国家の勝利を願う愛国の熱意にもえ、動員学徒の一員として直接お国に奉仕できる身の幸を思いつつ、国防色の作業者と純女学徒隊の腕章に白鉢巻で身を固め、ロザリオを片手に『聖母よ日本を勝たしめ給え』と祈りつつ工場に向かい、機械と取り組み、祈りつつ帰る毎日はほんとうに国家のために祈り働く毎日でございました。三菱造船所大橋工場内で日ごと旋盤と取り組んでおりました。昭和二〇年八月九日、恐ろしい新兵器の一弾を受けて、われに帰った時はすでに被爆者の一人となっておりました」（純女学徒殉難の記録）と純心高女学徒としてひたすら戦争に「協力」したことを回想している。また当時、純心高等女学校校長の責任ある立場にあった江角スミさんは「学校の中に礼拝堂があってはいけない、教員室には伊勢神宮のお札をまつって毎朝礼拝しなければいけない、と申される。キリストと天照大神と、どちらが上かときかれる。国策にあわぬ非国民と思われたくない。私自身はどう思われても致し方はないけれども、生徒たちに肩身の狭い思いをさせたくない。朝四時半に起きて『聖母よ日本を勝たしめ給え。天主の御母聖マリア、罪人なる我等の為に、今も臨終の時も祈り給え』と祈りながら、浦上天主堂まで毎朝ごミサに行った」ことから、生徒たちを煽動し、勝利——海外侵略——へ向かって、任務の遂行に当たったことは明らかである。いずれも日本を勝たしめる海外侵略の立場をとって「大東亜戦争」に協力し、しかも「聖母」を手段にしたのである。言うまでもなく、いまは、それぞれ「被爆者」という名の被害者には違いない。しかし、一人の人間が被爆者であるためには何をしなければならないのであろうか。被爆者であるために（こそ）は、戦時に遂行した任務との関わりの中で、戦争責任——自己処罰——を明確にし、自己に課さなければならない、と言ったら、見当はずれなことを言ったことになるだろうか。改めていうまでもなく、このことは一カトリック被爆者の問題にとどまらず、被爆者一般に関わる問題でもある。

　そのことにふれて、非浦上の一人の被爆者は——「ラジオ放送で知ったんですが、その人は浦上のカトリック被爆者です、当時、三菱の技術学校で教師をしていたそうなんです。本人は幸いにして助かります。急いで家へ帰ってみると、父と妻と妹が殺られているんですね。それに浦上一帯が焼野原でしょう。ところが、その人がいうには『主与え、主とりたもう、主の御名を讃美せられたまえ』という、旧約聖書のヨブ記にある言葉が、自然と口をついて出たというんです。その人が感動していたか悲観にくれていたか、ラジオでは放送しなかったので私は知りません。同じ被爆者にしても何と違った受け取り方をするものかと、私は驚きました。

『浦上のカトリックはバチが当った』という人もいますが、あれは間違っています。バチが当ったというなら、みんなバチが当ったのです。そういう次元では問題になりません。ただ、何て言ったらいいか、原爆は『神の摂理』と『罪』と『償い』とかいったふうな宗教の問題ではないんですよ。ソ連が対日宣戦を布告して、アメリカがそれを牽制したという歴史的事実でも明らかなように、政治の問題なんです。原子爆弾は、あくまでも政治の手段として人間が作って、人間が使ったものでしょう。もし『神の摂理』や『罪』や『償い』を問題にするのだったら、それは被爆した私たちの側ではなくて、キリスト教国であり、原爆を投下したアメリカ人の側ですよ。例えば原爆搭載機に乗っていたクロード・イーザリーは、罪とか償いとかについて苦悩した人間の良心をもつ唯一のアメリカ人です。

それはともかく、故永井隆氏が詠んだ〝燔祭の炎の中に歌いつつ、白百合乙女燃えにけるかも〟の彼個人の宗教的ロマンチシズムはおいても、神を讃美しつつ焼かれていったという、原爆による人間的悲惨の神秘化は、人間の自然を否定するものです。被爆体験を占有しているとは言わないまでも、自己完結的に他者を拒否していることは否定できません。それは又、核兵器という絶対兵器を肯定し、アメリカの暴力に屈服することにつながります。私は浦上の被爆者と連帯したいのです。」

この連帯への希求に対する最大公約数的な答えは、例えば、「永井博士のことを、とやかくいう人がいますけどね」と、カトリック信者であるG女子大のK教授は「それは間違っていると思います。そもそも世界観の違いから言って批判があるのは当たり前のことで、しかし、それが方法的に誤っていることは否定できません。恐らくその人は、人間中心のヒューマニズムの観点に立脚して批判しているからです。私たちは神中心のヒューマニズムに基づいて生きておりますから。私たちは原子に対していじけているのでは決してありませんし、また、諦めているのでもありません。人間はすべて神の摂理で動かされているんです」。

純女学徒隊として、国家に生命までも動員させられた娘をもった一人の父親は「最後をぱ、兵器と共にとげしとて、われを慰め、なでしこ去りぬ」と詠んだが、純女学徒隊を指揮する立場にあったK教授が、この歌をどう読み、自己の戦争責任をどう問うたか、わたしは知らない。

浦上の被爆者との連帯を模索している被爆者とは反対に、原爆の後、非浦上において非被爆者はおろか、被爆者の中にさえ「原爆が長崎に落ちたのは浦上のクロシュゥがいたからよ」とか、「あれは〝五番崩れ〟バイ」と、自分たちの体験とは切り離してきた人たちがいることも、見落すことはできない。紛れもなく、ナガサキ——あるいは日本——が被爆したにもかかわらず、浦上に肩代わりし、一地域の体験にさせてこなかったという保証は、誰にもないであろう！　中には「原爆投下が、三菱造船所そのものか、長崎の市中（浦上から三キロほど離れる）だったらどうなっていたであろうか」と、生き残ったことを疑う立場から、浦上に接近しようとしている被爆者がいないのではない。しかし、「三菱をねらって落したのが、目標をそれて浦上に落ちてしまった。三菱は早く立ち直ったが、お陰で私たちはまだ立ち直れずにいる。」「三菱はこのごろ、東洋一の世界一のともてはやされるが、いったい誰のお陰か」という、〝町工場〟と言われたころ、一介の職工として三菱の基礎をつくり上げた浦上カトリック被爆者の内側にうっ屈した怨念は、まだ発掘されないままである。

四

「浦上に対しては美しい夢がありました。本なんかでつくられたイメージですが、憧れのような気持ちですね。私も同じカトリックだったからかも知れません。とにかく長崎に来るまでは、神に対しては敬虔そのもの、権力に対してはあくまでも信仰をつらぬき、隣人に対しては従順と尊敬……そんなイメージでした。ところが、来てみてガッカリしました。浦上の人たちからみれば、私たちは他所者です。ですから〝外教者〟といわれても仕方ありません。でも排他的になることはないと思うんです。私の友達のTさんも同じ感情を抱いているから、私だけのひがみではありません。でも私には分ります。それは、他所者に対する警戒心や閉鎖性として、かつて、権力が強行した信仰のはく奪や、それに動員させられた民衆に対する防衛上の結果の別の作用で、そのぬぐいきれないしこりと言えるでしょう」と、予盾と葛藤を引き受けて、浦上の〝心〟に入ろうとしているのは、広島で被爆した大正九年生まれの村田トミ子さんである。一九六六年に長崎に来て、六八年からは浦上のＴ教会の事務員として働いて今日にいたっている。

「それまでは東京におりました。信者になったのは、広島から逃げだした後、京都に住み、Ａ神父にめぐり会った一九四八年です。原爆にあわなかったら、私は受洗しなかったでしょう。もちろん、Ａ神父の影響がなかったとは言えませんが……。原爆のときのことは忘れてしまいました、また忘れることができるから生きられるのではないでしょうか。もしそうでなかったら、精神がおかされてしまいますよ。三菱の設計技師をしていた父の勤めの関係で、私の家族は不幸にして、広島にいたんです。父母と私たち兄弟姉妹五人の七人、爆心地から一・五キロくらいの大手町というところに住んでいました。私の家では、父母と妹が殺られました。……とにかく広島の街中が、人間を焼く匂いで臭く、蝿がうるさくつきまとうし、逃げるように広島を出ました。私は婚期を逸して孤独をとおして来ましたが、人生の歯車の回転がきしみ始めたのは、原爆からです。一時はとても絶望し、厭世的にもなりました。でも、人生って皮肉なものですね、広島の原爆から逃げ出して、落ち着いた先が原爆の浦上なんですから……。」

ひとしきり村田トミ子さんの話がつづいたところへ、同じ事務所に机を並べる山田久太郎さんが顔を見せた。山田さんが被爆者であることを、わたしは村田さんからすでに聞いて知っていた。山田さんは家族八人を原爆で失っている。奥さん、姉、子供六人、すなわち、山田久太郎さんを除いた家族のすべてである。

「私ですか、怒りよりも悲しみの方が強かったですね。私は三菱に行っていて助かったようなものです。帰ってみると何もないでしょう、がっかりして動きさらなかったですよ。一瞬『神も仏もあるもんか』と思った。原子後、浦上には、家族を探してまわる人たちがウロゥロしていた。『お宅はどうした?』『みんな殺られた』。『○○さんのところはどうか?』『あそこの家も全滅だ!』お互い、交わすのはそんな会話ばかりでしたからね。『みんな殺られた、みんな殺られたんだ! みんな自分と同じ立場にいるんだ、殺られたのは自分一人ではない!』正直いって『自分一人ではない!』という気持ちが、わずかな慰さめでしたし、支えにもなった。同じ運命の下に生き残ったという連帯感が私を包んだのです。考えてみてください。殺られたのがもし私一人であったら、絶望の泥沼に落ちこんだでしょう。それに私は楽天家なんですね、人がいう割にはクヨクヨしませんからね。第一、クヨクヨしても仕方ないでしょう。仕方ないじゃありませんか、私はよわよわしいのは嫌いです。おおらかに生きることが健康にもいいです。ここの村田さんみたいにクヨクヨすると、体にも悪いですよ。そう言えば、ひところ、浦上には七五年間、草木も生えないと言われてましたが、私は当時の家族は取り戻した勘定になりますよ。原子後にできた子供がちょうど六人、頭はまだ一九歳ですがね、原子といったって、人間の営みには勝てませんよ。

でも原子実験があると憂うつになりますよ。実験禁止とか縮小とか、使用禁止とかで取り引きをやっているようですが、きたないやり方ですね、これは明らかに製造禁止でなければなりません」。

そのとき、玄関の扉が開いて、受付の小窓へ四〇年配の男が現われた。男は村田さんに一言、三言いって紙きれを渡すと、そそくさと出て行った。村田さんは山田さんにその紙ぎれを渡しながら「今日葬式があるんです」と言った。「岩永健市さんのね。」山田さんが答える。山田さんは知っていたようである。「この人もやっぱり被爆者なんですがね……」と山田さんがわたしに教えてくれた。村田さんが「ＡＢＣに電話しなくちゃ」と受話器に手をかけた。人が死ぬと、被爆者であるとないとにかかわらず連絡するよう、ＡＢＣから頼まれているという。受話器をおいて「本当なら」と、村田さんがいう。「死んだ直後連絡しなければならないんです。ＡＢＣでは死体の解剖が目的なんですから、でも岩永さんの場合は告別式の直前でしたから、解剖は間に合いません」。

「世界は終末に近づいています。」再び山田さんの話に戻る。「アメリカはもちろん悪い。イギリス、フランスも悪い。しかし、ソ連、中国も同じ穴のムジナです、私に言わせれば。だってそうじゃありませんか、ことわっておくけど、私はアメリカの核兵器は絶対に認めない。しかし、それを否定するのに自分が持ってしまってどうなりますか、自分が持ってしまって否定したって、これは否定にならないですよ。それをソ連や中国など、おれの方が先に使うことはあり得ない、なんて言ってるでしょう。競争心をかきたてて、核兵器の危機を地球上に拡大するばかりですよ。

ミイラ取りがミイラにならないためには、ベトナムがやったように、裸の身を晒すんですよ。核兵器の残虐さを否定するにはこれしかありません。ベトナムは世界の支持を得たではありませんか」。

「威力や悲惨は分かっているのに、アメリカはなぜ他の国で使おうとするのか。アメリカは一度、自分の国に落としてみるといいんだ！」と村田さんが激しい口調で口をはさんだ。すると、「いや、それはならない。アメリカは自分の国でも落してはならん」と村田さんの撒こうに山田さんが応酬した。「そのくせ私は」と村田さん、「街で署名なんかやっているでしょう、したことはないんですよ。嫌なんです。矛盾していると思われるでしょうけれど」。「それはあんたの我儘《わがまま》だよ。」山田さんが言った。山田さんは御堂の準備で部屋を出て行った。告別式の時間が近づいたからである。山田さんがいなくなった後、「広島も変わったでしょうね、焼跡がどうなっているか一度帰ってみたい……」と村田さんは心もち目を輝かせて、懐かしむように言った。「長崎には、引揚者の人で被爆者手帳を貰ってすましている人がいるといいますよ」村田さんが、ポツンと関係のないことを言った。

その日、本原のコウラン墓地では、カトリック被爆者岩永健市（享年六六歳）さんの土葬が営まれるという。「だんだん簡略化されて来た、少し前までは歩いて行ったものだが」と村田さんが説明するとおり、教会の門前にはマイクロバスが待機していた。わたしは葬列にしたがうことにして、村田さんのもとを辞し、外に出た。

〝切支丹墓地〟の墓碑群から、任意にどれを選んでも、はっきりと「原爆死」か、そうでなければ「昭和二十年八月九日死亡」と刻まれている。

例えば、「田川家の墓」には一つ独立して「原爆殉難者之墓」がある。向かって左側面には「昭和二十年八月九日午前十一時二分原子爆弾投下さる、炸裂地点より約六百米の地で被爆」と前書きがあって「幼なぎイエズスのテレジア・田川ミヨ子八月九日行年三三才、アグネス・田川浩子八月九日行年一二才、ヨハネ・ボスコ・田川伸治八月一六日行年一〇才、ヴィンセント・マリア・ボーロ・田川利史八月一〇日行年七才、マリア・田川明子八月九日行年二才」と横五行にそろえて刻まれている。田川家では、三人は九日に即死し、一〇日、一六日と生き残った二人も亡くなり、計五人死んだのであろう。「アメリカによって投下された」と刻まれていたら、生き残った人が忘れられても、墓碑はいつまでもアメリカを告発するであろうにと、わたしには惜しまれた。

「下崎家之墓」は、乳呑み児が両手を拡げて立ったほどの木の十字架である。「一九四五年八月九日、原爆犠牲者之墓」と墨書されていて、横木に縦文字でぎっしり八人の名前が書かれている。「ルドビコ・俊水一九才、ドミニコ・省己一二才、マリア・キクノ四五才、カタリナ・篤子一七才、カタリナ・郁代一〇才、アガタ・ムツミ六才、カタリナ・勝代一才、ジ・アンナ・サミ八二才」とある。もう一つの木の十字架に「ドミニコ・下崎友助一九四二年五月死亡」とある。恐らく戦死ではあるまいか。原爆投下後二五年も経って、木の十字架がたったままなのは、家族が死に絶えたことを表わしていないだろうか。
中には「昭和二十年八月九日午前十一時二分、原子爆弾によって昇天する」という文字もあり、また、はっきりと「昭和二十年八月九日一家逝去」とあるのもある。

その間も、告別式はしめやかに行なわれていた。空はあくまでも晴れわたっている。告別式に参列した女たちの頭を包んだ白いベールが、太陽の光に照りかえっている。遺影を持った少年の自衛隊の制服がひときわ目だった。

わたしはめだたない場所で墓碑の台石に腰をおろしていたが、はっとして腰を上げた。「浦上四番崩れ」の宗教弾圧で〝旅〟に追放された切支丹信者の墓ではないか、前に本で読んだ切支丹信者が味わされた苦しみを思ったからである。「〝水を！〟とたのんでも〝なんや、水はないわ〟とはねつけられる。あまりの苦しさに〝小便でものませてください〟と口走ったものさえあった。もう飢渇に弱り、熱に衰えているので、ややもすると気絶して倒れる。けれども一口の水も含ませて蘇生させることができない。唾をのませようと思っても、口がからからにひからびて、その唾液すら容易に出ないのである。……病人は〝水、水〟と言いつつ死ぬありさまでした。」（片岡弥吉『浦上四番崩れ』）

原子爆弾が引き起こした浦上の惨劇を〝五番崩れ〟と形容するには、以上の類似性が一定の根拠としてあったからではないだろうか。二つを同列に扱うことは、もちろんできないが、かつて信仰を支えに文字通り体を張って権力と確執をかもした戦闘性は、核兵器という現代の絶対悪との確執、いや廃絶において、その信仰はまったく屈服したのであろうか。

告別式の後、「言葉では話にならない」と言った友永さんを訪ねることにして、わたしは〝切支丹墓地〟を後にした。

「バンゾウ部落」（被差別部落）の被爆

一

「朝鮮の済州島からキノコ雲が見えたとですよ。私は済州島で任務についていたとですが……」キノコ雲の下が真赤になって見えた。ちょうど長崎の方角だった。変な雲が出たものだと仲間と話し合った。それが原子雲などとは知るよしもなかったのである。ところが、「長崎に新型爆弾が投下された」と、すぐ情報が入った。「私の家がやられたとでは？　うんにゃ、そげんこつはなか！　バッテン、新型爆弾とはどげん爆弾やろか……」原爆が落とされてすぐ、つばめが群をなして飛んで来た。とにかくものすごい数である。もしかして、原爆と関係があるのでは？　熱くておられなくなって九州から逃げて来たのでは……ひどく胸さわぎがする。

私が長崎に帰ったのは一〇月であった。想像したより長崎の被害はひどい。浦上一帯は、見渡すかぎり火事の焼け跡で、すっぽんぽんである。でも、私の家は、私の家族だけは、無傷に違いないと信じた、祈りのように。しかし不吉な予感どおり、家は焼け、おまけに娘が殺られたと聞いたとき、足元が崩れるようなめまいを覚えた。ふっと意識は勲章のことにいった。血のにじむような苦労をして貰った勲章であった。私が知っている範囲で、部落の人間で勲章を貰ったのは、爆弾三勇士の中に一人いる。軍隊が部落の人間を差別したので、普通は貰えないのである。私が貰えたのは、一生懸命奉仕したことはもちろん、本籍を他所へ移していたからである。しかし、娘が原爆に殺られ、家財をもぎとられたいま、何の役にも立たない勲章になった。ところで、いつまでも悲しんではおられない！　原爆の唯一のとりえについて私たちはこう考えた。

「原爆は、部落を破壊してくれた、原爆がなければ部落はそのまま残って、私たちをいつまでも差別への拷問にかけたとバイ。この尊い犠牲ば無駄にせんごつ、原爆で殺られた人には気の毒かバッテン……」。

原爆が被差別部落を破壊したというAさんの言葉は、被差別部落への差別がどんなに重いものとしてあったか、ということを、意味するものである。この意味を取り違えてはならないのはいうまでもないことだが、Aさんのいう被差別部落の解消と、被差別部落のきょうだいたちの真の解放とはどうかかわっているのか。偶然かどうか、原爆被爆からおよそ十年後、Aさんたちが部落改善に貢献した梅本仁四郎さんの胸像と、原爆で殺害された人たちの慰霊碑の建造費募金を、各地に散ったM町のきょうだいに呼びかけるために作ったパンフレット（五号くらいまで）には、「部落」という字は一字も見当たらなかった。戦地から帰還し、外地から引き揚げ、原爆で生き残ったM町の人たちにとって、部落は彼らがよって立つ唯一の存在基盤ではないだろうか。原爆は被差別部落をどのように破壊したか、あるいは破壊しなかったか。それを明らかにしなければならない……。

M町の真中を、アスファルトで舗装されたかなり広い道路が貫いている。一九六三年に舗装されるまでは凸凹の激しい細い道路で、天気の日には埃がひどく、わたしが訪ねたBさんは、そのころの道路を〝海岸道路〟と形容する。潮が引いた後に顔をみせる石ころの海べりに似ていたのであろう。Bさんが移り住んだ一九五五年五月ころまでは、まだ空地があったという。原爆被爆によるM町の被害は「人畜は強力な爆風および熱気によって一部は即死し、大部分は重傷を負う。家屋その他の建物、木柱は約八〇％倒壊し、かつ各所より次第に火災を発生－大体焼失」（長崎市制六五年史）と、Bさんのいう空地は、「ここの土地は他所のところより復興が遅れたのではないか」ということを意味する。

Bさんは M町の一角に店を構えている畳店である。Bさんは部落の人間ではない。「M町と背中合わせに住んでいるために、間違われておうじょうする」と口惜しそうに前置きして、「仕事で出入りしていた先の人が持っていた土地を買った。事情を知らずにきたのはそのためだ。そこが、かつての部落の一角に位置することを聞かされたのは土地を買って移り住んでしまってからだ。」「長崎（旧市内）の方へ仕事に行くと、『お宅はどこに住んでいるか』と必ず聞かれる。私が『M町だ』と答えると、年寄りなどはむずかしい顔をして『あんたはいつからあそこに住んでいるか』『私は、中国・大連からの引き揚げ者で、M町に住むようになったのは戦後ですけど……それがどうかしたのか』とたずね返すと、『それで安心した、実はあそこは昔の被差別部落だよ、もしお前さんがそこのもんなら、仕事は諦めてもらおうと思ってネ』と、こんな目に会わされるのは一度や二度ではない」と打ち明ける。

Bさんの郷里は島原で、本籍もそこにある。「現住所と違ううえに田舎でしょう」と嘆く。わたしが「本籍をM町へ移したらどうですか」ともちかけると、「籍を移すとどうなります？ここが〝部落〟と聞いた以上は気持ちが悪いし、籍がM町にあるとなると子供の就職や結婚にさしつかえるでしょう。結婚するとき血統を調べられますからね、多少不便ですが、部落と間違われないためには……第一、子供のためには移したくないですよ。」

わたしは相当に差別的なBさんへ、「勇気を出して籍はM町へ移すべきだ」と、もう一度くり返した。腹が立ったのである。「うかつにM町に移り住んだ」ことを、大変な失敗をしでかしたように考えるBさんには、被差別部落の人間と誤解されて、困っていることの意識はあっても、自分が差別に加担しているにもかかわらず、そのことに対する意識は、つゆほどももってはいないのである。あるいはBさんは、「自分は差別した覚えはない」と信じ込んでいる市民の一人であろう。たしかに、直接、差別的言辞を口にしたことはないかもしれない。しかしこの場合、いったい差別しないとはどういう立場に自分を置くことであろうか。少なくとも、「あんたは部落の人間ではないか」ともちかけた市民と「そうでない」ことで了解し合う立場であることは否定できない。むろん、誤解される立場に立つことはBさんの生活権にもかかわるので、微妙なところにおかれていることはわかってやりたいところだが、「まちがわれて私もほとほと困っている」と、そもそも「間違われる」被差別部落のきょうだいとの共同性の立場を拒否して、間違われる立場を蔑視していることに疑いを抱かないかぎりは、Bさんは差別の立場に自分をおいているといわなければならない。本籍を移さないことが、部落の再生産につながっていることはおろか、後で話にくわわった奥さんによると、被差別部落民は「帰化人」だとばかり思っていたというのである。在日朝鮮人をさす帰化人だと考えることで差別の合理化をはかっていたわけであるが、その陰険さにわたしは何ともやりきれない気持ちを覚えた。これは差別する人間の精神がいかに不健康で、いかに退廃しているかの例証としてある。部落差別は被差別部落民をとりまくすべての人間性を厳格に検証する「硬質なヤスリ」ではないか？　とわたしは一瞬思った。

Cさんに比べると、このBさんは正直だと言えなくもない。Cさんは「長崎に部落民なんかいるんですか。いないでしょう、きっといないですよ。第一、いたっていいじゃないですか。どうしてって、僕らと同じ人間だから。長崎では問題は起きないでしょう。差別なんかないんですよ」というCさんの意見は、長崎の最大公約数的な意見でもある。わたしが会ったかぎりのほとんどの人が、異口同音におおむね同じことを言ったのである。刀をかくしたこの慎しみ深い言葉を悪意だなどと決めつけるつもりはない。この歪んだ言葉が善意に包まれ、その善意が差別の感覚に包まれていないならば！

そのことに対して、被差別部落のOさんは「部落差別が悪だということは、だいたい周知されているようである。しかし、その観念がどこまで具体化されているか。それを考えると疑わしい気持ちになる。言葉では差別は悪だと唱えている人間が、いざ自分の問題になったときどうしているか、現実に差別しているではないか。具体的に自分の問題として利害関係の中におかれると、みんな差別するんですよ。それを考えると誰も信用できない。裏を返せば、みんな差別の側に立ってものを考えているんですから」と批判した。Oさんの話で明らかなとおり、問題が何も起きないというのは、うまくおさまっているということに過ぎず、言葉を代えて言えば、この無風状態は、被差別部落民に対する差別と迫害の貫徹を象徴するものであることは一目瞭然である。

「墓の草を少し抜いて、いま帰って来たばかりだ」と、六四歳になる井上キクさんはわたしを迎えた。時計は一〇時を過ぎている。陽はすでに高い。五月といっても、直射をうけると汗が滲み出る。キクさんのように脂肪肥りのからだにはこたえるのであろう。

M町の一角に共同墓地がある。「そもそも大光寺が菩提寺であったのだが、いままでは見捨てられて、ほとんど〝無縁墓地〟のようなものだ」とキクさんはこぼす。この共同墓地は〝無縁墓地〟として、ふだん見向きもされなくなったことには、それなりの理由がある。「大きな理由としては、M町の住民が〝部落〟を捨ててしまったことがあげられる。いうまでもなく、差別の重みに耐えかねて去っていったのである。出て行くとき、ある人など遺骨を掘り出し、石塔だけを残して持って行った。でも中には一年に一度、八月九日からお盆にかけて帰ってくる人もいる。

八月九日はN寺で、他所から帰ってきた人たちと一緒に、私たちM町のものだけで、毎年、盛大に慰霊祭を行なう」という。わたしはささやかな花を買い込み〝無縁墓地〟に参りたい旨頼んで、キクさんの後に従った。共同墓地の荒れようは〝無縁墓地〟の名にたがわず、すさまじいばかりである。墓碑が傾き、雑草がのび放題なのはまだしも、墓地の一隅は明らかにゴミ捨て場であった。「艦船売込組合中」という見慣れない文字をわたしは目にしたので、キクさんに尋ねると「艦船売込組合といって、この町内に、昔、皮革をあつかう職人が数人いて靴を艦船に売り込みに行く人たちが組合を作っていた。ロシアの艦船に売りに行った人もいた。組合の仲間が建ててやったものでしょう。」キクさんは適当な場所を見計らって、わたしに坐るよう促した。キクさんは手回しよく日傘を準備して来ていた。わたしたちはその傘の下にからだを寄せ合った。

キクさんは原爆によって、五人の内一人の子供を失い、自分も死に目に会ったという。しかし、原爆にかかわってキクさんがしきりに強調するのは、子供や財産のことではなく、「一瞬にして一〇万人もの人間を殺してしまった原爆でも、〝差別〟は殺せなかった」ことである。「わたしらに対する〝差別〟は生ぎ残りました。原爆がどがん恐かいうても〝差別〟の恐さには勝てませんと。原爆症が遺伝するとは聞いとります。バッテン、〝差別〟は、〝差別〟する人間が死に絶えんことには生き残るとですたい。〝差別〟するもんの執念がどがん深かもんか、〝差別〟するもんの血が、どがん汚なかもんか、そん遺伝のしつこかこつば見てつかわっせ」。キクさんが「人間は、人間に対してだけは〝差別〟するな！」と子供に、念仏のように繰り返し教えてきたというのは、そのせいに違いない。〝差別〟の苦悩を知りつくしていたからでもあろうが。「部落の重か荷ば、子供にはになわせたくなか、部落差別から自由にさせてやりたか」と思っても、〝差別〟する人間が死に絶えないことには、キクさんの願いは受け入れられない。「被差別部落」は、〝差別〟される人間の内側にではなく、〝差別〟する人間の内に生きるものであることを、余すところなく暴露しているようである。「『部落』のこと、どげん言われようと、原爆の前がよかった」と、キクさんは懐しむように言う。「ここの土地のもんは原爆で大方死んでしまって、いまは新しい人ばかり。その人たちが白い眼でみる。原爆前なら、他の町のもんから言われることはあっても、同じ町内のもんからとやかく言われることはなかったとです」。

「トンピンカン！」と言われて育ってきたキクさんの男まさりは、町内に響いていたという。「子供のころ、女だてらに喧嘩もよくした」キクさんの強さとまっすぐな心意気は、例えばつぎのエピソードによく表わされているといえる。キクさんの少女時代である。あるとき友だちと一緒に街に出たとき、路傍で下駄の歯替えをやっているOさんを見かけた。友だちの二人はOさんを避けるように通り過ぎたが、キクさんはOさんに近づいて、声をかけた。後で友だちから「あん人に声をかけたら、他人からあんたも〝部落〟とみられる」と注意された。キクさんは、すかさず「バッテンうちは〝部落〟やし、〝部落〟とみられてどがんあるとへ？」と反発した。キクさんはわたしに「そん二人も同じ町内のもんのくせして！」とつけ加えた。

キクさんの勝気な心意気は、五〇年経ったいまも、ほとんど生気を失っていない。

この間も、キクさんの〝差別〟する人間に対する追及はきびしい。市役所に行くと「おばあさんの家はどこね」と聞くから、「M町ですと」と答えると、「あそこはエタ部落のあったところじゃないか」というんで、「そうですたい」「じゃ、あんたはエタゴロゥの娘か」「ハイ、バッテン、エタゴロゥちゅうとには、どがんいわれのあるとへ…学のなか婆さんの頭にも分かるごとやさしく言ってくれんネ、うちもそんいわれは知らんとバイ」。

二

次頁の表によると、例えば、一九六七年の政府調査が明らかにした「部落数、世帯数、人口」の統計表によると、長崎県は記載されていない。果たしてこれをこのまま受け取っていいかどうか。この政府調査の信憑性は、きわめて疑わしいといわねばならない。ちなみに、わずか二年ばかり前、昭和四〇年八月一一日の「『同和』対策審議会答申」には、例えば「都道府県別の状況は、部落の数のうえからみると、一〇地区以下長崎、『同和』地区人口は一〇〇〇人以下」とはっきり記されており、生活内容については「『同和』地区の一〇〇世帯当り被保護世帯数は、長崎の五二・四を最高として」全国的にも顕著であった事実が調査の結果として報告されている。二年の間に「同和」政策が十全に完了したのならともかく（そんなはずは絶対にない!）そうでないならばきわめて大きな問題である。零にいたる二年の間にどのようなことが行なわれたか、もし、

第１表　被差別部落数，世帯数，人口（1967年の政府調査）

	地区のある市町村数	地区数	世帯数		人口		地区の人口に占める比率（%）
			地区全体	部落関係	地区全体	部落関係	
全国計	1,027	3,545	390,310	262,343	1599,370	1068,302	66.8
茨城	16	28	3,301	854	15,773	4,748	30.1
群馬	40	173	17,290	6,689	78,367	32,809	41.9
埼玉	43	165	48,748	6,226	195,556	33,198	17.0
千葉	10	14	1,248	628	5,615	3,374	60.1
神奈川	3	3	300	286	1,473	1,433	97.3
新潟	15	20	2,018	439	9,752	1,813	18.6
福井	5	9	937	758	4,043	3,312	81.9
山梨	5	5	148	148	700	700	100.0
長野	54	207	9,972	4,494	43,936	20,375	46.4
岐阜	10	14	2,139	971	8,600	4,076	47.4
静岡	20	27	3,430	2,853	15,800	13.636	86.3
愛知	4	7	2,439	2,208	9,779	8,779	89.8
三重	42	183	12,676	11,198	48,652	42,623	87.6
滋賀	32	67	9,521	8,680	40,328	36,473	90.4
京都	36	139	14,482	12,998	58,548	52,452	89.6
大阪	25	57	35,870	35,870	131,516	131,516	100.0
兵庫	86	331	50,265	37,703	213,948	162,845	76,1
奈良	27	77	16,022	15,546	61,757	59,755	96.8
和歌山	31	99	15,042	12,738	54,993	47,365	86.1
鳥取	33	86	6,483	5,472	29,617	25,631	86.5
島根	18	56	2,882	1,623	10,808	6,542	60.5
岡山	69	275	17,404	12,314	69,669	49,399	70.9
広島	79	266	17,203	8,055	65,432	30,387	46.4
山口	54	86	8,549	5,659	33,998	22,802	67.1
徳島	26	72	9,745	7,068	41,932	29,746	70.9
香川	28	48	2,582	2,517	9,852	9,646	97.9
愛媛	56	356	11,596	10,445	49,281	44,332	90.0
高知	33	68	12,266	11,790	41,854	40,278	96.2
福岡	75	491	45,692	29,820	204,637	121,996	59.6
佐賀	11	12	603	335	2,635	1,270	48.2
熊本	27	42	4,179	2,546	19,795	11,718	59.2
大分	16	30	2,646	1,074	10,795	4,528	41.9
鹿児島	17	32	2,632	2,338	9,929	8,751	88.1

注　山梨，大阪の人口比率は調査困難のため100%となっている場合もある。
（信濃毎日新聞社編『現代の偏見と差別』新泉社刊より）

行政的に「被差別部落」が抹殺された結果として、長崎県が欠落したのだとすれば、為政者の「部落」の人間否定は、被差別の苦悩に生きた困苦の歴史の否定とともにおおいがたく糾弾されなければならない。

長崎県当局の責任ある担当者が語ったところによると――

「『同和』としての問題は、行政面では何もなかった。昭和五年の統計によると、世帯数も人口も多かった。しかし、その後は人口も減少し、『同和』問題も上がって来ず、地域住民や市民感情も向上して、『同和』としての問題は何もない。したがって、いまごろになって、『同和』地区として過去の問題を掘りくり出されることは、果たして部落民に対してためになるかどうか、私はためにならないと考える。できることならこのままそおっとしておくべきである。先ほども言ったように、差別的なこと、あるいは人権無視的なことは、とりたてて市町村から情報を得たこともない。そういうわけで、長崎にはぜんぜん問題はない」。

彼は「部落差別」の問題とは「部落」の人間の問題であると言っているのだが、「部落差別」の問題は「非部落」の人間の問題であることを、わたしたちは押えておかなければならない。長崎県当局の行政措置は、黙殺のかぎりにおいて成功していると言えよう。なぜなら「非部落」の人間までが「部落差別はないし、第一、彼らもわれわれと同じ人間ですよ、「長崎には特にそういう問題はない」と、わたしに向かって自信たっぷりに耳打ちするとき、県当局の行政措置は県民によって支持され、裏書きもされているからである。もしかすると、県当局のこの行政措置は、県民感情の上に築かれたということもあり得るかも知れない。この行政措置、県民感情に問題はないであろうか。

それを問う前に、まず自分のことをこそわたしは問う必要があるであろう。その前に、ある老婆のことを簡単に触れておきたい。

「もしかしたら、あそこの人が……しかし私から聞いたことは黙っておいてください」と言い含めて教えられて訪ねたM町のある老婆は、身をこわばらせて、かたくなに口を開こうとしなかった。「部落」がない長崎で、相互に「同和」してしまっている現在、他人がどう噂しようと、知らぬ存ぜぬで通せぬことはない？　老婆はわたしに「あんた部落民かね」と言った。「非部落民」の「部落」の人間に対する差別が、老婆の警戒心においてそう言わせたのであろう。老婆はわたしに同情し、慰さめの言葉をかけてくれた。「そんなことにこだわらない方がいい。部落から出れば働くとこはどこでもあるし、ちゃんとした結婚もできる」。この一見思いやりをよそおった同情は、わたしに反発する気持ちを起こさせたが、被差別部落の人たちは、差別でなければ、陰湿な同情をこおむっているのだということについての認識を、わたしは肌でつかんだように思った。老婆は部落の人間であることをひた隠しに隠したのでなければ、不当に老婆を名指すものがいたということになる。わたしが「非部落」の人間である以上（「部落」の人間においてさえも）、すなわち、差別する立場にあるわたしに、老婆はどうして口を割ることがあろう。老婆の深い沈黙は鋭くわたしに迫ってくる。

わたしは、わたしの中田政行（仮名）を被差別部落の人たち探し出さなければならない。中田政行との間で生きた暗い歴史をぬきにして、わたしは部落差別を問題にすることはできない。中田政行との関係は、かつてもった、わたしの内部の非人間的な部分であり、いまも後めたいもの、変革しなければならないテーマとしてある。なぜ部落の問題が、いまわたしにとって重要な関心事としてあるか、中田政行を通して部落の人間を、紛れもなく差別したぬぐいきれない経験を、わたしが持っているためである。

あれは、もう二〇年も前のことになる。わたしとしても初期の悪戯盛りの小学校二年から五年生にかけての出来事だったように記憶している。疎開先である山陰のわたしの美方郡照来村は、全体で七つの小部落からできていた。一部落約八〇世帯位の単位で構成され、すべてを合わせると七〇〇世帯くらいで、総人口三五〇〇百人くらいのものだった。わたしの部落は多子という名前で呼ばれ、わたしのこの多子だけが全体の中で被差別部落を集落内にもっていた。被差別部落の人たちは、わたしの家から徒歩で一〇分くらいのところに、二〇世帯くらいがひと固まりになってひっそり暮らしていた。

わたしたちは彼らを今では死語となり、書くのさえはばかる「四つ」とか「エタ」とかいう呼び名で、わたしたちの社会や日常から厳しく弾き出していた。「エタ」という呼び名は、もっとも悪質で、相手の人格を否定する効果のある力強い武器だった。わたしたちの口から飛び出る「エタ」という言葉の前では、中田政行のどのような正しい主張も、腕力さえもなすすべがなかった。中田政行はほとんど毎日、その呼び名の前でうなだれ、後退する以外になく、完璧なまでに受動的だった。それほどまでに「エタ」という呼び名のもっている力は大きく、苛酷であった。いつも口惜しがっていた中田政行を、わたしは痛覚なしに想い出すことはできない。中田政行の存在は、彼らの人間性がどれほど踏みにじられ、どれほど恥辱にあったかを、いまわたしに迫ってくる。もちろん、当時のわたしには、中田政行へのそのような行為に対する罪悪感は微塵もなかった。わたしたちはどのような了解の上に彼らを特別に差別し、彼らの人間性を踏みにじっていたのか。当時のわたしには何も分からなかったし、考えてもみなかった。わたしたちは、理由もなく、問い返すこともせずに、歴史的な差別の習慣に従っていただけだったのである。

やがて、差別に耐えきれなくなって、その被差別部落の人たちは、一軒去り二軒去りして、しまいにはみんな四散し、その部落はぬけがらになってしまった。もちろん、中田政行の家族も例外ではない。その後、わたしたちの村のブゲンシャといわれる小金を貯めた農民が、彼らの家や田畑を吸収してしまった。彼らがその後、どこでどんな生活をしているのか。（それ以来「部落問題」は、わたしの精神の健全さと頽廃を検証する、自分の人間性をとりもどすリトマス紙になった）

このようにして、照来村多子から被差別部落は「解消」した。しかし、被差別部落の人間に加えた差別は消えるであろうか。差別は、差別されたものにではなく、差別したものの側に深く残るという重い事実を、わたしは見落としていたのである！「部落差別」が生きつづけてきた——また生きつづける——のは、差別する人間の恣意、差別を必要とする人間、すなわち、差別することによって何らかの利益を得る人間によって生き延びさせられるのである。わたしにとって「部落問題」は、中田政行を探し出すことと不可分ではない。

話を元にもどすと、一九六七年の政府調査の統計に、なぜ長崎県が欠落していたか執拗な追及の結果、秘密裡にとられていた当局の措置はつぎのようなものであった。

「……別記『同和』地区を参考に調査いたしましたが、昭和38年11月24日、34社第37号をもってお知らせしました如く、本県は地域住民の社会福祉の認識並びに協力は極めて積極的であり、県といたしましても『同和』対策は特別に区別（差別だ！）することなく一般低所得対策として推進いたして参りました関係上、今更これを『同和』地区として取上げることは県民感情の上からも適当でなく、今般の調査につきましても直接に調査することなく、福祉事務所、市町村の幹部、長老等その地区の実情にくわしい人達による事情聴取及び資料に基づく調査を行ないました結果下記の状況でありましたので別添のとおり報告いたします。」

これは、長崎県民生労働部が一九六四年に「同和」対策審議会に送付した公文書の控えである。別添に示された実態によると、県下一〇地区・一二一世帯・五六六人が明らかにされている。県庁所在地である長崎市内については、調査すら行なわれなかった。わたしが問題にしようとしているM町はまったく触れられていない。M町は、原爆被爆によって壊滅させられたといわれているが、果たして問題は何もなかったのであろうか。参考までにM町について、昭和五年時の調査の結果（県当局に保管されている）をあげておくと、一二一六世帯・九八六人とある。M町のことについては、のちほど別のところで触れる機会があるので、ここでは、さきほどの別添にもられた内容をみていくことにしたい。

対馬・厳原の二三戸については「本地区は独立した字H町として一部落をなしている」とあり、「自営業者の殆んど靴製造、靴みがき等である」

また、北松K町一〇戸四〇人については、「現在、転出者が多く、不明であるが三世帯は下駄屋である」と、以上には「注」が付されている。

島原市O町の九世帯二八人は、一〇〇％被保護世帯であることが記されている。

C村のうち「〇〇第四部落一一戸（一一世帯）一四五人残ったいるが俗称『エタ』であるが、住民と何等異る所なく、部落民が区長や町議にも出ている」と伝えた後、「強いていえば、婚姻のさい気嫌いされる程度である」と、婚姻には、言うまでもなく多くの人間の一生がかけられているにもかかわらず、〝強いていえば、婚姻のさい気嫌いされる程度である〟どはどういうつもりであろうか。当局の被差別部落の人間に対する偏見と差別がどれほど根強いものかを、この表現はまざまざと伝えている。以上の事実にもかかわらず、県当局は「とるに足らない」問題として部落を抹殺してしまった。

県当局は、貧困世帯が圧倒的に多い「同和」地区を特別に区別することなく（むしろ区別する必要がある！）、一般低所得者対策の中で救い上げようというのであるが、被差別部落の住民の問題は、「低所得者」一般の問題では解決できないことを、婚姻のさいの「気嫌い」が証しだてているではないか。いうまでもなく、社会的な偏見と差別が生活権を脅かして、被差別部落民を貧困に釘付けにしていることから、「低所得者」の問題であることは否定できない。しかし「被差別部落」の低所得の問題は、被差別の問題とからんでいることから、決して「低所得者」の問題一般ではない。

例えば、次の謝罪文にもはっきり表わされている部落差別との関連の中で、固有に取り上げていかないならば、真の解決はあり得ない。

謝罪文

私儀　不徳ノ為メニ去ル昭和二十一年十月五日貴連盟員ニ対シ差別的言辞ヲ行ヒマシタ事ハ私クシ重々ノ禍リデ御座居マシテ貴連盟役員ノ方々や地区共産党ノ方々ニ迄色々ト御心配ヲ御掛ケ致シマシテ何共御講ビノ申上様モ有りマセン今後カカル行為ヲ絶対致シマセヌハ勿論未ダニ私クシト同ジ様ナ気持チノ人が一人デモ居りマシテハ民主国家再建日本ヘノ大キナ障害トナリマスノデソウシタ間違ツタ人ヘノ反省ノタメ弦ニ私クシノ心カラナル謝りノ言葉ヲ掲ゲマシテ御講ビ申上ゲマス

昭和二二年二月

右謝罪人　池　田　富　夫

長崎製靴工業共同組合　殿
長崎市西彼靴修理工業共同組合
(『長崎日日新聞』昭和二十二年四月二日号)

それでは百歩譲って、一般低所得者対策として推進することでいったいどのように救済されるか見てみよう。

「昨年七月九日の水害をふりかえって」と題して佐世保福祉事務所が、佐世保の水害の報告をおこなったのは一九六八年のことである。全国社会福祉協議会が発行している『生活と福祉』の一四九号は、「昭和四二年七月九日、佐世保を襲った集中豪雨は、正午から二二時までの約一時間に一二五ミリと記録的な降雨となる」と前置きして、特に被保護世帯が密集するS地区についての調査をまとめている。それによると、「当日、午後一時頃、同部落横を流れる河川の上流の堤防決壊などによって一瞬にして増水、その濁流が家屋の軒下すれすれまで浸水し、しかも急流であったため家財等などを持出す暇がなく、着のみ着のままで安全地帯に緊急避難することが精一杯であった」ために、S地区のすべての住居は「上流からの流木のために数軒の家は半壊、残る家屋も家財、建具、畳など流失。流失を免がれた家も豚の糞尿を交えた泥土が床上一メートルに達し」手の施しようもない悲惨な状態に陥り、それにもまして被災者二百五十人から「保護費が流失した」ばかりでなく、「保護費で買い込んでいた米、調味料まで流失」したという極めて深刻な訴えさえなされたというのである。そもそもS地区は「従来水田であったところを十年前に宅地に転用したために川の堤防より約一メートル程低」かったといわれる。元来、「例年の雨期にはかなりの水害を被る」ことはよくよく分かっていたにもかかわらず、そのことに対しては「根本的にその埋立などが、関係者間で協議検討されていた」という、過去ただそれだけの救済措置がとられたにすぎない。これは天災ではなく、どうみても人災である。S地区は文字どおり下層社会として、「家屋はほとんどがルーヒングのバラックのような建物で、しかも豚舎と住家がいりまじり隣接していた。」貧困者や「第三国人」（在日朝鮮人や在日中国人とした外国人）などの差別された人たちの密集地だったということである。S地区はいわゆる「当市におけるスラム街ともいうべきところ」だったというのであるが、ところで問題はそのことを理由に、S地区の「住民の思想的偏狭さもひどい」と呼んだ上、さらに「部落世帯総数九二の内、被保護世帯七八という特殊部落の被災状況について」と書いたのはなぜか。スラムの住民が偏狭だとするのは露骨な偏見である。物質的な貧困と偏狭である事実を取り違えてはならない。もし物質的な偏狭さがあるとすれば、スラムにばかり集中しているのではなく、階級対立があるかぎりにおいて、すべての労働者にもかかわるのではないだろうか。スラム→住民の思想的偏狭であるなどと差別的に判断すること自体、偏見もはなはだしく、むしろ彼らこそ思想的に余りに偏狭であるといわねばならない。いわんや、臭いものにはフタ式にスラム→思想的偏狭→被差別部落と固定化して処理してしまうにいたっては、階級支配のイデオロギーだと断じなければならない。

県当局の一般低所得者対策によって、被差別部落は再度蘇らされ、温存されることをわたしたちは見てきた。かりにもせよ、被差別部落を抹殺する力が被差別部落大衆の意志にかかわりなく加わり、しかも県当局が強制的に、文字通り官僚的に被差別部落の抹殺を計ったことは許しがたいことである。

わたしは長崎のタブーに触れたかも知れない。しかし、タブーに触れたといってわたしを非難する前に、〝寝た子を起こすな〟式に、タブーをタブーとして受け入れる――放置する――ことは、むしろ部落差別を容認し、部落差別に新しい油を注いでいる元凶なのだ。放置してきた行政の、差別イデオロギーこそ糾弾されなければならない。

三

どこの町や村にも〝語部《かたりべ》〟のような老人や老婆がいるものだが、わたしの会った六五歳のトキさんは、まさしくT町「部落」の語部のような老婆であった。わたしはT町に足をさし向ける前に、T町の周辺部の人々がT町をどう呼んでいるか探ってきていた。ある人は〝浜んしゅう〟と言った。ある人は〝バンゾウ（もの乞い）部落〟と言い、〝島んもん〟と言った。またある人は、はっきりと「あそこがエタ部落であることは誰でも知っとります」と言った。

トキさんは、その〝いわれ〟について次のように話してくれた。「私たちの先祖は、諫早藩からO村、村、Q村などの夜警に使われていたとです。」諫早公はその報酬として、一帯の百姓に「まぐさ（入会権）三寸を与えよ」と申し付けていた。まぐさとは私たちの先祖に与えられた生活の糧であった。ところが、そこに問題があった。私たちの先祖は、そのまぐさを生のまま貰えばよかった。そうすれば、乞食のように見られることはないからである。炊いたものを貰って食べたことから部落民と言われるようになった。私も子供のころ、学校へ行くことはなかった。学校へ行くと〝島んもん〟と言って差別されるからである。学校へ行くとみんなからとり囲まれて殴られたり、手を踏みつけられたりされた。「学校はおとろしかところじゃったです、おとろしかったところじっゃたもんですけん、ほとんど行ってなかです」。

原爆前まで、T町には三菱兵器工場に常傭として出ていたものが多い。トキさんの夫、トキさんの弟二人、トキさんの甥のほか、一四、五人はいたんではないかという。ところが、被爆したあと、自分でやめてしまった人も多い。トキさんの夫と弟二人、甥はみんなそうだという。トキさんの説明によると、「爆心地から二キロ内にあった三菱兵器が、被爆で壊滅してしまったから」だということである。現在、T町「部落」の人たちは、地区の民生委員の説明によれば「市の清掃課の現業、その運転手、土方、大工、左官、三菱の下請の溶接工」など、いわゆる近代的な産業部門からは締め出されている。戦後、被爆したトキさんの夫は、県の土木工事に出ることになった。道路を舗装するのが仕事で「早く言えば土方です。しかし、二三年四月一日、道の尾の道路工事に当たっているとき、岩石を受けて死んでしまった」という。それ以後、子供に引き取られて、孫の子守をしながらいまにいたっている。

T町「部落」には、被爆しているにもかかわらず、被爆者として認められない人たちが、トキさんの話だけで五人いることが分かった。トキさんが心配顔で打ち明けるのも、「五人は揃いも揃って、いまからだの具合がよくない」からである。「最近やっと、部落外のものとの結婚ができるようになった」という。かつて部落差別のゆえに血縁のつながる相手とも結婚せざるをえなかったT町の中で、この五人はそれぞれ甥、いとこ同士の関係にある。いままで被爆者手帳を貰おうとしたことはないのか、とわたしが尋ねると、そうではないと答える。それどころか、みんなとろうと努力したし、いまもしているという。「春田金吉さんをみてみなさい」。

春田さんの家は、トキさんの家から五分くらいのところにある。春田さんは家に居た。医者から仕事をとめられてぶらぶらしているのだという。春田さんは傾きかけたひら家の柱をとりかえているところだった。一八歳のとき、三菱兵器で被爆した。三菱に常傭として入ってまだ三年にもならないころである。「われわれ貧乏人は駄目です。ひきがないでしょう、大きな声では言えませんが、町内に有力者がいて、外部とのいっさいの接触はその人を通さないことには……？私たちのように貧しいものは、とりなしてくれないんです。貧乏人はいつも有力者にえっしゃ(恐れる)しているんです。現に三菱で一緒に被爆した人で、早くから貰っている人が、この町内にいます。さっき言ったように、だいたいが有力者を通さないと駄目でしょう、自分でやるっていっても、恥ずかしい話ですが、四三歳にもなって名前以外の字は何も書けないんです。被爆者手帳には、証明人が二人いるでしょう。一年前、証明してもらうのに二万円もかけましたよ、金がなかったから畑を抵当に入れて作ったんです。ところが駄目でしてね、書くには書いてくれましたが、だいたい証明人の資格のない人だったんです。……二万円ですか、もちろんかえってくるわけがありません。私はどうしても被爆者手帳は欲しいんです。いま、医療保護を受けていますがね、やっぱり気になります。原爆の手帳は私の権利でしょう。」春田さんは保護されることを極力避けたい、と言い切る。子供は五人いて、上の二人は都会で働いている。一日八五〇円の日雇をして、奥さんは五人の家族を養っている。「毎年、夏になると、歯ぐきから血が吹き出し、ケロイドの跡に水ぶくれができ、からだのいたるところに斑点が現われ、頭がはげるんです。四カ月前なんか、昏睡状態で、一週間無意識だったことがあります。医者は死を宣告し、家族や親せきを待機させていたそうです」。

T町「部落」を訪ねた直後の日曜日、わたしは被爆者手帳の申請用紙を持って、伊王島に、トキさんの弟さんを訪ねた。日鉄鉱業所で昭和二七年五月から採炭夫として働いているEさん（大正九年生まれ）は、一度採用を見合わされた。面接の際、被爆したときのことを一部始終説明したからだという。「定年退職をわずか五年後に控えて、やめようかとしきりに考えている。いまのところふた心で迷っているんです。からだがきついのはともかく、具合が悪いのは耐えがたい。夜中に汗をかいた後は必ず寝込んでしまう。一月に一五日も出ればいい方ですよ。欠勤すると女房がいい顔しないでしょう。子供は三人いるんですが、上の子が高校を出るまでは何としてもきばらないと……」。T町「部落」出身ということで差別を受けたことはないとEさんはいう。

「戦争に敗れ、原爆に焼かれて、親兄弟、妻子、夫を亡くし、終戦からもう、ただ生きんがために歯を食いしばって貧乏と生活に追われているのが実情であります。長崎は立派な街だといっても、市民や県民がポロをまとい、道ばたや駅、公園にムシロを敷いて寝ているようでは、決して立派な街だとはいえますまい。ほんとうに県民の幸福を念ずるなら、一片の文書で私たちの住居を強制撤去するなどという仕打ちはあまりに冷酷なやり方ではありますまいか。私どもとしては、まったく納得のいかぬところであります」。

これは、当時の強制撤去をめぐる投書の一つである。この投書に対して、長崎県土木部計画監理課の答えはつぎのようなものである。「長崎市は原爆により一瞬にして廃墟の街と化しました。戦災以来、街の再建復興は私どもに与えられました重要な課題です。……土地がない、家がない、生活に困っているという皆様のお気持ちはよくわかります。しかし、いつまでも道路を皆様方に使っていただくことは参りません……」

現在は精神病院といわれるが、かつて〝避病院〟と偏見と差別の的だった焼け場の間を抜けて入った谷――紅葉谷の斜面に三〇戸ほどの〝バラック〟が立ち始めたのは、それからまもなくのことである。強制的につくられた小さな町の頭上には高圧線が走り抜けており、雨が降ると床下に流れができる家さえある。

一五年の間に、住民のほとんどは入れ替わってしまったと言われるが、西糸子さん(四一歳)

は、当時から入っている人たちの一人である。糸子さんが被爆したのは一六歳のとき、母親とは三歳のとき死別したが、父親は原爆で失った。金もなく、家もないために、市内の立ち退き者に合流して、いまのところに移ったのは、結婚してまもない昭和二八年の終わりころだった。現在、中学三年の息子を頭に三人の子供がいるが、下の二人はまだ幼い。「主人は失対に出ていきよるとですが、それだけでは足らんとですけん、足らん分だけ生活保護ば貰いよるとです。」「二九年には赤痢が発生して、町のもんはほとんどかかった。川の水で生活しとったですけん」と糸子さんは、当時を回想しながら話す。「避病院が近かったたから、世話はなかったとです」と笑っていうが、水のない場所へ撤去したとは、余りにもひどい話である。赤痢が流行った後、「毛布一枚で何人もの家族が暮らしていた。」紅葉谷は〝貧乏人部落〟として人々に知れ渡った。やがてゼノ神父がやって来て、〝蟻の街〟と形容して世間に訴えた。それ以来、紅葉谷は、通称〝蟻の街〟と呼ばれるようになった。「しかし」と、糸子さんは、「私たちにとって蟻の街という名前は、すごく負い目やったとです。第一、私たちは〝蟻〟じゃなかです。ゼノ神父さんは、食べ物を持ってきてくれよったです。恥ずかしか話ですが、食べ物がなかったから、やっぱ欲しかです。バッテン、そのために〝蟻の街〟とは言われとうなかです。ソーメンの二把、三把貰って、それも一年分でも保障してくれるなら。初めは、なるだけなら私は貰わんごと努力しよったです。バッテン何も持たん人間は弱かです。貰って食うことが屈辱であっても、何も持たん人間は他に方法がなかでしょう。自立する心の失われていくとが一番恐ろしかったとです。私は左官をして働いたとです。バッテン、原爆を受けたからだは弱かでしょう。つい甘えてしまうとです。そげんこつのあってから、蟻の街のもんは特殊な人間のごつみられることになった。ゼノ神父さんが善意で悲惨さを訴えたとは分かるとですが……」。

いまも失対で働く者や、生活保護を受けるものは〝蟻の街〟から絶えてはいない。〝蟻の街が変わったのは、ゼノ神父がいなくなったことだけである。

「長崎においては、『同和』として特別に対策の必要はない。このように昭和三九年の調査で結論を出して、同和の問題はしめくくった。それ以後はどういう問い合わせがあっても、長崎には『同和』地区はない、こう答えておる」と、県当局の「同和」問題に対する責任ある回答である。

「差別のうらみは骨髄に達している」人たちが、なぜ「寝た子を起こすようなことだけはしないでもらいたい」と、強調するのだろうか。部落差別への糾弾はしないでおこう。団結するようなことはさけよう、と自己規制するのである。部落差別を自分の責任のように処理してしまうのだろうか。また、そして「ひた隠しにして交わっていくことにおいて、長崎の場合は成功しているから、そおっとしておいてもらいたい」と、M町の土地をタダ同様に売って「部落」を去ったRさんは、わたしに深刻な表情で訴えた。これでは県の行政措置に丸ごと組み込まれることになりはしないか。大衆運動で団結をともなった水平社運動と改良的な融和運動が、大正の終わりから昭和の初めにかけて、M町を真二つに割って、夫婦別れまで出したこともあり、みんな一度は特高に踏み込まれ、引っ張られた経験を持っている」M町の人たちは、「部落の人間であることを告白することはできない」状態に、いまあるのだという。「われわれがエタであることを誇り得る時が来たのだ」の大正一一年三月の水平社創立の力強い宣言に比べると、何と大きな隔たりであろうか。

Gさんは、からだを小刻みに震わせている。わたしと対面するとき、Gさんのからだはいつもこのように震えるのである。わたしはGさんのタブーを刺激しただろうか。……あるいはそれはGさんの深い悲しみと、おさえがたい怒りなのかも知れない。わたしはできるかぎり自分を平静にたもとうと努力した。

Gさんにいま問われていることは、繭の壁を厚くして、ひたすら内側にくぐもっていって自分で死んでしまう蚕のようにではなく、卵の殻を自分の力で噛み砕いて出ていく雛鳥のように、あくまでも暗くて重い殻を自分で蹴破って真の人間に再生していくことである、とわたしは考えた。差別はそれを受けるものの責任ではなく、それをし向けるものの責任であるかぎり、それはまぎれもなくわたしも含め差別者の側に立っている被差別部落をとりまくの人々の問題であるのだ。とりわけ「長崎の部落民は原爆の後、ほとんど『同和』した。いま長崎には『同和』問題はない」と県当局がもっともらしく、うそぶいてみせるとき、「同和」を欲するのは国家・県行政権力の側である。それではわたしたちはどうであろうか。長崎の「部落」問題に目をつむってこなかったか、どうか。そして何よりもこのわたし自身は？「長崎には『同和』問題はない」と、県当局がうそぶいてみせるとき、県当局を責める資格がはたして、このわたし自身にあるだろうか。ある、それと同時にその言葉が誰によってつぶやかれるかを考えてみるとき、わたし自身が長崎の部落問題を見過ごしてきたことの結果だと考えなければならない。すなわち、わたし自身が県当局の陰湿な「同和」政策を許しており、それに加担していない保障は全くないからである。その限りにおいて、わたし自身が「同和」を欲していたこともさることながら、否定しようもなく被差別部落の温存を許っていたのだ！　それは、わたしの中田政行を二重に殺すに等しい行為ではないだろうか？

一つのエピソードをもとにして、いま、わたしは被差別部落との新しい関わりの出発をまさぐっている。その内容は、次のようなものである。

「うちは、こまかころ、もう八四歳ですけん、七〇年も前ですたい。エタもんに向かって、よう差別ばしょったとです。バッテン、うちたちはエタもんから〝クロシュウ〟と差別されよりましたとバイ。ごつ（多く）と喧嘩もしょったとです。それがあなた、エタのお松さんにズッと後で、バッタリ会ったとです。そんとき、エタのお松さんが『ウメさん、そういえばこまかころ、うちはなんして〝クロシュウ〟なんて、馬鹿にしたとやろ？』と言いなさったとです。『お松さん、うちもなんしてエタなんて差別したとやろう？』と二人で笑いおうたとです」

浦上に住む松尾ウメさんがわたしに話してくれたのである。

Ⅲ　ボッシュウで来たとばい

「市役所はこわかもん」——在日朝鮮人被爆者の苦悶

一

　ピカッと光った、瞬間「アアイタ、ヤラレタ！」と思った。なんともいえないぶ気味な光であった。雷なんてものではない。太陽が真二つに割れたんではないかと思った。しばらく真空状態である。わたし自身、自分はもう死んだものと思っていた。フト眼が開いた。わたしは頭をかかえて地面に伏せていた。カブト虫のように。周囲には、瓦やガラス、樹の枝や紙などが散っていた。背中が、焼けるように熱かった。わたしはゆっくり起き上がった。背中から、ほこりや砂のようなものが落ちていく。と、袋町のカトリックセンターの壁が「ドッドッドォー」と音をたてて崩れ落ちた。みんなガヤガヤと右往左往し始めた。「逃げなければいけない」という気持ちがひらめいた。初め、寺町の方へ避難した。防空壕を探して入ろうとしたが、日本の人の防空壕だったのですぐ追い出された。仕方なく墓の穴の中に避難した。アメリカの飛行機が飛んできて、油をぶっかけて機銃掃射をやったのを、その穴の中から目撃した。日の暮れるまで墓の穴の中でうずくまっていた。日が落ちて、やっとそこを出てみた。海岸に近い大波止に向かった。なぜそこに行ったかは分からない。そこで、わたしが目にしたのは、黄色いリンのようなものが、倒れた家の上をはって広がっていく光景であった。それが軒並みに、家から家へと移っていく。そして黄色いリンが通った後には火災がおこっていった。その家々は、後で分かったことだが、一軒残らず焼きつくされていた。柱の燃えがらの中に、瓦と一緒になってガイコツがたくさんころがっていた。家の下敷きになったものは、自力で抜け出すにはちからがたりなかったのだ。当時、家には女や子供、そして年寄しか残っていなかったから。空襲警報の解除の後だったから、みんな家の中にいたに違いない。きっと生きながらに焼かれたのだ！　防空壕で命拾いしたものは、よほど運の強い人たちだ。大波止に行くと、小瀬戸に行く船があったので、その日はひとまず帰った。

　いまでは原子爆弾ということは常識であるが、その当時は「ピカドン」とか「新型爆弾」とかいっていた。どんな爆弾か分からないけど、とにかく恐ろしいものだった。なんでも、落下傘のようなものが一緒にゆっくり落ちてきたという。私は見なかったが、大きなキノコ雲を見たというものもいた。どこで聞いてきたのか、「四月の長崎花の街、八月九日は灰の町」というビラが市外にはまかれていたと話しているものもいた。とにかく新型爆弾の話でもちきりだった。「日本はこれで負けた」と大ぴらにいう同胞もいた。これでカタがつくだろうという気持ちがわたしの中にもあった。

川南造船の埋め立て工事をやっていた奥山組という組で、わたしは働いていた。そこには、朝鮮人同胞が百何名かいた。金在植さんという人夫のことはいまも忘れない。わたしは、一九三九年、二〇歳のとき、ボッシュウ（記録によると、当時は「官斡旋の募集によった」とある。朴崔順さんがボシュウと言わないのは、事実は「募集」ではなく、警察の強権を背景とした「没収」―人間狩りだったからである。）で来たが、金在植さんは、一九四三年に朝鮮北部から強制的に連行されてきた同胞である。家族はバラバラだと話していた。金さんは稲佐小学校に収容されていた。八月一一日に探しあてたのだが、全身ヤケドであちこち皮膚がめくれていた。その上、肉がただれている。食物を与えても食べない。「水をくれ！　水をくれ！」と、そればかり繰り返した。水を飲ますと「死んでしまう」といわれていたのでやらなかった。三日目になると、目に見えて身体は細ってきた。治療といっても赤チンキをぬるだけであった。一週間目になると、ヤケドは手のつけようのないほどひどくなってきた。そしてウジも湧き始めた。「足の方がどうかなっていないか」蚊の鳴くような声できく。そして「ミズ……」という。どうせ助かる見込みはないと判断したので、水をやった。それきりだった。どうやって葬式するかということが問題になった。みんな、柱や板を積み重ねて、その上で無ぞうさに焼いている。わたしたちも、日本人のやり方を見習った。それからは、毎日々々葬式ばかりが続いた。三日間くらい火の海だった浦上が、一週間もたつとようやくおさまって、浦上にも入れるようになった。

八月一五日、日本は戦争に負け、わたしは何よりも同胞を探さねばならないという気持ちになった。本格的に探し始めたのは、この日からである。方々を歩き回った。中心地の方は、飴のようにへし曲がった兵器工場の鉄骨や、コンクリート建てだった天主堂は特に無惨で、その周囲は何もなく、砂漠のようだった。その砂漠に白骨体がたくさんころがっていた。男と女の見分けもつかないから、日本の人と同胞の人を見分けるすべはなかった。戦時中、「ワレラ皇国臣民ハ――」と日本語でいわされたが、これほどみごとな「皇国臣民」はないと、わたしは思った。中心地を少し離れると、眼の玉がとび出たのや腹わたのとび出ていたのもあった。みんな消し炭のようである。

こんな話を聞いた。――道路に黒焦げになって立っている人がいる。「オイ！」と声をかけて手を触れると、バタッと倒れ、灰がパッと四散した。立ったまま死んでいたのである。岩屋橋の配給所では、将棋を倒したように人が折り重なって死んでいた。配給の順番を待っていた人たちだという。その中に、両手で握り飯をかかえ、口にあてたまま死んでいた子供がいたという。朝鮮人の子供ではないかといった。（日本の人なら、だれが死んだかつきとめることができるだろう。しかし、ぼくら同胞は、どこに誰が連行されていたか分からない。日本の公式発表によると、死者は七万三千八百八十四人となっている。大方、それは日本の人だけの数字である。公式記録には朝鮮人の数字はない。調べれば分からないはずはないのに、朝鮮人はみんな〝行方不明者〟にされている。）

九月に入ると、わたしも吐き気がし、めまいをおぼえるようになった。放射能の影響がいつでるか分からない、という恐怖ははなれたことがない。……

朴崔順さんの話は始まったばかりだが、このへんで鄭さんの話を聞いてみることにしよう。

二月中旬のある午後、わたしは廃品回収をして暮らしている鄭さんの家の座敷に上がり込んでいた。穏やかな外の暖かさに反して、心なしか鄭さんの家の中には、何か冷やりとさせるものがあった。鄭元達さんは被爆者普通手帳をもっていた。「特別手帳になんとか切り換えてもらえないだろうか」と鄭さんは訴える。在日朝鮮人には社会保障が適用されないからである。

わたしが訪ねたとき、被爆者特別手帳をもつ鄭さんの奥さん（日本人）は買物に出かけていたが、わたしの顔見知りでもある金さんが（奥さんは日本人で特別被爆者）すでに上がり込んでいた。

鄭さんと金さんの会話には、日本語と朝鮮語が複雑に入り交って出てくる。民族の心をはく奪されてしまった鄭さんや金さんの魂に、朝鮮語ではとらえられない空洞ができているかのように。鄭の代わりに「創氏改名」によって日本人山本として、生きなければならなくさせられた一人の朝鮮人の内部で、植民地支配の収奪が、どれほどまでに人間を疎外してしまうかを、わたしは垣間見たようである。

「好きできたんじゃなか！　もとはといえばボッシュウ（鄭さんも「募集」を「没収」という）で来たとばい！」と、まるで鄭さんは、わたしに向かって「わたしの朝鮮人としての終わりはこのように始まるのだ」といわんばかりに。それをおろかにも、わたしは日本語で受けとめなければばならなかった。こともあろうに、朝鮮人鄭さんに日本語を強制して！　それは紛れもなく、かつて民族の言葉をはく奪した後に強要した「皇国」の言葉だった……。

「鄭さん、ひとつ日本に行ってみないか」そう言ってきた。直接来たのは朝鮮人だったが、大方軍部に使われておったのだろう。「東京というところには、五〇円、一〇〇円が腰が痛くなって最後には拾うのを諦めるくらい落ちている。仕事ならいくらでもある。それに遊び半分でも十分ゼニにはなる」そう言われて下関に上がったのは一九二三年、二二歳のときである。しかし、東京にはゼニが落ちてるどころか、混乱に紛れ、たくさんの同胞が日本人の手によって殺されているという。恐ろしくて東京には行けなかった。仕方なく、わたしはその足で熊本のトンネル工事に行くことにした。何組だったか忘れたが、飯場の頭の約束だと日給三円だったが、もらってみると約束の半分にもならなかった。腹をたてて親方のところに行き、「ひどいじゃないですか」というと、反対に「チョウセン人のくせに生意気いうな！」と、ひどくどなられた。その上、遊び半分どころか、わたしたち朝鮮人は、きつい仕事の上に危い現場ばかりやらされていた。それでも、朝鮮におったころに比べると、仕事があるだけでも増しだと考えて我慢した。想い出してみると、朝鮮ではひどい生活をやっていたものだ。わたしは、学校には八つから三年間しか行かされなかった。いうまでもなく、家が貧乏だったから。アボジ（父）が怠け者だった。子供が六人もいるというのに、ぜんぜん仕事せずに酒ばかり飲んでは、「バカらしか、バカらしか」と、おめいていた。一一歳からもう働きに出た。わたしは何でもやった。主に行商が多かった。竹、反物、キツネや牛の皮、馬の骨などゼニになるものなら何でも売ってあるいて、方々を旅してまわった。兄さん、こんな民謡《うた》聞いたことありますか。

〝口の利ける野郎は　監獄に
野良に出る奴ア　共同墓地に
餓鬼の一匹も生める女っちょは　色街に
モッコの担げる若え野郎は　日本に〟

わたしは、いうたらモッコの担げる野郎だったから日本にきた。
話がだいぶ横道にそれたが、熊本で土木人夫を始めてからは、飯場のバラック生活ばかりである。ほとんど九州だったが、隧道工事や土木工事などで歩いてまわった飯場は一五といわない。長崎に落ちついたのは、一九四一年、太平洋戦争の始まった年である。そのころには、わたしも責任者になっていた。あるとき、飯場に警察が来た。「李という朝鮮人が阿保炭坑（長崎港外香焼）から逃亡した。この飯場にいないか」というのである。もちろん、私のもとには来なかった。炭坑は〝監獄部屋〟といわれていた。長崎では戸町のトンネル、浦上の水源地の仕事をやったが、栄養失調で死ぬ同胞がいた。ダイナマイトの爆発の事故で即死した同胞もいた。長崎で六回葬式を出した憶えがある。一九四四年から三菱に入った。西泊の山を崩して大きなトンネルを掘った。工場を疎開させるためである。夜も昼も働かされた。日本人はこうまでしないと戦争できないのかと思った。鉄砲にたまのこめ方を知らない同胞まで、戦場に引っぱって行ったという。こんなやり方では日本が負けるのは当然。東条はバカである。シンガポールが陥落したとき、なぜやめなかったか。アメリカは「やめたらどうか」と聞いたはずだ。わたしは言ってやった「戦争なんかやめとけ！」と。そうしたら、西泊の町内会長が「君、何をいうか、チョウセン人のくせに」といわれた。でも、日本が戦争に負けることを朝鮮人はみんな知っていた。

原爆にあったのは、その工事現場においてである。

二

(す)四七二被爆者特別手帳を持つ平沼成相、朝鮮名を尹成相さんのいう「市役所は行こうごとなか、こわかもん」の、その市役所、原爆対策課のSさんは、「朝鮮人被爆者といえども、人類としての差別はしていない」というのである。人類という言葉を聞いたとき、わたしは背筋の寒くなるおもいであった。朝鮮人を類的存在とみなす認識力だけはちゃんと備えていたわけであるが、類的というのがそもそも民族を超えた人間の根底的なところで捉えた実体としてあったのではなく、朝鮮人を動物名で名ざしかねないギリギリのところで辛くもいわれた言葉であった。不用意に出たのならともかく、日常の生活感覚において、きわめて自然に口をついて出たことについて、わたしは寒々とした気持ちを抱かずにおられなかったのである。これはたんにSさんの問題だけではなく、日本の官僚がもっている朝鮮人観の内実が、たまたまSさんの精神構造をとおして余すところなく露呈されたといっても過言ではないだろう。

わたしが「民族的でしょう?」といい添えると、「そうそう」と、ためらいがちに「民族的差別はしていない」と、わざわざ言い直した。続けて「半島人被爆者を特別に差別してはいない。差別する必要がないから。現に原爆医療法だって、医療援護だって、日本人と少しも変わりなく受けられる」。今度は、朝鮮人という民族名があるのに、どうして半島人などと呼ぶのか。果たして差別はないであろうか。朝鮮人が受付で日本語で書かれた用紙を受け取らねばならないことは、一体どういうことだろうか。S係長によれば、これも「特別に差別していない」ことの例証なのであろうか。しかし「特別に差別していない」にもかかわらず、尹さんが市役所に恐怖を抱いて近づかないのは、一体なぜか。尹さんは、日本語の会話はできても、日本語を読んだり書いたりすることはできない。いわゆる「日本語はむずかしい」からではなく、「皇国臣民」として日本人化された朝鮮人だからである。かつて、「言葉は国語（日本語）を使用すること」（前田一「特殊労務者の労務管理」）として、朝鮮人「労働者募集取締規則」によって、朝鮮語の使用は禁止されていたが、「日本語を教育された憶えはない」と尹さんはいう。要するに沈黙させられたのである。そのことによって、尹さんはみずからの民族の言語文化も奪われてしまったのである。日本語を「読み、書け!」と言われること以上に、尹さんにとって怒りをおぼえ苦痛なことはない。日本語で書かれた申請用紙をポンと出されて、日本語でしか相手にしてくれない市役所に恐怖を抱くのは当然である。Sさんの善意は朝鮮人とあつかわれない、非人道、非人間的に見くだした許しがたい言動である。言葉一つとっても、例えば、日本人（特に官僚）の一人として、欧米語に対して劣等感すら抱いていることと比較すると、これは何と大きな違いであることか。

言語のことはともかく、「日本人被爆者と朝鮮人被爆者は同じ被害者だ」ということをもって「差別していない」と結論することは不可能である。むしろ、そのことは事の本質を曖昧にするだけではなく、意図のあるなしにかかわらず、「同じ被害者だ」とみなす隠微な善意が、かつての植民地統治が「差別支配」であったことを隠蔽してしまうことは疑う余地がない。「同じ被害者だ」とあくまでもしらをきるなら、とわたしは身構えたが、言っても無駄なような気がして、口に出そうとした言葉をわたしは自分に反芻してみた。朝鮮人と日本人は原爆投下において、同一空間を一瞬占めたのにすぎないのであり、連続した時間はそれぞれ異質なものであった事実を、はっきりと見つめなければならない。その歴史的事実に即して「被爆者」のよってきたるところをつきとめるなら、朝鮮人被爆者が「被爆者一般」でないことは一目瞭然である。「日本が長期にわたって完全に支配した植民地は、台湾、朝鮮であり、しかも一民族、一国家が全一的な支配を受けたのは朝鮮だけである。そして多くの朝鮮人が日本の侵略戦争にかりだされて」（朴慶植『朝鮮人強制連行の記録』）被爆したことは否定できない事実だからである。「植民地の人民に対する差別支配と、日本国民の差別支配の差異が問題として明確にされておらず、理論的にもまた自分の身体でしっかりとうけとめられていない」（前掲書）からこそ、同じ被害者とみなしてしまうのである。朝鮮人の被爆体験と日本人のそれをはっきり分けてとらえることは差別ではなく、当然の区別なのである。「日本人が植民地支配国の人間であり、朝鮮人が植民地の人間であるという事実である。個々の日本人をとると朝鮮人と同様の犠牲者であっても、全体としては加害国の人間であった。これは重大な違いである」（旗田巍）。朝鮮民族の人間としての尊厳ですらある。

Sさんの「差別していない」にもかかわらず、行政的差別は歴然とあった。朴さんの後に従って、県・援護課に行ったときのことである。朴さんは、誰から聞いて来たのか『恩給法』や『戦傷病者戦没者等遺族援護法』には、軍人、軍属はもちろん、軍直轄の軍需工場で強制労働に就かせられた『雇員、よう人、工員又は鉱員』に対して、弔慰金や一時金が出るようになっているが」と迫った。朴さんに指摘されるまで知らなかったことをわたしは恥ずかしく思った。朴さんの問いに答えて、役人は「鮮人は」ときり出した。私はハッとした。朴さんは黙っている。「日本の国籍をもたないので適用されない」と冷たく突きはなした。「原爆で、家族八人も殺された。戦時中はわたしたちは日本人にされていた。どうしてだめか」と朴さんは執拗に訴える。「ごもっともであるが、二〇年八月一五日以後、朝鮮人は解放されたはずである」。

日本政府は、アメリカに対して、原爆投下などを含むその他いっさいの損害賠償の請求権を放棄させられたと、サンフランシスコ条約にはある。しかし、そのことは、日本の朝鮮に対する賠償の義務の放棄とは、おのずから別問題である。植民地支配国日本は、朝鮮の徹底した破壊に対していっさいの責任を負わなければならない。植民地国朝鮮は、日本に対して損害賠償の請求権を放棄したわけではないのだから。「日韓条約」はそのことには何もふれなかった。そればかりではない。「南北朝鮮が統一するまでは帰れない」在日朝鮮人が多いにもかかわらず、日本は三八度線以南を「大韓民国として……朝鮮にある唯一の合法的な政府」と確認して、分裂に拍車をかけてしまった。

「そんなバカなことがあるか。朝鮮人は原爆で死んでも何の保障もないとは?」と、朴さんは怒って席をたった。朴さんの怒りと絶望を、わたしはおもいはかることはできない。「朝鮮人は誰のために戦わされたと思う?」朴さんは、わたしに迫って来た。

「一、ワレラハ皇国臣民ナリ、忠誠ヲモッテ君国ニ報ゼン。

一、ワレラ皇国臣民ハ互イニ親愛協力シ、モッテ団結ヲ固クセン。

一、ワレラ皇国臣民ハ忍苦鍛練力ヲ養イ、モッテ皇道ヲ宣揚セン。

――といわされた。みんな天皇陛下のためである。それでも、『チョウセン人! チョウセン人!』と馬鹿にするものがいた。そこで、わたしは言ってやった。『チョウセン、チョウセン、パカパカスルナ。オナジメシクテトコチガウ、テンノウヘイカモヤイゾ(モヤイゾ=同じぞ)』」

という朴さんの言葉は激しかった。

三

「前年(一九四五年)八日に朝鮮から集めた労務者約二千五百名、徴用期限が一カ年というので、そのときちょうど満期になります。しかし一方、戦局は益々苛烈を極め、到底期限通り帰鮮させる状況ではありません。厚生省、県当局、半島人連盟（軍の管轄下にある）など各方面の協力を得て、何とかもう一年延期の工作をしていましたが、仲々容易に彼等は納得せず、不穏な空気が張り、ひと騒ぎ起こりそうな気配でした。大橋勤労部長は、彼等を説得のため半島人連盟の代表者と一緒に集団寮に出向いていました。昼の何時頃だったか憶えませんが、警戒警報に続いて空襲が発令されました」。

これは「当時の極秘事項も今では時効にかかり、苦しみも悲しみも、ただの昔話となりましたから、ここらで思う存分当時のことを紙上で語り合おうではありませんか」の意図にもとづいて編まれた『原爆前後Ⅰ』『――Ⅱ』（一九六八～一九六九年発行）からの引用である。執筆者は、ほとんど戦時中、三菱長崎造船所の管理職にあったものと幹部職員たちである。「ただの昔話」「時効にかかった」と呼びかけないと、〝極秘事項〟はいつまでも陽の目をみないかも知れない。しかし彼らが〝負の歴史〟を「時効」にかけ、「昔話」にしようとすることには、それなりの理由があるはずだ。三菱の歴史が、多くの犯罪を隠しもっていればこそ、忘却の彼方へ追いやろうとするのではないだろうか。三菱の歴史が、日本の植民地支配の歴史と深くからみ合っているところにこそ、彼らの「昔話」の発想の根源があるのである。それはともかくここでは「朝鮮人強制連行」という〝極秘事項〟が「資本」の手によってあらわになったことを逆手にとって、さらに引用を進めていこう。

「徴用工員も、いよいよその数を増加し、ついに一〇月（一九四三年）二六日には半島人が外業部造船艤装工場に編入されるまでになった。」

「太田尾というと、立神からそこに通ずる両側の集落には朝鮮人が住み、マッカリという白酒を闇売していて、通りすがりに大きな丼でキューッとやっていた人々のことを思い出す。」

「そのころ、鉄工場の従業員は常傭工、徴用工、朝鮮人、それに青い眼の捕虜まで合わせて二三〇〇名以上はいたようだ。」

「軍需工場の多い長崎では、徴用工、女子挺身隊、動員学徒が街に氾濫し、当然の結果として食料が不足しだしてきた。」

朝鮮人は、空腹のまま労働に強制された。その上「昭和一八年、決戦的様相が次第に濃厚となるに伴い、六日『工場決戦時特例』が公布され、造船部内は海軍大臣の労務管理の下に二四時間制が採用」（三菱長崎造船所史）され、生産は強化された。そのころ、朝鮮人たちがどのような宿舎に住まわされていたかについて、「鮮人労働者の大部分は飯場居住（バラック）」（原爆前後）。軍需工場の徴用工宿舎は「蚤が沢山いてズボンを捲って廊下を歩けない、一〇米を行かぬうちに脚の毛の中に胡麻を振ったように蚤がたかる有様でした。虱が又多くいた」（原爆前後）とある。

「半島応徴士は強いがなかなか働いてくれなかった。元々、白米をたらふく食べさせるとだまして連れて来たのだから、現実が約束とあまりにひどいのに腹を立てて働かないのです。それと今一つ国民性が雨をきらうらしく、雨の日は必ず休む、寮に行って見ると集団で寝ている。皆一様に仮病を使っているのです。雨具、地下タビ、手袋など自腹をきって与えてみたがその場限りでした。工場に出てもいたる処にシャガンで公然と同盟サボをやるのには閉口しました。」

「国民性が雨をきらう」とははなはだしい偏見であるが、事実は雨を利用してサボタージュを決行していたのである。

「遺骨は（事故で死んだ）丁度その頃、何かの用にする為造船所で作っていた恰好の木箱に納めましたが、さて困ったことには半島人犠牲者の遺骨引取人が現われないことでした。何しろ長いこと半島人の遺骨は造船所に（放置されて）いたのです。」

以上は、体験記に書かれた三菱造船所のみの記録である。造船所にかぎっても、これはその一部にしか過ぎないであろう。「戦況の劣勢と共に苛酷な大量生産が強要され」（原爆前後）一刻を争う生産工程のスピードの充足のためには、朝鮮人を強制的に連行して、補塡する以外に解決の道はなかった。朝鮮人を欺瞞するために〝産業戦士〟という美名まで作られたのである。次の表は三菱全体の統計である。このうち果たして長崎の三菱に朝鮮人（中国人を含む）がどれくらいいたであろうか。公式記録（長崎市制六五年史）によると、三菱長崎造船所には、敗戦直後に「朝鮮人は三、四七四人いた」とある。しかし事実は、その数をはるかに上まわっていたようである。例えば「創業百年の長崎造船所」によると、昭和一六年一〇月の第一次から昭和一九年の第二二次にわたる徴用工員の連行は、二万人を優に超えている。朝鮮人の名前の記載はないので、正確にはつかめないが、体験記にあった二五〇〇名にしても、一八年にかぎっての徴用であることを計算に入れると、きわめて多くの朝鮮人が三菱造船所に連行されたことは、想像に難くない。そして同じ事柄は右の内容をもって他の軍需工場にも適用できることから考えていくと「下請や市内の土木工事、疎開工事に従事していた同胞を含めると、長崎市内に朝鮮人は三万人いた」という鄭さんの推定は、あながち根拠のないものではない。重ねて「浦上刑務所に四〇〇名近い朝鮮人が収容されており、監視つきで強制労働させられていた」という鄭さんの証言にしても、三菱側の「原爆前後」の次の記録と符調が合う。

三菱造船の従業員の内訳
（1945年6月）

普通工員	266,913
在籍工員	196,994
徴用工員	69,919
特殊労務者	91,214
女子挺身隊	10,136
勤労報国隊	265
大学専門学校	8,542
中学校	50,599
国民学校	2,254
朝鮮人	13,749
俘虜	851
囚人	2,971
其の他	1,847
計	358,127

「この大量生産の原動力は刑務所部隊であった。毎朝、各大隊毎に分列行進で入場し配置に就く」、「青服の囚人等を多数使って、作業を進めていた」、「浦上刑務所の囚人が看守引率のもとに上陸桟橋より進軍ラッパも勇ましく整然と入場して作業に従事した。」

さらに尹さんがわたしに語ってくれた「三菱兵器の中で約二〇〇名ほど亡くなった。ほとんど同胞の娘たちばかりである」の証言は、「被爆一週間前に長崎へ連行され、全員爆死した女子学徒たち二〇〇人」（朴寿南『朝鮮人強制連行』）の記録と暗合するように思われる。

川南造船所の朝鮮人は公式記録（長崎市制六五年史）によると、「三〇〇名」とあるが、右の事情を考慮に入れると、きわめて疑わしいと言わねばならない。

「工場は殆んど使用不可能になるまで破壊せられ」た三菱製鋼所において、公式記録（前掲書）は「死者一、一〇五名（行方不明を除く）」とある。この「行方不明」こそ注目しなければならない。最近みつかった三菱製鋼所側の資料には、朝鮮人について次のような直接の記録がみられる。

「（注）朝鮮人徴用工員ハ死亡不明ナルモ約四〇名死亡セルモノト推定サル」とある。

また、一九六七年に国立大村病院から見つかった「原子爆弾患者名簿」によると「三〇才前後男二名、入院時、鮮人意識不明」（「鮮人」に注目せよ！）という記録が認められ、他に二二名の朝鮮人について、「金光半蔵、工員、大正九年三月二〇日生、本籍朝鮮慶尚北道善山郡深川面夕隅洞」というふうに、氏名、生年月日、本籍などのはっきりした記載があり、その他、呉本や金山、国広など十八名の朝鮮人とおぼしい工員が〝本籍不明〟として記録されている。

どの工場に連行されていたものか不明であるが、『朝鮮人強制連行の記録』（朴慶植）によると、「一九一五年・三五八名、一九二〇年・二八〇〇名、一九三九年・二九二〇名」とあり、さらに「内鮮人労働事情」（福岡地方業紹介事務局）に「一九二八年・四八名」長崎県に連行されたとある。長崎県下には、無数の炭坑が点在しているから、長崎市内とは必ずしも限らないだろう。

円城寺に保管されている朝鮮人死没者一五四体の遺骨は、そのほとんどが被爆死によるものといわれている。

公式記録七万三八八四名の被爆死没者以外に、東本願寺の特別安置室には「一万名の無縁仏」が保管されている。この「無縁仏」たちは、〝行方不明者〟にさせられた朝鮮人被爆死没者と関係があるのではないだろうか。

長崎に投下されたアメリカの原爆によって殺りくされた朝鮮人は、一万人とも二万人とも言われているが、裏付ける資料はない。朝鮮人に関する記録や資料がほとんど皆無に等しいことには、取材の過程で浮かび上がった次の事柄が当てはまると思われる。長崎県当局の責任ある地位にいる某役人は、「八月一五日、敗戦と同時に占領軍が上陸するというので、戦前のあらゆる記録や資料は殆んど焼却してしまった」と、詫びもせず言ってのけたのである。

さて、潜在被爆者はともかく、現在、長崎県に登録されている朝鮮人生存被爆者は一〇五名である（長崎市だけで九八名、一九七〇年三月現在）。

四

主人を頼って渡日したという、許聖丹（七〇歳）さんの話を聞いてみよう――

オヤジは当時、馬を飼って馬車引きをやっていた。家は銭座にあったが、そこにはなんでも部落民といわれる馬車引きがたくさん住んでいたようである。オヤジは特に、土木工事をやっている飯場に雇われて、石やバラスを運んでいた。そのころ、馬の飼料をきらさないことがわたしの仕事だった。リヤカーを引っぱって、米ぬかを買いに、日見峠を越えてよく行った。同胞の人が米つきの仕事をやっていて、タダ同然にヌカをもらえたからである。

あの日のことは話にならない……。オヤジが仕事のことで、村松というところに出かけて行ったのは七時ころだったであろう。その後、すぐ警戒警報がなったので、わたしは防空壕に避難した。一時間ほどして解除になったので、いったん外に出た。それからだいぶ経ってからB29の音がしたので、また急いで防空壕へ向かった。今度は間に合わなかった。ピカッと光ったので、ガバッと道路に伏せた。その瞬間、ドーンと耳をさくような大きな音がした。その後しばらくは何も知らない。ふと気付くと、背中が焼けつくように熱い。恐ろしくて眼を開けられなかった。道はそらでも憶えていたから、眼をつむって、みみずのように這ったまま防空壕へ避難した。やっと防空壕へ転りこんで胸をなでおろしていると、ヤケドした人が後から後から逃げてくる。背中の皮膚がペロリとむけて、前だれのように下がっている人もいた。そのじいさんがさかんに「水をくれ！　水をくれ！」と苦しそうだったが、誰も相手にしない。水はなかったから。私も腹が空いていた。朝から何も食べていなかったのである。夕方ころ、落ち着いてきたので外へ出てみた。方々が火の海である。オヤジのことが心配だったが、まだ安心はできないので、ひとまず山の方へ逃げることにした。行きがけに家の見えるところを通ったが、ほとんどトケ（燃えがら）てしまっていた。それから山伝いに逃げて行った。浦上の火の海を見下しながら必死に逃げた。

谷づたいに川平まで行くと、同胞の人もたくさん避難していた。「あんた生きとったとね」と言い合うと、誰も何も言わなかった。「オヤジは生きているだろうか、死んだのではないだろうか。」わたしはそればかりが気になって仕方がなかった。二日待ち、三日待った。新しく避難してきた人に尋ねるが、手がかりは得られなかった。四日目もだめだった。五日目に、オヤジがひょっこり現われた。私は黙って迎えた。嬉しくて言葉が出なかったのである。「家はトケとったね」とオヤジが一言ぼやいた。朝鮮に帰ろうかと大分思案した。帰るも地獄、残るも地獄だった。

「血圧が高くて、すぐふらふらする。後頭がガンガンし始めると、こうやって、ハチマキをぎゅうっときびる」と、許さんは言いながらも、仕事の手を休めない。許さんに言われるまで、わたしはハチマキは心を引き締めるためのものかと思っていた。仕事がたくさんきていたからである。許さんの仕事は、屑屋がもってくる紙屑を、紙質に応じて三種類に選別することである。その紙屑が、台所から座敷をわがもの顔に占有している。許さんはその真中にちょこなんと坐っている。ちなみに紙質に応じて一キロ——一二円、八円、二円と等級されている。かりに、それぞれ三〇キロ仕上げて、もうけはわずか二二〇円の多寡にしかすぎない。二日に一〇キロ——終えることはない」という。

「お世話になって、アリガトウゴザイマス」と許さんはぽつりという。生活保護を受けていることを、そんなふうにいうのである。「左手がしびれるから一度診てもらいたい」というが、なぜ「アオケンなので――」といいだすのだろうか。アオケンとは、生活保護受給者用の特別の診察券である。アオケンと遠慮がちにいうところをみると、生活保護を恥ずかしいと思っているのであろう。許さんが、原爆について語りたがらないのは、そのことと関係があるのではないだろうか。「たまに薬を飲むと、すぐ吐いてしまう。吐かないときには二日くらいは起き上がれない」と言うときにも、原爆のせいだとはおくびにも出さない。〝アオケン〟がなければ、もっと素直に、もっと自由に〝自分の原爆〟について語ることができるのではないだろうか。「早く死ねばいいのに、いつまでも生きくさって」と、自分をなじるように言う。この間も近所のおばさんから「あんたは血圧が高いからいつ死ぬか分からん。あんたは独り身だから、知らせるものがいない。いつ死んでも分かるように、戸を開けて寝なさい」と言われたといって笑った。「ただ一人の子供は、結婚して五島に行っている」、もう六人の子供の母親であるが、その娘が「五島に来い」としきりに誘ってくれるが、「船が恐くて、行く気になれない」という。

「許さんは仏さんのような人だ」と近所の菊地さんは言う。「昔のことだが、御主人が別れたいというので、許さんは自分で新しいお嫁さんをみつけて、もらってやった」と隠れた身の上について教えてくれた。

「どうして、わたしたちが原爆の放射能を浴びなければならなかったか分かりますか。わたしたちは、朝鮮に畑をもち、家族があり、生活があった。そりゃ、いうほど決して豊かではなかった。日本に吸収される一九一〇年前までは、それでも仕事はあった。少ないながら、どこの家にも家財はあり、そして親せきに知人や隣りとの行き来があった。そういう固いちぎりがあり、そのちぎりの中に家族の平和が支えられてあった。貧乏でも、なんていうか、健康があり、心の豊かさがあった。わたしは、一九一四年に慶尚北道に生まれた。日本に併呑されると同時に、朝鮮の山河は荒廃していった。工場は買収され、田畑だけではなく、その収穫物まで取り上げられ、家からも追い出され、文字通り裸のまま路傍に捨てられた。朝鮮人は日本人のために働かなければならなくなった。それも安い賃金で。家族と離れなければならなくなったのも仕事のためである。年老いた祖父母、両親さえ定住する場所をもたなかった。みんなバラバラになり、そのうちお互い行方不明になってしまった。日本人がどっと入り込んできて、朝鮮人は朝鮮にも住めなくなった。植民地支配は、わたしの家庭を破壊し、わたしの青春を奪った。このままだと餓死する以外なかった。考えてみたが、日本へ行く以外どうしようもなかった。一九三八年、ボッシュウである。

日本でやっと築いたささやかな生活が、今度は原爆に破壊される番である。

わたしには、当時、妻と二人の子供、弟を入れて五人の家族があった。そのころ、わたしたちは爆心地から五〇〇メートルと離れていない大橋というところに住んでいた。あの日、わたしがいつものように家を出たのは七時半ころであった。わたしは土木工事の仕事をやっていたが、現場は、本原という中心地から一五〇〇メートルほどのところにあった。海軍の命令で突貫工事に、当たっていたのである。……家を出てまもなく空襲警報が発令になった。わたしは急いで家に戻った。下の娘が「恐い、恐い！」といって泣きついて来た。もう仕事には行かないつもりでいたが、一時間もしないうちに、空襲はなく解除になった。仕方なく仕事に出ようとすると、今度は娘が「ついて行く」と言ってきかない。それをようやくたらしこんで、家を出たのが九時ころであったと思う。その日、飯場では早く昼飯にかかった。確か一〇時五〇分ころだったと思う。ところがどうしたわけか、昼飯にしようとするときに、ホースが切れて水が流れ出した。わたしは、弁当をしまい込んでホースを直しに向かった。……仕事が遅れてはいけないと考えたからである。その現場に、親方や飯場頭を除くと、同胞の人夫は二八六名いた。初めは方々に散らばっていたのが、ここの工事を始めるために集められたということである。みんな「朝鮮から強制的に連行されて来た」と言っていた。………ホースはつなぎ目の針金がずれて離れていただけであったのですぐに直った。ちょうど直ったとき、ピカッと光った。「熱い！」と思った瞬間、フワッと風にのせられた。（後で分かったのだが、爆風だったのだ）。その後しばらく、わたしの記憶には何もない。物陰だったからどこかに頭をぶっつけて、だいぶ気絶していたのだろう。気がついてみると、みんな必死に逃げてくる。私も山の方へ駆け出した。自分のことだけしか頭になかった。家族のことが気になり出したのは、夕方ころである。いたるところに火事が発生していた。とにかく山を下った。真夏の太陽がガンガン照りつける上に、火の粉が降りかかってくるのでたまったものではない。煙に眼を当ててすかしてみたが、家のあるあたりは何も見えない。

……夢の中で幻を摑むような気持ちだった。ふと、朝、ついて行くと言ってきかなかった娘の顔が浮かんできた。が、考えている暇はない。足元には「水をくれ！　助けてくれ！」とオバケのような人間が近よってくる。一人や二人ではない。どうして助けることができよう、わたしは見捨てて行く以外になかった……」。

「どうも、からだがいうことをきかない」と尹さんはこぼす。「よく目まいを起こすし、耳鳴りもする。第一、からだがだるくてしようがない」と訴え、「原爆前はこんなことはなかった」とも市の職員と尹さんがつけ加える。貞順さんをかかえた成相さんの生活は厳しかった。原爆ばかりのせいではない。被爆者の上に、輪をかけたように、朝鮮人であることがキリキリと尹さんをしめ上げるからである。

一九六八年夏のある日、尹成相さんは長崎市保護課で医療保護の再審査をうけることになった。尹さんは、ネコのように背を丸めて、ケースワーカー氏に向き合っている。わたしの心はうずいた。向き合っているというには、余りにいびつな対面の仕方だったから。尹さんを促したのはわたしであったが、尹さんにしてみれば「大きなお世話だった」かも知れないし、「保護される」屈辱に対して、わたしは鈍感すぎたかもしれない。

家でブラブラしている娘も、「うちも免許をとって頑張る」と張り切って、将来へのメドがつきかけていた矢先だった。

「リヤカーでは、地金の回収もはかどらなくなってきた。同業者が増え、競争も激しくなり、稼ぎが頭打ちになってきたからである。「トラックを買うにしたって、現金で買えるはずはない。支払いの見通しはないが、稼いでなんとかしようと踏み切った」と尹さんは言う。そのトラックをケースワーカー氏は「最低生活の内容として、その所有または利用を容認するに適しない資産」として、医療保護まで打ち切ってしまったものである。

もともと奥さんの病気は、尹さんによれば「原爆や生活困窮、栄養失調」が原因であった。「家内は一九四四年、一八歳のとき、徴用で大阪に引っぱられてきた。大阪にいたので直接被爆は免れたが、朝鮮に帰ろうとして長崎にやって来た。間接にではあるが、毒ガスにやられたのはそのときである。思案橋通りに闇市がたって、家内はそこで闇商売をやった。ヒロポンの売買もして金を貯めた。朝鮮までの旅費をつくるためである。そのうち闇市が警察の手入れを受けて中止になった。そのころ、知り合って結婚した。敗戦後は、食べ物もなければ職もなかった。炭坑なら何とかなるだろう、と二人で香焼の阿保炭坑に行った。そこで働き始めたが、給料は出ない。後で分かったが、赤字続きだったという。たまに金券をもらって協同組合に行ったが、こんどは物資がない。一番困っているころに子供ができた。乳は出ない。金がないのでミルクも買えない。そんな状態で家内は子供を育てた。二人目の子供ができたとき、友達がきて『ボロ買いでも、地金買いでもやってみないか。』と口をかけてくれた。やってみると、大した金にはならないが、親子四人何とか食っていけた。三人目の子供ができるころ、家内の様子はおかしくなり、四人目のときには、ほとんど駄目だった」。

わたしたちは、再三、再四、市役所に通った。医療保護の再申請が受理されたのは半年後である。しかしそのためには、中古トラックも売り払ってしまわねばならなかった。いままで払った分だけ尹さんの赤字である。その上、一方的に打ち切られた結果、病院には自己負担金が六万八九五二円もかさんでいた。二年も経つが、まだ一円も払えずにいる。病院側は「慈善事業ではないので」と訴えるが、立ち直ろうとする権利をつみとられた尹さんは、どこへ訴えたらいいのか。

長崎市街を南に六キロ離れた土井ノ首の紅葉病院に、成相さんの奥さんである㊇一二四六の被爆者手帳をもつ朝鮮人尹貞順さんを訪ねたときのことである。

「うちね、いま病院にいるとさ、精神病院ばってん、ここは差別のなかよ。みんなよか人ばっかしで、なあんも心配なんかいらんと。淋しかこともある、反対に楽しかこともあると。バッテン、いつでられるか分からんとがつらか。一回ぐらい兄ちゃんも来てくれんね。アボジ（夫のこと）ね、いっちょん来んとさ。いそがしかとやろう。チカネでは、食うことにいっぱいやもん。バッテン、タツ（四人目の子供）も学校を出て働き出したというけん、少しずつ楽になるやろう……。」

このように貞順さんは共同部屋の片隅で、しばしば本当に誰かを相手に話したり、うなずいたりするのだと、看護婦はわたしに説明してくれた。

「でもこれはただの幻聴なのです。朝鮮に兄さんがいるというので、大阪から帰って来た息子さんに聞いたんです。そしたら、朝鮮に兄さんなんかいないと言うでしょう」。精神病院のとるに足らないたわ言として、看護婦は片付けたいのであろう。朝鮮に兄がいるかどうか、家族の中で知っているとすれば夫の成相さんくらいである。例え兄がいなかったにしても、状況はさして変わらない。彼女の共同体＝血縁への深い欲求、聴覚を通して朝鮮に〝幻の兄〟を蘇らすことができるのであるから。四人目の子供を生んだ後、一五年も精神病院に収容され、この先も退院の見込みないと言われている貞順さんにとって、幻を見つづける以外に、人間らしいどんな営みが残されているというのか。

五

徐さんが毎日ぶらぶらしているのは、職がない上にからだが弱いからである。あるとき、徐さんはこんなことを言った。二〇〇万円くれたら朝鮮にかえる。県が二〇〇万、市が一〇〇万円。ボッシュウして原爆に会わしたのだから、当然の賠償だ」。徐さんのいう一人宛て三〇〇万円とは、植民地時代に朝鮮人が日本から受けた物心両面にわたる損害を算定的に見積もった賠償金なのであろう。三〇〇万円とは決して安くはない。しかし、その安くない「犠牲をわれわれ朝鮮人は日本から強いられた」と徐さんはわたしにいうのである。徐さんがいうには「まだ実際に交渉したことはないが、当局は一体どう応じるだろう」と、並々ならぬ関心を打ちあける。徐さんの〝正当〟な要求を当局が黙殺することは疑いないが、この無言の闘いに決着がつかないかぎり、徐さんは朝鮮に帰れないのではないだろうか。「朝鮮人だからだめだ」という両親の猛烈な反対を押しきって結婚したという、日本人の奥さんも被爆者である。「家内のからだはメチャメチャだ」と徐さんはくもり顔で訴える。「原爆によって眼は失明同然にさせられた。その上、からだの方々がキリキリ痛む。原爆のとき、からだの中に入り込んだガラスが動くからだ」というので、わたしはまさかと思ったが、「現に二年前（一九六八年）、原爆病院で手術して取り出してもらった。五個もあったが、その中に親指ほどもある大きなのがあってびっくりした」。〝原爆の爪〟と名付けて、記念に大事にしまってあるガラス瓶を、わたしは後日、奥さんから直接見せてもらった。〝百聞は一見にしかず〟ではないが、実物は話で聞いたよりもはるかに生々しかった。すでに乾燥したままの血液がべったりはりついていて、〝原爆の爪〟は恐ろしいまでの実像をあらわしていた。親指ほど、といった徐さんの言葉は嘘ではなかった。わたしには五ミリほどの細いトゲがささって、一晩中眠れなかった経験がある。それなのに、戦後の二十数年間も入っていたとは……、わたしには信じられない！　親指大のガラスがからだに突ぎ刺さっても、突き刺さったと意識させない尋常でない事態を原爆投下は引き起こしたのだ!?（よくもこんなことをしゃがって……と、わたしは腹がたってしょうがなかった。）「細いガラスは、まだ相当入っている」と医者は言うが、「レントゲンにも写らないのでがまんするほかない」と奥さんは顔をしかめる。「二人の子供に影響がなければ」とつづけて「わたしならがまんする」という奥さんの顔が、心もちゆがんでみえたのは、わたしの気のせいだろうか。

戦後の社会、戦後の歴史に、日本人は朝鮮人被爆者の占めるどれほどの場所を与えてきたか。「原爆病院や被爆者の組織、平和団体には救援金がたくさん集まっていると新聞やテレビは放送するが、私たち朝鮮人にはこない」と、朴さんがいう。朴さんに指摘されるまで、わたしは放置された朝鮮人被爆者の実状を知らなかった。わたしは、戦後の生活史に朝鮮人被爆者の占める位置をもたなかった日本人のひとりではなかったか。朝鮮人被爆者と日本人被爆者を一体として「被爆者一般」とみなしてきたことが、その何よりの証拠である。朴さんは続けて、「はっきり言って、ぼくたち朝鮮人が被爆したことも知っていないのではないだろうか。日本人の被爆者からも声をかけられたことがない。救援金が一度だってこないのも、そのためではないか。ぼくたちにも責任はある。いままで声をあげなかったから。でも、言葉をもたない上に、みんながバラバラだった……。どういう方法があったのか」。

一体に考えるどころか、見殺しにされてきたことを朴さんは証言しているのである。一九六七年一二月五日、「韓国」日報は、白血球減少、再生不良性貧血に蝕ばまれていた朝鮮人被爆者、朴彩花さんの死をとりあげて次のように報道した。

「被爆者たちはいるけれども、加害者は現われない。だれも同情すらしない実情である。二〇世紀文明の野蛮であろうか。（略）わが同胞たちがなぜ原爆を受けねばならないのか、またなぜわが同胞たちだけが、あのようにみじめに遺棄されねばならないのか。このことは人道上からみても、国際主義からみても、これ以上黙っておれない、切実な問題である。」（平岡敬『告発する被爆朝鮮人』）

朝鮮人被爆者が内面の「植民地」（剝奪された朝鮮人としての人間的な存在の抹殺や日本名の強制、母国語の剝奪を解決して）や「原爆症」に立ち向かう作業に、日本人は無責任であることはできない。この新聞報道は、日本人の復権もまたそのかかわりの中にしかあり得ないことを教えているのではないだろうか。

金章煥さんが綴ったという被爆手記は――（前掲）「日本よ！　アメリカよ！　私の青春を返せ」というタイトルを持っているといわれる。

刑務所で爆死——在日中国人被爆者の団結

一

「被爆者的許先生死了《ペイバウゾダシシエンスラ》」

被爆者の許開発さんが死んだことを、わたしに教えてくれたのは、王盛瑞さんである。新地町にある王盛瑞さんの家は、中国人仲間の寄り合い場所のようになっていたので、情報は早かった。「今日（一月三一日）死んだ」というのであるが、（まさかあの許さんが、）と反射的にわたしの中には打ち消す気持ちが支配した。四〇日程前には、王さんの家で会っていたし、顔色はいつも青白かったことを覚えているが、その時には煙草を吸ったり、話しぶりなどにも異常は感じられなかった。一月になってから入院したことを知ったのであるが、取り返しのつかないような疾病を持っているなどとは、おくびにもでなかった。もちろん、許さん自身が知らされていなかったということも考えられるが、いずれにしろ、許開発さんの死は、わたしには寝耳に水であった。

否定する気持ちとうらはらに、告別式に間に合えたという安堵感が湧き上がってぎた。

昨年（一九六九年）の一一月中ごろであったと思う。「持病があって……」と中国なまりの長崎弁で話してくれた。「胃が悪いもので、昨日大学病院でバリウムを飲み、胃透視をやった」などと軽く言っていたのである。胃の持病というから、胃カイヨウぐらいにわたしは受け取っていたものである。いま考えると、わたしが胃カイヨウなどと考えていたころには、「持病」は許さんの内臓を静かについばんでいたのであろう。許さんは自覚症状を隠していたのかも知れない。

それからおよそ五〇日後の一月六日、大学病院に入院した。そしてわずか二五日目には死去するのである。入院して一カ月も寿命はもたなかった。それほどまでに許さんの身体は蝕まれていたのである。死因は肺癌であった。手術の結果、癌は、肝臓、すい臓、胆のう、淋巴腺にまで転移していたことがわかった。

大学病院の主治医の診断によると、「発病年月は、四三年の六月ころだ」という。長崎市当局は発病後にもかかわらず、四四年七月三日、被爆者定期検診の結果として、許さんの身体について「異常なし」と断定して「被爆者特別手帳」に太鼓判を押しているのである。その一カ月余り後の八月六日には、大学病院に一度入院するのであるが、「形式的で信用ならない」という定期検診に対する被爆者の怒りを文字通り現実に裏付けた当局のずさんさは問題になるであろう。果たして、直接の死因となった癌が被爆によるものかどうか。被爆と癌との因果関係は、医学的にはまだはっきり結論は出されていないが、癌など悪性新生物による死亡率は被爆者において顕著にみられるという事実は、一応の裏付けを得ている。（横田素一郎「原爆被爆者の臨床的研究」やABCCの業績報告書等）。

「原爆の後、道路には死体がゴロゴロ転がっていた。朝鮮人も中国人もいたのだ。罪のない人民を原爆で死なせて、アメリカはほんとに残酷！」と寡黙な許さんは、生前わたしに言ったものだが、自分の身の上については話したがらなかった。

告別式の後、東京から帰ってぎた長男の義美さんに許さんのことを聞いてみた——

「下関に単身上陸したのは、一九一四年（大正三年）、一六歳だと言っていた。いわば出稼ぎである。その足で、九州の中を針と糸の行商を六年やった。日本語ができなかったときのことだから、いま考えるとたいへんだったろうと思うんですよ。行商もふるわず、その後、宮崎に住みついてコックの見習いを始めた。五年もすると、だいたい一人前ですね。一九三六年（昭和一一年）、日本人との間に僕が生まれるんです。それからまもなく、中国に帰ろうとして長崎までやってきた。戦争が激しくなってきて、日本にいるのが危くなってきたから。長崎にきてみると、上海航路との連絡船が沈没してしまっていた。しばらく様子をみようと、長崎にとどまることにした。遊ぶわけにもいかず親父は中華料理店に就職した。そうこうしているうちに、徴用がきて三菱にコックとして引っぱられることになった。それからまもなく被爆するんです。」

許開発　㋖一三一四　特別被爆者

本籍　中華人民共和国福建省褥瘡県高山市
一九七〇年一月三十一日　肺癌にて死去　七十二歳

公式記録によると、長崎市に生存する中国人被爆者は一一八名（昭和四五年四月現在）となっている。これは被爆者手帳の申請に基づいて登録された人数だから、未登録の潜在被爆者は含まれない。連行されてきていて、敗戦後帰国した中国人も含まれない。一一八名のうち三分の一の被爆者は、中華街をかたち作っている新地町に密集している。あとの三分の二の被爆者は繁華街周辺部に住んでいて、生活手段は主に飲食業である。とりわけ新地町は中国人、いわゆる華僑の居住区といっていいほど日本人は少ない。長崎は福建省出身者で占められている。

そのことにふれて、留日長崎華僑総会の事務長の李さんは「長崎市に中国人は六〇〇人ちょっといる。もっとも出身の多い順番から並べていくと、福建省、江蘇省、瀬江省、広東省、広西省、以上はみんな大陸、本国である。その他には台湾省である。このうち福建省以外は数えるほどしかいない。福建省というところは、山間部で土地は貧しいし、貧農が多かった。中国が社会主義になってから土地を捨てるものはいなくなったが、それまではとにかく食えなかった。外に目を向ける以外、食う道はない。資本をもち船をもって貿易をやっていた人たちは特別だし、それはおおむね明治時代までのこと。その後はほとんど〝出稼ぎ〟である。親せき、友人、知人を頼って来て、みんな行商や露店商から身を起こしたものばかりである。一九〇九（明治四二）年に渡日した王盛瑞さんなんかが、いまでは一番古かぶではないでしょうか。そのような人が二、三〇人はいるはず。明治生まれの一代目といってもいいでしょう。後はみんな日本で生まれ日本で育ったものばかりです」。

一九七〇年三月のある日、わたしは新地町の一角に住む陳さんに会った。福建省出身の陳さんは、かなり大きな中華料理店を営み、支店も出している。いわゆる福建省に属し、生活はいまのところ、いちおう安定しているようである。陳さんの家では家族五人が被爆している。わたしが会った紅梅さんは、昭和一年、長崎生まれの長崎育ちである。両親を中国人にもっているので、長崎生まれであるが福建省内に本籍を有する生粋の中国人である。彼女が被爆したのは、わずか八歳のときであった。

「他人《ひと》に話すのは初めての経験ですよ」と紅梅さんはポツリと口を開いた。そして、人の好さそうな目を向けてくる。紅梅さんのこだわりのない表情が、一層わたしを落ち着かなくさせる。ひとりの中国人の内面の歴史の暗部に重ね合わせるどんな信頼の関係もわたしはもち合わせていないからである。ものおじや後めたさが複雑にからみ合ってわたしをしめつける。中国人に対するこの特殊な感覚は、何かとてつもない焦立つ歴史をわたしやわたしたちが引きずっていることに端を発しているといったら、余りにモラリスティックに過ぎるだろうか。

「あの日は快晴だったように憶えております。朝、たしか八時前後だったと思う。一度空襲警報がなった。何事もなく、一時間ほどして解除になったが、どのくらいだったか……。とにかく解除の後、みんなが気を許したことは確かである。一度は防空壕に入っていたものまで外に出ていたころだからたまらない。何の前ぶれもなく、突然ピカッときた。雷が鳴るときに発するあの青白い稲光《いなびかり》である。（一一時二分に原爆が炸裂したのは後で分かったことで、そのときは分からなかった。）その何秒か後、周囲が一瞬暗くなったように覚えている。次の瞬間、家がグラッと大きく揺れ、ジャリジャリとガラスの壊れる音が響いた。わたしと父と祖父と二人の妹たちは一階におり、母と姉は二階にいた。いまも忘れないが、母は二階から〝ドシン！〟と落っちゃけた。慌てて足を踏みはずしたのか、それとも飛び降りたのか、あるいは両方だったかも知れないが、いずれにしても、不思議に怪我はなかった。飛び降りたにしろ、踏みはずしたにしろ、五メートルもある高さだから、普通だったら怪我なしにはすまない。〝あのときのことはよく分からない〟と母はいまも話す。よほど納得がいかないのであろう……。

家は危険なので、防空壕に急ごうと、玄関に押し寄せた。表は砂や埃がもうもうと渦巻いて、夕方のような状態である。わたしたち中国人の防空壕は、唐人屋敷のあった館内町の福建会館にある。その防空壕に二日間じっとうずくまっていた。そこも落ち着かなかったので、矢の平町まで逃げのび、よその馬小屋に黙って入り込んだ。しかし夜になると、〝日本人に何をされるか分からない〟という恐怖が芽生えてきた。馬小屋は日本人のものだったから。〝崇福寺なら安全に違いない〟と父が言った。中国寺だったからである。どうしてもっと早く気付かなかったのか。

八月一二日に崇福寺に避難すると、もうすでに市内の中国人はほとんど集まっていた。わたしの家族も崇福寺で敗戦を迎えた。

ある日、憲兵——この人は新地町をいつも監視していた。名前は言えないがいまも生きている——から、父は〝朝鮮人の死体を焼くように〟命令されたが、ことわって逃げて来たという。父の話によると、〝焼くのはいいが、葬式なんかの仕方は分からないし、骨を拾って手がかりのない家族にどうやって送り届けたものか、うろたえてしまった〟というのである。

家を修理することから、わたしの家族の戦後は始まった。〝原爆の被害は軽かったので、身体に無理がきいた〟と、父はいまでも話す。敗戦直後は物資がないころなので、麺類など、とにかく食べ物がよく売れた。それにわたしたち華僑は中華料理に頼る以外になかったので、一生懸命、食べ物を提供して生きてきた。原爆のことは考える暇もないくらいに。わたしたちは日本にお世話になっているので、原爆のことにしてもとやかく言えない。もちろん、いろいろ言いたいことはあるが……」。

陳さんは急に黙り込んでしまった。陳さんには日本人であるわたしに話せないことがあるのかも知れない。紛れもなく、陳さんとわたしたちの間にどんな信頼関係もないからである。

「いろいろ言いたいことはあるが……」と口をつぐんだ陳さんは、「日本人を相手に商売しているから敵にまわすようなことは言えないが」とことわってから、肌で味わった社会的差別——日本人の排外性——について語ってくれた。「わたしが時中という華僑の小学校に通っているころでした。新地の子供がほとんどでした。帰りは方向が同じですから、かたまって下校していたんです。わたしたちの学校のそばに自動車整備工場がありました。そこの工員さんが『チャンコロだ！　チャンコロだ！』と、石を投げて追っかけてくるんです。どんなに恐い思いをしたか、いまも忘れられません。またあるときは『アチャさん、ピー、太鼓もってドン！』などと、とても侮辱された。アチャさんとは中国人のことです。

中学は活水女子学園に入学しました。ところが、寄付金、入学金、授業料などちゃんと納めたのに聴講生の資格しかくれないのです。屈辱的な学生生活に耐えねばなりませんでした。でも成績しだいということでしたから、わたしは三年間頑張りました。そして高校に進学するとき、やっと本校生の身分が認められたんです。

わたしの姓は陳です。あるとき、同級生が『あんたの姓を言ってごらん』と迫るのです。わたしは黙っていました。すると『チンチン』とからかうのです。出席簿は陳ですから〝チ〟のところになければなりませんのにいつも最後でした」

「国民健康保険に『被爆者特別手帳』を合わせて持って行くと、被爆者は診察や治療がタダになるというでしょう。だれだって特別手帳が欲しいと思うのは当たり前じゃありませんか。でも日本人の方とは意味がぜんぜん違いますよ。どうしてですって？　わたしは中国籍でしょう。中国人といっても、県民税、市民税、事業税、所得税、固定資産税など支払うべきものは日本人と同じように支払っているのに、社会保障の恩恵からは締め出されています。将来が不安です、わたしが特別手帳に切りかえて欲しいというのはそのためです。わたしたち中国人は政治には関与できません、選挙権がないのみならず、『出入国管理令』という法律で厳しく監視され、取り締まられているからです。考えてみたら、義務は平等に課しておいて、権利では差別しているのです。経済的に収奪しておいて、政治的には無権利にしているということです。あるとき、市役所に行って、手帳のことを相談したんです。そうしたら、原爆の放射能障害による疾病がないと特別にならないというんです。腹が立ったから、「原爆の気があったら頼むも頼まないもないでしょう。もしそういうことにでもなったらおしまいですよ。原爆症の障害がまだ出ないから頼むんですよ！」って言ってやったんです。

二

劉自然さんは証言する――

「西暦一九四一年一二月二〇日（陰暦）、日本軍の広東省恵陽入城に際して、男女老幼の区別なくみだりに虐殺し、皆刺殺した。私は当時口惜しくも西湖畔、五眼橋、沙下、晒市場、河辺、府城、学宮、県城、朝西奄、北門外、西門口、排沙等において六百余名殺されたのを見た。その他各所において殺され、このたびの被害者は総計約二千余名に達するが、すべてが非戦闘員であった。五眼橋まで逃げたが、日本軍十名に遭遇して、銃剣で臍の左を突き刺された。当時二十日間の医療をして初めて全治したが、今なお痕跡があり証拠となる」（パール「日本無罪論」）。

これは「南京の虐殺」に連なる日本帝国主義者の中国への侵略戦争が惹起した、おびただしい数の残虐行為の一つである。

かつて朝鮮総督として植民地の支配に当たった宇垣一成は、その日記に一、対支問題は帝国の存立、国民死活の大事であるから、軍部としても国防の一端として軍閥外交の非難ありても構ひなく進んで積極的に働き来りたのである」と述べ、「英米其の他の国々とは根底に於て異なって……対支関係は日本の存立、帝国民死活の重要問題である」。ときに「支那人の性格は全然ユダヤ的である」ので、侵略に当たって手段は選ぶ必要がないことを告白している。「日本帝国主義死活の問題」である中国への侵略は、どのように宣伝、煽動されたか「私ハ今日迄日本ノ学校制度ニ於テ最モ普遍的ナル教育形式ヲ熟知シ居リマスガ、ソレハ……中国及ビ満洲ニ於ケル日本ノ侵略的戦闘行為ニ理由付ケントスルコトノミニ没頭セルモノデ、戦争ハ光栄アルモノ、必要アルモノ、生産的ノモノ、又日本ノ将来ノ偉大ト運命トハ、一ニカカッテ侵略的戦闘行為ニアルコトヲ学生ニ教ウル如ク企テラレ学生ノ心ニ他ノ民族国民ニ対スル蔑視、仮想敵国ニ対スル憎悪ヲ吹込ムノ効果ヲ挙ゲテ、学生等ヲ将来ノ侵略戦争ニ備エシメマシタ」（パール「日本無罪論」）と、滝川幸辰氏は東京裁判において証言している。「民族排外思想」は侵略戦争遂行の潤滑油として中国へ向かって使われたわけであるが、先の宇垣一成は「支那に対しては小児の手をねじる様なもので如何様にもなる」とも豪語している。何とも肌寒い感じである。

ところで長崎は中国へ向かっての表玄関であったのみならず、海外侵略の前線基地として、長崎港は日本帝国陸軍の海外派兵の輸送力を担ったのである。また戦線の拡大とともに「内地ニ於ケル労務需給ハ愈々逼迫ヲ来シ特ニ重筋部面ニ於ケル労力不足ノ著シキ現状ニ鑑ミ左記要領ニ依リ華人労務者ヲ内地ニ移入シ以テ大東亜共栄圏建設ノ遂行ニ協力セシメントス」（一九四二年一月二七、東条内閣閣議決定）と、中国人を「鉱業、荷役業、国防土木建設業及ビ其ノ他ノ工場雑役」等の労務者として「内地ニ移入」する上に、重大な役割りを演じた。そのことに触れて「日華事変の勃発は」と、『長崎市制六五年史』はつづけて「大陸連絡の要衝としての長崎に、思わぬ繁栄の機会を与えた。しかも三菱造船所ほかの工場をもつ長崎は、戦争の進展――日本の帝国主義的アジア政策の進展に、都市的発展の方向を見出したのだった」とはっきり述べている。

長崎市内伊良林小学校が編集した『時局認識教化問題資料』によると――

いまは「非常時だ」といふがどんなことか。
答―支那事変の真最中だから。
支那事変はどうして起こったか。
答―日本が支那を救って東洋の平和を保つため。
支那事変について日本のやり方をよくわかってくれる国々は。
答―ドイツ、イタリヤ。――

この教育活動は、中国への侵略戦争の協力体制の底辺を固めるものとしてあり、それの正当化としてあったのである。

さらに、一九三九年の「長崎市事務報告書」には「多年ニ亘ル財界不況ニ伴フ財政ノ創痍癒ヘ市民ノ福利増進ニ資スベキ各種施設ニツキ積極的ニ計画遂行スベキ時期ニ際シタルモ偶々支那事変勃発ニ直面シ資金調整ノ為起債ハ抑制セラレ物資統制ノ影響ヲ受ケテ従来ヨリ施行中ナリシ学校衛生土木都市計画等ノ事業ハ尽ク支障ヲ来シタリ然レドモ一面事変勃発以来中支連路上重要ナル地位ヲ占ムルニ至リ市勢頓ニ繁栄シ加之重工業ヲ中心トスル各種ノ近代産業著しく活況ヲ呈シ工業長崎トシテ発展ノ趨勢顕著ナルモノアルノミナラズ関門海峡隧道開通ノ暁ハ中支南洋台湾方面交通ノ最短発着港トシテ更ニ躍進ヲ遂クルハ期シテ待ツヘキモノアリ」とあって、長崎の潤いは、日本帝国主義的アジア侵略の上に歴然と築かれていたことが述べられている。

……陳さんの内面の歴史の暗部、とわたしは書いたが、暗部はむしろ犯罪的な歴史を引きずっている日本人の側にあったことは明らかである。それは紛れもなく陳さんを通してわたしの中に蘇った変革すべき排外主義思想の内実でもあった。ともあれ長崎は、原爆投下目標地としてベスト四（広島、小倉、新潟、長崎）に選ばれるほど、軍事的に見逃せない都市である。完膚なきまでに帝国主義的な性格を備えていたのであった。

……不安（原罪）と期待（共感）におびえる手で、わたしは中国人被爆者の心の扉をたたいたのだった。

「頭がいつも重くうっとうしい。おまけに微熱があって、からだがきつい。記憶力が自分でも腹立たしいほど弱くなっているんです。いっときしたら、いま言ったことを忘れているんですからね。それに耳鳴りがする。耳の底の方から『ジジジー……』と、ちょうどセミが鳴くように聞こえてくる。〝リン、リン……〟と、ときには心地よい鈴虫であることもある。夜は眠れず、夜中に喉にタンのかたまりがたまってね。朝、ペッと吐くと血が混って出てくるんですよ」それだけを一気に話すと、黄静海さんは、いま忙しくて手が離せないから出直して欲しいと言った。店には煮干しが棚に並べてあって、一袋一〇〇円と記されている。黄さんの働いているところは、海産物を扱う小さな問屋である。黄さんの仕事は、固定した客先から注文をとってまわり、配達や集金をすることであった。わたしは出直すことにして、いったん黄さんの元を辞した。ところが、指定された時間に出直したところ、黄さんはきつく「何も聞かないで帰ってもらいたい」と、懇願とも拒絶ともつかない複雑な表情でわたしを迎えたのである。黄さんがなぜ気持ちを変えたのか。自分の喋べる話が利につながる保証がないと判断したのだろうか。とすれば警戒するのは当然である。そうでなければ、いわゆる、被爆者の「沈黙する権利」によって、わたしを近づけまいとしたのだろうか。いずれにしろ、その理由だけは摑んで帰ろうとわたしは思った。帰り際に「絶対に他言はしないでもらいたい」と強く前置きしてから、「あんたがそんなに何するなら……」と口を開きかけたが、もう一度「他言はしないと約束してくれるなら……」と念を押して打ち明けてくれた。「……というのもですね。うちに娘がいるんですよ。やっぱり被爆したんです。でも年頃で、結婚前の娘でしょう、まだ決まってるわけじゃないんですがね。ゲンバクにあってることが分かるとどう思います？　相手が同じ被爆者ならそりゃいいですよ。またヒロシマヤナガサキなら何とか分かってくれるという安心があります。でも、それ以外の県はそういうふうにはいかないという話ですからね。それを考えると、どうしても被爆者であることを名乗ることはできない。秘密にしておきたいのはそういうわけなんですよ。手帳を貰ったら、被爆者のレッキとした証拠になるでしょう。娘はもちろんですけど、僕の妻もいまだに申請していないんです。普通の結婚を願うだけですよ。被爆者であることの他に、わたしたちには中国人ということで結婚は難しいですからね。それだけに余計、被爆者であることを隠す必要があるんです。『手帳なんかもらうと、かえって病人のような気持ちになって駄目になってしまうんじゃないか。いっそそんなものは持たない方がいい』と、妻はさっぱりしています。僕は身体が悪く仕方なく貰ったんですが、それもつい昨年貰ったばかりですよ。妻の里、天草の牛深に長くいたもので知らなかった。十三年も牛深にこもっていたかねえ——。……そりゃ、よっぽどきつくてどうにもならないときは病院に行く。そうでないともちませんからね。昨年は、二ヵ月、病院通いで仕事を休んだ。いまは寝ないようにつとめている。寝込んでしまうとかえって悪いので、できるだけ起きて仕事にでるようにしている。そして僕も娘のことを考えて、被爆者とさとられないように努めているんです。」黄さんの話はつづく——わたしの出身は中国・台湾省、親は百姓で家は貧乏だった。兄弟は五人、わたしは次男で海産物加工場で働いていた。長崎に渡ってきたのは、一九四〇年、太平洋戦争の始まる前年である。同郷の友人が小瀬戸で海産物関係の仕事をやっていて、そこで働くことになった。すぐ警防団に引っぱられた。防空壕を掘る作業が主な仕事である。あの日も防空壕を掘る作業に従っていた。場所は稲佐署の地下で警察用の防空壕である。そこに中国人が三人いた。わたしは防空壕にいて直接被爆は免れたが、揚文俊さんは外でセメント運びをやっていて助からなかった。もう一人の柳さんはわたしと一緒にいて助かった。

林光宇さんは、新規被爆者手帳の申請をためらっていた。長い間、被爆者であることをひた隠しにしてきたしこりが残っているからである。日本がアメリカ占領下にあったころ、「被爆者はモルモットにされて解剖される」という噂がたった。ABCCの調査・研究がそんなふうにいわれたのである。林さんは「相手はアメリカのことであるし、自分は中国人だから、うまいこと騙されて殺されるかも知れない」と、ひとり決めこんでしまったという。林さんはかたくなに押し黙ってしまい、それいらい不安と恐怖にさいなまれて生きてきた。林さんがとらわれたのは妄想だったかも知れない。しかし、いくら妄想だとはいえ、林さんが生きた日本のいびつな戦後は、一人の中国人被爆者の笑えない事実である。手続きに当たっては、華僑総会事務局の李さんが日本語を代筆した。書類に書き込まれる前に予めメモがとられた。未整理のメモをつなぎ合わせるとつぎのようになる。少なくとも、これは日本語ではあるが、中国人自身の手によって綴られた被爆手記である。

「伯父林夫婦は戦前より長崎市内梅ヶ崎町10番地で○○中華料理店を経営しておりました。戦局の激変により、昭和二〇年三月、梅ヶ崎町の店舗は家屋疎開の命をうけ、やむなく市内新地町一八番地、当時○○店をかり引き続き中華料理店を営む。私はそこで働いておりました。伯父夫婦と子供三人は同年六月中旬ころ、同胞の友だちが、本原町岩永様所有の家屋を借りうけておりましたので、彼をたよりにその家屋を一軒借りうけ、疎開し店は私にまかせました。

昭和二〇年八月九日午前一一時二分に原爆投下。当時、私は店の前で店員林雪子、下山すみ江、林依細、林中玉の四名と一緒にいて被爆しましたが、幸い爆風によるガラスの破片で数ヵ所に傷をうけ、いずれも軽傷で私は助かりました。それでも恐くて、すぐ近くの防空爆に入り、避難しました。当日夜、私たち華僑は崇福寺に集結するよう警察署より命ぜられ、同夜、寺に一泊しました。夜空をみると、浦上方面は一晩中赤々と燃えており、伯父一家のことが心配でなりませんでした。でも、警察特高課より厳しく外出禁止を私たち華僑は言い渡されていたからどうすることもできなかったのです。十日も寺にとじこめられ、身動きできぬ状態でありました。誰となくこんどの爆弾は普通の爆弾ではないと噂がひろまり、私は一一日、伯父一家の安否をたずねるべく警察特高課に願出、許可をやっと得て、親せきのP、友人のQ三人でリヤカーを引き、崇福寺から浜町を通って、大波止経由長崎駅に出て電車道にそって浦上駅、松山町から右にまがって小橋を渡って浦上天主堂に出た。長崎駅から浦上にかけては大半以上は火事で焼けていた。浦上駅前には人間の死体や馬の死体が多く転がっており、特に浦上川の川淵や中に人間の死体がゴロゴロあった。天主堂付近でセメント製の防火用水の中に母親が子供二人抱きしめたまま死んでいたのが特に印象強く、いまもありありと思い出されます。午前一一時ころ、焼け野原でところどころ火がくすぶっている本原町に着き、歩きまわり捜しました。家屋は崩壊し、火事の跡の焼きくすぶりで、一見、町の様子が判からず、約五時間ほど探し回って、家財整理中のOさんをみつけ伯父のことを聞きましたら、防空壕の中にいると教えられ、行ってみると、三人とも火傷し、キソクエンキソクエン（助けを呼ぶ声であろう。）とてうずくまっておりました。私は確認して、その日はいったん帰途につき、翌一二日午前九時ころ、林依細さんと二人でリヤカーを引いてふたたび防空壕へ行き、林依妹をリヤカーにのせ、西山町経由で館内町の福建会館につれ帰りました。さらに翌十三日、防空壕に残っていた張冷秋、林文海を連れ戻りました。伯父林依妹は、長男の林依細が付き添い、昭和二〇年十月中旬、福岡県小倉市京町一一丁目の友人宅に連れて行き、療養させましたが、同年一一月一日、小倉市で死亡し、遺骨は長崎市鍛治屋町崇福寺に安置しております。子供文海は長崎市新地町一八番地で同年八月一四日午後七時二〇分、死亡しました。伯母張冷秋は同年八月一八日午後一時、新地町十八番地で死亡しました。いずれも現在の四海楼空地（家屋疎開）で火葬にしました。」林さんの被爆者手帳申請は、被爆から二四年目の夏に受理された。新しい中国人被爆者がこれでまた一人ふえたのである。

台湾省出身の曽瑞雲さんは、一九四五年の三月にカトリック学園純心高等女学校を卒業していた。しかし「帰台の船がなく純女学徒隊員として工場に働いて居、被爆死」（純女学徒隊殉難の記録）させられた。瑞雲さんの兄は、長崎の海星中学卒業と同時に大村部隊に応召させられていた。曽茂修さんは妹の被爆死を回想して手記に綴った。

曽さんの手記「妹のお骨をたずさえて」――

僕は長田の康医師（台湾出身者）様の疎開の村で妹と再会した。妹はたいへん痩せて病気の体であった。妹は僕に兄さんのトランク、衣類、フトン、書籍、卒業証書など純心学園の防空ごうの中に置いてあるから取りに行きなさいと言った。僕は妹に、兄さんはわからないから一緒に取りに行こうと言ったら、妹は、私は体が堪えきれないから自分で行きなさいと言った。妹は、「私の体はすでに紫の黒点が発生して、しかも髪が抜ける、私は死ぬでしょう」と涙ぐんだ。僕は続いて妹の話を聞いた。「原子爆弾の爆音とともに無数の同学生が倒れました。私は倒れた一人の友だちを背に負って逃げました。もし私が死んだら、お父さん、お母さんはどんなにかお悲しみになるでしょうね。台湾に帰りたくても、船も飛行機もないし、お金もないし、お兄さん、もし兵隊を離れなさったら、早く台湾に帰って、お父さんやお母さんに話してくださいね」と言った。僕はその日から、康医師の家に泊って妹の看病をした。それから三日後、早朝、妹の病気は急に重くなって歯から血がたくさん流れた。妹はもう「だめです」といって死んだ。僕は泣いた。妹は遠い異国で看病する人もなく、治療も受けないで、原子爆弾の犠牲になって死んでしまった。康医師の宅で簡単な葬儀をして、板で棺を作り、小さい車を引いてすぐ火葬場に行った。妹の遺骨を康医師の家にあずけて部隊に帰った。それから二、三カ月して復員の命令をうけて部隊から離れた。僕は日本で勉強を続け、成功してから台湾に帰りたくて、妹の遺骨をもらって東京に出た。しかし台湾からお金は送られないし、あちこち転々としてついに台湾に帰った。母は妹の遺骨を見てすっかり悲しみ、それから病気になってとうとう死んでしまった。

曽さん兄妹は、兄は大村部隊に、妹は長崎の三菱兵器工場といったふうに、完膚なきまでに、日本の戦時体制に組み込まれねばならなかった。台湾の中国人は――朝鮮人と等しく――日本人だったからである。しかし、同じ植民地とは言っても、台湾省は日本帝国主義者によって、中国から分割して支配されていたことを見落としてはならない。長く引用させてもらったが、留学生の特権は微塵も許されなかったのである。ところで、当時、長崎医大および長崎医専には、植民地台湾からの留学生がきて学んでいた。林忠室さんは書いている、「あの当時は、台湾の医局員、学生、および家族二四名が原爆の犠牲となり、年末に生残りの医局員、学生、家族の内六十数名が揃って台湾に引き揚げます際に、合同の慰霊祭を行ないました」（「忘れな草」長崎医科大学原爆犠牲者遺族会）

三

趙文章、呉福有、姚孝群、朱造火、張国彬、趙沛然さんら六名の中国人は、浦上刑務所において、昭和二〇年八月九日、原子爆弾で全員殺害させられた（中国人強制連行の記録「草の墓標」）。この六名の中国人は、長崎県下北松浦郡日鉄鹿町炭坑に拉致《らち》され（何年にかは分らない）、強制労働させられていたものである。昭和二〇年七月二二日、「事件嫌疑者として取り調べのために長崎浦上刑務所に入獄」させられた。「令状は昭和二〇年八月七日付けで、起訴前の強制処分であり、取調警官は、長崎県警察部の警部浦数雄、警部補椋尾三馬歳であった」。「『事件嫌疑』とは、『間諜、利敵、予備、隠謀、窃盗』」（前掲書）と記録にはある。

浦上刑務所は爆心地圏内に入っていた。被爆で殺害されたことも重大な問題であるが、なぜ、彼らが浦上刑務所に拘留されたかということも見落としてはならない問題である。「間諜、利敵、予備、隠謀、窃盗」だけしかないので、事実関係を正確につかむ手がかりはないが、「事件嫌疑」には多くの疑問が含まれているように思われる。事件嫌疑五項目のうちのどれに該当したか明らかでないにしても、デッチ上げられた可能性が強いように感じるのは、果たしてわたし一人だろうか。もし、日鉄鉱業所＋警察の合体によって、意図的に嫌疑がつくられ、不当に拘留されていた結果として被爆させられたとしたら、浦上刑務所の中国人は、日本帝国主義とアメリカによって二重に殺されたということになる。被爆をとらまえて、中国人（朝鮮人を含めて）と日本人は、同じ被害者だなどという資格はまったくない！

彼らは、昭和二〇年七月二二日、浦上刑務所に拘留されてから原爆死を遂げるまでの一五日間、三菱造船所に連行され労働を強要されていた。例えば、三菱造船所職員の被爆手記「原爆前後」は「船体の建造が進捗するにつれ、佐賀高等学校動員学徒の他に、浅黄色の服を着用した浦上刑務所の囚人が、看守引率のもとに、上陸栈橋より進軍ラッパも勇ましく整然と入場して作業に従事した」と証言している。また「当時、熟練工は極度に不足しており、徴用工を初め……終りには囚人や捕虜までも狩り出されるといった有様で全く素人工による人海戦術に頼る外は無かった」とあるところから、鹿町炭坑で嫌疑をかけられた中国人が浦上刑務所に不当に拘留されてから も、軍需生産に動員させられていたことは否定できない事実である。

話を元に戻すと、浦上刑務所の「中国人被爆者」の中には三菱崎戸炭坑に拉致されていた中国人も含まれる（朝鮮人も含まれていたことは「朝鮮人被爆者」の項の中ですでに触れた通りである）。同じく被爆死を強要されるのであるが、この問題に入る前に、長崎県下に連行された中国人がどのくらいいたかについて簡単に触れておきたい。

「草の墓標」によると――

三菱鉱業所

槙峰鉱業所　二四四名連行　内七〇名死亡

高島端島坑　二〇四名連行　内一五名死亡

高島新坑　二〇五名連行　内一五名死亡

崎戸鉱業所　四三六名連行　内六四名死亡

日鉄鉱業所

鹿町炭坑　一九六名連行　内一二名死亡

とある。「草の墓標」によると、右の死亡は「事故死」でなければ、故意に「殺害」された節があると記述している。ところで、このうち槙峰鉱業所を除いて、三菱鉱業所について共通していえることは、いずれも離島にあり、「一に高島、二に端島、三に崎戸の鬼が島」とうたわれ、文字どおり「監獄島」として名うての圧制炭鉱《ヤマ》であったということである。もちろん、槙峰鉱業所や鹿町炭坑においても、ことは決して例外ではない。例えば、鹿町炭坑については、浦上刑務所に拘留された中国人をとおして、さきほど少し触れたが、さらにみていくと、「昭和二〇年三月一五日、桂王林、王瑞生、王福禄、張全、李取、趙沛然、王法其の七名は、糧秣倉庫より麦粉を窃盗したために、平戸警察署に逮捕され、六月二一日まで留置された」とある。この記述からは「窃盗」の正確な内容を把握することは困難であるが、麦粉の盗みに即して判断できることは、「窃盗」の裏にパンに飢えた現実が横たわっていたのではないかという疑惑である。ここで陳さんがいっていた「食糧事情が深刻だったから、中国人は冷遇どころか放置された。餓死者がでても当然であるばかりか、食う物がないために故意に殺されさえした」という話が、現実のものとして浮かび上がってくる。つまり、食わずに働かさせられていたからこそ、盗みという手段に訴えなければならなかったのである。劣悪な労働条件に加えるに、次の「事件」は、彼らの労働環境が水も漏らさない監視網におおわれていたことを彷彿とさせてくれる。「昭和二〇年五月二一日、朱造火、高増順、王老姿、呉福有、王増増、孫大柄、姚孝群、孫四海の八名は、便所側の外柵をのりこえて逃亡したために、警防団員を召集、また労務係と指導員を召集し、警察官近藤巡査部長の指揮によって、捜査をおこない、同日午後三時、江迎町山田三丁目隣保班の応援をえて逮捕した」。警察権力のみか、地域住民を実体的基盤にした警防団員まで——日本人総ぐるみ——が、軍部・資本の要請にいつでも応えられるように組織されていた。まさしく鹿町炭坑は、高島や崎戸に優るとも劣らない苛酷な陸の「監獄島」だったのである。

浦上刑務所には、鹿町炭坑の六名の中国人坑夫のほかに、崎戸炭坑の二七名の中国人坑夫も拘留させられていた。彼らの場合も、まさに不当に拘留されていたものである。「奴隷的虐待に抵抗した」（草の墓標）ことから判断して、恐らく劣悪な労働条件に抗議して、労働者としての正当な権利の要求を行なったことが、まさに拘留の理由だったからである。中国から拉致されて（何年かは不明）、崎戸炭坑で強制労働させられ、浦上刑務所に不当に拘留された。同じように、軍需生産での強制労働を強要され、一九四五年八月九日、浦上刑務所内において原爆死させられたものである。二十七名の氏名は「劉玉海、都同品、趙江、張金生、賈桂生、王俊奎、孟昭坤、陳海波、温貴公、劉鳳学、馮長貴、玉文発、杜飯龍、呂振芳、張汝昇、張福順、韓文会、郭庶、趙貴章、倪東林、喬書春、魏玩珍、喬福海、陳瑞図、倪瑞峯、王永春、馬清香」。

捕虜として、直接、長崎の軍需工場に連行されてきた中国人について触れておかなければならない。もちろん、裏付ける資料がないので、ここではありうることとしてしか問題を考えることはできないが、長崎は軍需工場がひしめき、上海航路をもっていたことを根拠にして、十分ありうると推測したいのである。例えば次の記録に表われる「捕虜」の中に、中国人がいなかったとは考えられないのである。参考までにあげておくと——

「次々と増員されてくる捕虜」（前出「原爆前後」）は「毎日、四粁離れている幸町の収容所から歩いて来て、別の受持ちのねじ締めを監視付きで行なっていた」、捕虜は「栄養失調で、着ている作業服は皆ぼろぼろで油と鉄錆によごれて鼻も突くような悪臭を発するので、一般の人はさけて通っていた」のである。「青い目の捕虜」もいたとあるから、欧米人もいたに違いない。華僑を除く中国人が、長崎の軍需工場に何人連行され、原爆によって何人殺害され、何人生き残り、帰国してどうしているかなどについても明らかにしなければならないが、手がかりはないので、ここでは残念ながら触れることはできない。

四

「ウチね。原爆の後治療絶えたことなか。大方毎日のごと病院通って、もう二四年も生きてきた。内科、眼科、耳鼻科、皮膚科ネ。引き出し、薬袋一杯（一枚一枚確認しながら）、ダイガクビョウイン、シニン（市民）ビョウイン、ゲンバクビョウイン、ヒラヤマビョウイン、オオクボビョウイン、ミウラビョウイン、タカハラビョウイン……個人病院は数えきらん！」と福建省出身で〝出稼ぎ組〟の一人で「纏足」をもつ王水宋さん（六八歳）は話し始めた。戦争中、うちはクドで飯を炊いていた。薪を使うと煙が出る。煙を出すと町内からすぐ文句を言って来た。「煙を出したら危い。空襲になったら火事になる。不謹慎じゃないか」。火が燃やされなかったから、飯が食べられなかった。米の配給はあったが少なくて…ほとんどないも同様であった。米がないのと、あっても炊かれないのとで、代用食ですまさねばならなかった。代用食といっても、ものがないころのことである。わたしの家ではもっぱら大豆まめを代用食にあてた。大豆まめを炒《い》って、当分の食料としてカンカンにとっておくのである。そのカンカンを枕代わりに使って、夜などボリボリかじったものである。大豆まめをかじっては水を飲み、水を飲んではかじっているうちに、結構、腹はふくれてくるのであった。

七月の終わりころになると、空襲が激しくなってきた。新地は市中にあったので、危険を感じ、疎開することにきめた。浦上の奥の本原町というところを選んだ。中国人仲間の宋敏さんがすでにそこへ疎開しており、街はずれで安全だと思ったからである。宋敏さんのバラックの横に許さんが建て、そのまた横にうちが建て、家族四人が入った。そのころ、疎開したものもみんな防空壕掘りに出かけた。防空壕掘りは隣組で決められていたからである。初めわたしの家は従わなかった。市中を離れたから大丈夫だという気持ちがあったからである。そのうち「それではいけない」と町内から言ってきた。「敵はしょっちゅうきているから、防空壕を掘った方が安全だ」というのである。六日は、中学に行っている息子を連れて防空壕掘りに行くことにした。息子は、学校（旧制海星中学）から動員されて三菱兵器にとられていた。いつも残業ばかりで帰りが遅く、心配だった。七月の終わりころからからだをこわして休んでいた。

あの日、おじいさんは自転車で息子の薬をとりに出かけていた。わたしは下の息子と林さんの家族五人と宋敏さんの家へ遊びに行っていた。とっても暑い日だった。わたしは縁側に坐っていた。突然ピカッと光った。次の瞬間、わたしは思わず「熱い！」と叫んだ。つづいて「ドーン」

！」という烈しい音を聞いたと思ったが、確かなことはわからない。後でわかったが気絶していたのである。どのくらいたったかわからないが、ふと意識がよみがえったとき、家の下敷きになり身動きできない状態だった。（浦上に原爆が落ちたことは後で分かったのだが、疎開先の本原町は爆心地から七〇〇メートルの近さだった。もちろん被害はあったが、新地町の方は三キロ以上も離れており、山に遮られていた。）「タスケテクレロ！　タスケテクレロ！」とわたしは息子を呼んだ。しばらく呼んだが何の答もない。そういえば息子も家にいた。どうしたろう？　息子も下敷きになったのだろうか。息子のことを考えているとき、人の気配がした。そして「母さん」と呼ぶ声がかすかに聞こえる。息子の春梅だった。息子に助けてもらって、ようやく倒れた家から這い出すことができた。（わたしは屋根の上に救い出されたという）。息子は、家と石垣のすき間にいて助かったという。急いで山へ向かった。敵機が街の上空を低く旋回していた。こわかったので、あっちへ隠れ、こっちへ隠れして逃げた。そのうち雨がドンドン降ってきた。薬が入っているのか異様な雨である。道々、人間がゴロゴロ倒れている。ある子供は縛られていた。（大方、母親が留守をするので、子供が外へ出ないようにでもしたのであろうか。）どうしてこう黙っているのか。初めは眠っているものと思った。後で聞いてみると、みんな死んだ人間だということだった。あるところで「哀号！　哀号！」と、朝鮮言葉のおめき声にぶつかった。その朝鮮人は「アイタ、タスケテクレロ！　アイタ、タスケテクレロ！」と日本語でもおめいた。浦上には朝鮮の被爆者がたくさんいたのだとわたしは思った。……そして一晩中、逃げまわって家についたのは夜明けであった。

わたしの家もスッポンポンであった。天井は落ち、壁も窓ガラスもめちゃめちゃにこわれ、落ち着くところもない。……とにかく、からだが熱い。特に顔の左半分から左肩、腕にかけては言葉ではいいようのない熱さである。熱く気味も悪くて耐えられなかった。顔からは汁が流れてくる。心配になって隣の家に鏡を借りに行った。すると「あんたにはすまんばってん鏡は貸されん」と、すげなく断わられた。わたしは腹が立ち、悲しくもなって家で泣いた。しばらくして隣の娘が来た。「おばさん、うちのかあちゃん意地悪で鏡貸さんじゃなか。おばさんの顔ヤケドでメチャメチャよ。鏡見せたらおばさんもっと悲しくなる。ひどい顔だもん……」そういわれるといっそう悲しくなった。人間でなくなるようなほど、口惜しさと怒りがこみ上げてくる……。その晩から崇福寺に避難した。中国人たちがたくさん来ていた。そこでも「姉さん、あんたの顔ね、皮がベロッとはげてねずみのようだ」と顔のことを言われた。鏡は誰も貸してくれなかったが、ちり紙くれたり、脱脂綿でふいてくれたり、みんな親切にしてくれた。薬は何もなかった。いつも火で焼かれるように熱かったので、オヤジと息子が代わるがわる夜中もあおいでくれた。

敗戦になって間もないころ、街で進駐軍につかまったことがある。中学（旧制）に行っていた息子が一緒だったので、へたな英語を使いながら日本語に訳してくれた。わたしの着ている中国服を指さして、ソレゲンバクニヤラレタモノダロウと聞く。左腕の部分が熱線でこげていたからすぐ分かるのである。（水宋さんは、新聞紙でていねいに包まれた問題の中国服をわたしの前に開いた。

一度洗濯したので、ボロボロになってしまったと説明しながら、そのときの会話を再現してくれた。）
ソレゲンバクニ　ヤケタモノダロウ
ゲンバクニ　ヤケタモノデス
ソノチュウゴクフク　ウッテクレ
カッテドウスルノデスカ
ゲンバクノキネンヒントシテ　アメリカヘモッテカエリタイ
コレハ　ワタシノタカラモノデス
オカネハイクラデモダス
オカネデハウラレマセン
ソノチュウゴクフク　モウキラレナイ
キルタメニ　ウラナイノデハアリマセン
アメリカノヒトニ　ゲンバクシラセタイ
（イイキナモノダ、コノヘイタイサン）
アメリカガオトシタゲンバクノコト　ワタシシンデモワスレナイ　コノチュウゴクフクハワタシノタカラデス
こわかったが、わたしははっきりそういってやった……。
「原子爆弾手帳のないころ、どれだけ金を出して治療したか分からない」。

水宋さんは、レッキとしたいわゆる「原爆症」患者である。中国人被爆者として一九六八年一〇月、再生不良性貧血の廃疾が原子爆弾によるものとして認定されたからである。水宋さんはいま、特別援護措置法にもとつく生活援護＋健康管理手当金を月額計一万五〇〇〇円を市から受け取っている。中国人仲間から「何とか被爆者になれないものか」「王さんが羨ましい」と、ねたみの声が上がっている。しかし原爆症がそんなに名誉なことだろうか。「原爆医療法」ができる昭和三二年までに使った薬代や治療費といい、「特別援護措置法」に厳しい所得制限があることを果たして知っているだろうか。

それに昭和三三年から出した屋台の収入がどれくらいあるというのだろう。「眼の見えないじいさん（七五歳）や色気のないばあさん相手に、酒飲んだりおでん食ったりしても、誰も面白くなかろう。得意は減るばっかり」と愚痴をこぼすというわけで、店は月に一〇日も出ればいい方である。「おじいさんのからだでも丈夫だったらもう少し何とか……」おじいさんの盛瑞さんは「第一種身体障害者二級」の手帳を保持し、盲人杖がないと歩けない。老衰の影響がないとは言えないが、「悪くなり方が余りにも急激だった」と話す。「爆心地から七〇〇米の場所で被爆した」と、被爆者手帳に書かれている。烈しい熱射を浴びたのである。盛瑞さんが盲人杖をついて病院から帰ってくる姿をわたしはよく見かける。眼科の他に内科、耳鼻科にも通院加療して、もう七年にもなる。

あるとき、わたしは王さんに頼まれて福祉障害年金の申請に市役所へ行くことになった。

年金課の係員はゆっくり申請用紙に目を通すと渋い顔をした。「二級」（身障者認定級数）では該当しないというのである。資格対象者であるためには「両眼の視力の和は〇・〇四以下」でなければならず、耳の場合は「両耳の聴力損失が九〇デシベル以上」でなければならないというわけである。その後「アッ、申請者は中国人ですか？」と、驚いたふうに尋ね返した。そして「国民年金の手引」を持ち出して、ここを読めと勧める。

「また被保険者資格には年令要件の外に国籍要件及び国内居住要件が定められているから、外国人は被保険者となることはできないし、また日本人であっても外国に住所を有する者は被保険者となることはできない。ただし、日本国内に居住するアメリカ合衆国人は日本通商航海条約によって内国民待遇が与えられることとなっているから被保険者となり、また沖縄に本籍を有する者でも内地に住所を有する限り被保険者となる」。

――これは明らかに差別ではないかと、わたしが反論すると、「法律で決まっているから何ともいたし方ない」と強く拒絶した。それではこの診断書の病院の証明料はどうなるんですかと詰め寄ると、「わたしどもの窓口における不手際は認めます」と言って、とりあおうとしない。王水宋さんの話によると、「昨日もここの窓口へ証明書の書き方をわざわざ尋ねに行った」と言う。結局、病院の診断書を作るのに四〇〇〇円から使い、五日もつぶしてすべて徒労に終わってしまった。

あるとき、王さんの家で、春梅さんに向き合ってわたしは坐っていた。わたしは困りはてていた。同じように春梅さんも困りはてているようであった。わたしたちは「被爆の手記」をどう書くかについて討論していた。わたしが「中国語で書くことはできないか」と言ったことについて、春梅さんが行き詰まってしまったのである。春梅さんは、昭和一五年、華僑の小学校へ入学した。台湾系の学校であったが、そこは中国語を教えている唯一の学校であった。中国語を覚えさせなければならないという父母の配慮によったものである。父母は無理をして、東京の某私立大学まで進ませた（ある事情から中途退学のやむなきにいたったが）。「言葉は日常使わないと忘れてしまう」と、しばらく間をおいてから、春梅さんは苦しそうに答えた。……顔はひきつったように厳しい表情である。「華僑社会」において、中国語は少なからず使われているが、長崎では主に「福建ことば」であり、北京語中心の中国語でないのはもちろん、日本語も常用しているので独特になまっている。問題はその上、「ものを書く」習慣（華僑は民族の言語文化から疎外されている）をもっていないことである。

在日中国人被爆者が、民族個有の被爆体験の意味を摑むには、いったいどうしたらいいのだろうか。言葉を取り返すことの中に一つの手がかりはあるだろう。民族語の回復が在日中国人としての自己の復権を可能ならしめるからである。しかし果たして、民族語でならば在日中国人個有の被爆の意味を摑むことができるだろうか。ところで現実に在日中国人が民族語を回復することは可能だろうか。わたしたち日本人の自己の復権が在日中国人の自己の復権にかかわっているかぎり、それは春梅さんだけに課せられた作業ではなく、わたしたち日本人にも課せられた作業ではある。

在日中国人（朝鮮人を含む）を指して〝歌を忘れたカナリヤ〟だと言った人があるが、在日中国人の〝歌〟を奪って、後の山に捨てた日本人の負の歴史をその人は忘れたのではあるまいか。

「いえいえそれはなりませぬ」、本当にイエイエソレハナリマセヌ！

核兵器に対しては絶対に核兵器をもってしてはならないと言えば、中国を批判することになる。在日中国人の間に「中国はよくぞ核開発に成功してくれた」という声があるが、在日中国人被爆者である春梅さんは、どのような言葉を作り出すであろうか。原稿用紙は白紙のままに〝歌を忘れたカナリヤ〟の沈黙は続く……。

〈資料〉

委員長――最近、わが政府のきわめて責任ある重要な高官たちは、中国と戦争に入るならば、核兵器が使われることは疑いないと言明しています。

ギャヴィン――はい

委員長――中国人の数は莫大だから、われわれのもつすべての兵器を使わなければならなくなる。われわれは人間対人間ではおそらく対抗できないだろうというのですが、これは正しいでしょうか。

ギャヴィン――われわれが中国本土に手をつけた場合は正しいでしょう。

※

チャーチ――中将、われわれは、徹底した空爆によって中国を屈服させることができるとお考えですか。

ギャヴィン――核爆撃ですね。

チャーチ――そうですね、まず、在来型の爆撃にしましょう。

ギャヴィン――私の考えでは、ともかく核爆弾を必要とします。その点では疑問の余地はありません。……われわれの核保有量は桁はずれですから、破壊は理解をこえたものになるでしょう。

チャーチ――想像をこえた、ではないですか。

ギャヴィン――ああ、そうです。

「アメリカ外交委員会ベトナム問題公聴会議事録」

Ⅳ 「被爆」を超えるものはなにか

「原爆小頭症」とよばれて

木下夏子（仮名）、昭和二一年二月六日生まれ、二二歳。昭和二〇年八月九日、長崎市内において約四カ月の胎児として被爆。小学校の上級生のころからテンカンがあらわれはじめ、中学に入るや、発作が頻繁に起こるようになってきたため通学困難となり、実質的にはその後、中途退学する。積極的に治療にのりだしたのはそれからである。昭和三七年、岡山医大で脳の手術を受ける。長崎へ帰ってきてしばらく様子をみるが、いっこうに効力はあらわれてこない。仕方なく開業医、大学病院と診察の遍歴を続けるが、このほうもさっぱりであった。思いあまった母親のとしさんは祈るようにして、人にすすめられるままに、新興宗教にすがりついていったが、結局のところこれもだめであった。あらゆる手をつくしたはてに『症候性テンカン』『顆粒球減少症』と診断され、三九年にK精神病院へ入院し、血液の疾患のため大学病院へも通院加療して現在にいたる。関係者は彼女のテンカンを不治だととりざたしている。

母親のとしさんは、昭和二〇年八月九日、長崎市本原一丁目で被爆した。爆心地から約一・五キロメートルの場所である。原子爆弾の炸裂のときには屋内にいた。だが当時、としさんは六人目の子供をお腹に宿していた。夏子である。胎内被爆児に多いとされている、原爆小頭症や精神障害者のほとんどがそうであるように四ヵ月前後であった。

「B29が飛んでくる!? と誰かが怒鳴ったんです。ピカッと光って、ドンと異様な物音がしたのはそれからすぐでした。とても大きな音でした。そのすごい音とともに、私はそばにいたふたりの子供を一瞬抱きかかえて、うつぶせになりました。」

その為、母親のとしさんには、被爆者特有の脱毛や歯ぐきからの出血、下痢などがはじまったが、不思議に二二年このかた、ふたりの姉には何の異常もあらわれない。どうしたわけかもっとも深く包まれていたはずの夏子が放射能の影響を最も強く受けたのである。放射能は肉体も母性愛もつらぬくものだとすれば、そのような非情さによって、回復することのない病苦の困難な運命はつくられたのだ。

普通、世間では、テンカンのことを困難と闘う精神障害者として蔑視する社会的風潮がある。しかし、医師がテンカンという場合と、社会がテンカンという場合では大きな違いがある。医師がテンカンという場合は、あくまでも患者であり、症例であるが、普通人がテンカンという場合は差別と蔑視以外の何物でもない。

ふたりの姉に結婚話がもちあがるたびに、その当人はもちろん、母親も深く悩まされた。はっきりいえば、妹がテンカンであるためであり、世間をはばかるのである。だが、それよりも、病める彼女の悩みはいっそう重く深刻だ。なぜなら自分のテンカンが姉の結婚の妨げになり、支障をきたしていることをちゃんと見抜いているからである。

「みんな私がいけないのよ、私みたいなものがいるばかりに……」というようなことを平然と言うのである。いろんなごたごたを経ながら、ともかくもふたりの姉たちは嫁ぐことができた。あと、母親の心配の種は、大学二年の弟と病める彼女のことである。しかし、母親の「あそこしか（精神病院）適当なところはありません」という言葉は、いったい何を意味しているのだろうか。「家に置いておけない理由はこうなんです。ときどき外泊許可をもらって帰ってくるのですが、家には大学に通っている弟がいるでしょう、勉強の邪魔をするんです。もっとも、本人にしてみればかまってもらいたさにそうするんでしょうけど、それをいやがって弟は、夏子を連れて帰るくらいなら、家を出て下宿すると言いはじめるし、そうかといって、大学に入った以上は、ちゃんと卒業させてしまうまでは……」健康で、将来に対して見とおしの明るい彼を優先するわけなのだろう？　当然そうあるべきである？　しかし、彼女が家に帰ることで家庭が破壊されることはありうることかもしれないし、またそうだから彼女をもてあまし、投げだしてしまっているとは思えないにしても、彼女の荒れすさんだ心の由来を考えないわけにはゆかない。たとえ家に帰るたびにテンカンの発作で暴れまわっていることが事実であっても、好きこのんでそうしているわけではないだろうし、欠如しているものが、たんに自制心や意志や忍耐とかいう理性的なものではなく、むしろ、寂しさと孤独の裏返しだとみなければならない。それは、私もひとしく愛されねばならないということを、ギリギリのところで試みつづけているのである。私たちの何もなすことのできない、理不尽な差別を告発つづけてもいるのだ。

わたしがはじめて精神病院に彼女を訪ねた日、彼女はわたしにつぎのようなことをうちあけてくれた。「けさ、私は死のうとしたんです。ルゴールっていう扁桃腺の薬についている針金で、咽喉を突いて死のうとしたんです。じっと我慢して、とっても痛くなったとき、ちょうど看護婦さんが検温にやってきたんです。それで、見つからないように、すばやく針金を膝の下に隠したんです。それだけでした。でも本当に私は死のうとしたんです。その後、悲しくて悲しくて泣きました。そうしていつのまにか眠っていました。」それだけ言ってしまうと、彼女は暗い表情の顔をそむけてしまった。こちらが驚くくらい彼女は冷静であった。わたしは信じる気になれなかったが、誇張のない話しぶりが私に信じる気持ちを起こさせた。しかし、正直を言えば、私は信じたくなかった。彼女が自殺の試みに失敗したことを、私は喜ぼうと思いはじめた。それはただちに、彼女が生きてわたしのまえにいるということの意味の理解をわたしに強いた。

「なぜ、死のうとしたの?」と私は優しく聞いてみた。すると彼女は、

「お母さんよりはやく死にたいのです。私のことでとても負担をかけているし、お母さんが先に死んだら、私をみてくれる人がいなくなるので、そのことが心配なんです。私はだめなんです。私のテンカンはもうなおりません。友人は欲しいのですが、私がテンカンでだめです。おなじテンカンの人だったら、友達になれそうな気がします。家には帰りたい。でも病院のほうがいいこ

ともあるの……」

彼女は〝家に帰りたい〟とも言い、〝病院がいい〟ともいう。それは、おそらく彼女の素直な心の動きを表しているであろう。しかし、そのようなジレンマに陥るのは、家でも病院でも、どちらでもあまり変わりがないということなのだろうか。同じ病院がいいというのでも、医師のいう「同じような状態の人がいることで、きっと慰められます」という言葉と、彼女のいう「外の世界だと、テンカンを起こすと、人が集まってきて笑いものにするが、病院だと他にもテンカンの人がいるので安心」というのとでは、だいぶ意味が異なる。

その日の帰り、わたしは彼女に日記を記すようにすすめ、持っていた使いかけのノートをわたしておいた。彼女の内側に入りこむための方法として、ふと思いついたからである。そのあくる日から、ノートには彼女の生活が書きこまれはじめた。

7月×日
今日は、左の足の指ばれを切って膿を出しました。痛いけれども、ご飯を持ってきてくれる人がいないので、ひとりでとりにいきました。それに私がすべっても、誰もきてくれません。意地が悪い人ばかりです。
7月×日
今日も運動にでていて、いつも私のところへくるいやな男から、いつも言われることを言われました。その男は患者です。いやなことばかりつづきます。
7月×日
今日は村川のおばさんのところへやってくれるようにいくら頼んでも無視したようにするので、たえられていたのが爆発してしまいました。村川のミヨコおばさんのところへはやくいきたくてたまりません。はやくおばさんのところへ行かせてください。お願いします。五日の日からは、保護室へも入れられました。

〈わたし〉村川のおばさんというのは、彼女の親戚にあたるらしい人で、この病院のなかで悩みをうちあけたりする唯一の相手で、またかわいがってくれたりもする、ということである。悩みをうちあける、とわたしは書きましたが、精神病院のなかにもそのようなコミュニケーションはあるのだ。もちろん、うちあけたことが、すぐさま解決されるというようなかたちではないにしても。それはともかくも、村川さんも同じ病院に入院しているのですが、病棟がべつべつになっているため、行き来が禁じられていて、運動時間以外はあうことができないのである。彼女がこのような訴えを起こしているいちばんの原因は、なんといっても真に話しあえる人、頼れる人のいないさびしさのせいにちがいない。
『こらえていたのが爆発してしまいました』としか書かれていないので、この人間的な要求を、彼女がどのように処理してしまったのか不明ですが『そのようなことに、いちいちかかずらわっているわけにはゆかない』という病院側の返答には考えさせられ、問われるものがある。

それから、保護室というのは、精神障害者施設などに収容困難な、いわゆる、重症患者の入れられている部屋で、彼女の病室のすぐ下にある。二〇坪ぐらいの広さで、かたすみに布団が積みあげられており、ほかに一台のテレビがおかれてある以外はガランとしている。平均年齢一二歳くらいで、一四名収容されていた。手におえない子どものために、独房のようなところも備えられているようである。げんにひとり発作的に乱暴をはたらく患者がいて、誰彼の見さかいなく殴りつけたりかみついたりするため、閉じ込められているということであった。

7月×日

このごろは頼る人がいないから、小柳さんのところへ行きたくてたまりません。でも院長先生も婦長さんも一緒のところへはやってくれません。小柳さんと一緒の部屋へいきたいと思っています。私の願いをとおして下さい。

〈わたし〉村川さんのところへ行くことはできず、それでもようやく話し合える人ができて、それが小柳さんだったのである。その小柳さんも旧館のほうへ移っていったのでしょうか。絶えず揺れ動いている孤独な心の処置に困りはてているようである。誰を頼ることもできず、きわめて陰惨で、危険な孤立の状態に追いこまれていきつつあるようであった。

7月×日

このごろは、松浦さんや佐藤さんたちから意地悪くされて、小柳さんのところへ行きたくてたまりません。

7月×日
今日、院長先生や婦長さんから嘘ばかりつかれています。小部屋にいる人（小柳さん）のところへはやくからやるといって、嘘ばかりつかれています。
7月×日
今日はイセリさんからひどいことを言われました。私が「小柳さんのところへ行ってってもいいですか」と院長先生に聞いたら、「ひとりぶん空いているので行っていいよ」と言われたのですが、そのことをイセリさんに言うと、「山川さんも来られたから大迷惑よ」と言い、つづいて「こちらも行ってもらったほうがだいぶんいい」と言われて、病気が憎くてたまりません。ひどい看護婦さんばかりです。
〈わたし〉ところで原爆が胎児に与える影響について、医学的裏付けがどのようになされたかについてふれておく必要があるでしょう。
当時、広島・長崎で、母胎の胎児が被爆によって多大の影響をこうむることが明らかにされだしたのは、原爆被爆から五年後のことである。すなわち、一九五〇年（二四年）、アメリカ原子力委員会の管轄下にあるABCCのR・W・ミラー小児科部長は、「広島に於ける胎内被爆児中の小頭症に就いて」（『日本医師会雑誌』昭和三一年一〇月一五日発行）の調査、研究において、「広島の胎内被爆児のうちその頭囲が標準値よりも二標準偏差或はそれ以上小さいものが三四名認められた」とし、さらにこの「三四名の小頭症のうち一六名に知能発育遅延が認められた」として、被爆との関係を証明した。原子爆弾を投下した当のアメリカが、原爆投下地において最初に着手したのが医療活動ではなく、調査活動であったことは批判的な観点から、鋭く注目に価する事柄で特筆しておくべきだ。おそらく、医療活動が不可能だったわけではないのである。たしかに治療方法もない闇の中で被爆者がバタバタ死んでいったのは、「原爆医学」が当時あったなら、被爆者の死をいくらかでもくいとめることができたばかりではなく、寿命を延びさせることもできたでしょう。その上でなお、むしろ、「原爆医学」を必要たらしめたアメリカ文明の中に巣くっている残虐な暴力性こそ問題にすべきである。まさに、医療活動が不可能な未曽有の〝地獄〟をつくりだしたアメリカこそ責められるべきなのだ。

ＡＢＣＣに対する被爆者たちの「モルモットにしないでくれ！」という切実な訴えは、単に医療活動の不在のみならず、一都市を一瞬にして蒸発させてしまうほどの集団的殺戮が可能な「核兵器」の絶対悪そのものの存在に向けられ、とりわけ、非情な〝実験〟的精神を「核兵器」という新兵器に賭けた帝国主義的イデオロギーを廃絶すべきだったのである。いうまでもなく、かつての戦時体制を、その末端で支えた被爆者ひとりひとりの戦争責任も別の形で問われるにしても、それ以上に問題なのは、アジアへの侵略戦争を扇動したばかりではなく、アメリカに対していっさいの賠償権を放棄して、被爆者を無権利状態に追いやった日本国家の戦争責任と戦後責任は、絶対に許されるものではない。

さらに、ＡＢＣＣのＪ・Ｎ山崎医師の「長崎における原爆被爆女性の妊娠結果」（『広島医学』

昭和三七年、第一五巻八号）の論文をもとにして、長崎の状態について調べてみることにしよう。

　山崎医師は、長崎の状態について「二〇〇〇メートルの地区内に生残った総数一七七四名の妊娠可能年令の婦人のうち一九四五年八月九日に妊娠していたものは九八名に過ぎなかった」ことを明らかにしながら、この九八名の母親について、綿密な調査をおこなった結果として次のことを報告している。

　一般に放射能障害の確証と考えられる『主要』症候、すなわち脱毛、口腔咽頭病変、紫斑および点斑出血が一つ以上現われたものが三〇名」あり、さらにつづいて、この三〇名の受胎については、三例は自然流産、四例は死産、六例は新生児死亡および乳幼児死亡、最後に一例は赤痢で死亡した事実をあげている。

　山崎医師は、右の事実をふまえながら、「この母親群における全罹病率および死亡率は約六〇%である。これは二〇〇〇メートル以内で被爆した『重要』症候のない母親群では全死亡率がわずかに一〇%、対照群では六%であったのと比べて著しい対照を成す」と、被爆のために生じた放射線障害の影響の顕著なことを証明している。

　この論文が、私たちに明らかにしたもっとも重要なことは、生き残った一六名のうち四名に知能の遅れを認めた事実にある。

　山崎医師は「『重要』症候のない被照者群および対照群における発現率がそれぞれ一・六%（一例）および〇%であるのに比して」、「重要」症候の母親群に現われた二五%という精神障害者児の発現率は相当に高いことを結論としてあげて、論文を結んでいる。

さて、原爆が民衆に加えた悲惨と苛酷さはM君の場合に、典型的に現われているといえよう。M君は不幸にも長崎でただ一人（判明しているかぎり）の小頭症である。M君の生活史については後述するとして、ここでは、「放射線障害の確認と考えられる」M君のお母さんに現われた「主要」症候についてふれておきたい。M君のお母さんが「原爆との闘い」に書きとめた病歴は、その痛苦において、私たちの想像をはるかに超えるものがあるのではないではないだろうか。

「九月一日、高熱で床についた。歯ぐきが化膿し、全身に小さな斑点が出て来た。歯の根が全部見え、ゴカゴカ動き、狂わんばかりの痛みがあった。一五日頃から、あお向けに寝たまま、鼻血がブックブックと吹き上げた。鼻を脱脂綿でおさえると、真黒い血塊を、足をバタバタさせて吐いた。それまで血色のよかった私は、出血後、すっかり死人のような顔になり看病の母は顔を伏せた。手の感覚を失い、下半身は冷たくしびれていた。髪の毛は僅かに残ったが頭がキラキラ光っていた。出血は一日に一、二回あり、五日で止った。少しずつ食欲が出てきた。口内が化膿しているので、食物はおも湯、果物のナシの汁、すった山芋を流しこんだ。原爆症にいいと噂された柿の葉とイカを煎じて飲んだりもした。」

話を夏子の日記にもどそう。

7月×日
今日はまた足を切りました。このあいだ、親指の爪の横を切りました。血や膿がでなくなったら、看護婦さんに「もう風呂に入ってもいいでしょう？」と聞くと、「もういい」と言ったからお風呂へ入りました。そうしたら、切ったところがまだよくなってなくて、腫れてまた切りました。

7月×日

今日やっと、小柳さんのところへいく許しがでて一緒の部屋に行きました。でも、そこには田川さんという看護婦さんがいて、自分が好きな人にはよくして、ちょっといやな人には悪くするので、いやだなと思っています。もうケイレンはあきらめています。はやく死にたいと思っています。

〈わたし〉「私は、お母さんのお腹の中で原爆を受けたんですって。このケイレン、原爆のせいよ。だから治らないの。でも、ケイレン治って欲しい……」

「治ったらどうするの？」と、そんな彼女にわたしはせつない気持ちで尋ねたことがある。

「そうしたら働きたいわ！」彼女は目を輝やかせて答えた。

「でも、どんな仕事するの？」と尋ねかえすと、すこしのためらいもなく彼女は、

「看護婦さん！」とはっきり言いきった。わたしはその明るさに心をひかれた。きっと、病室のなかでいつも夢想していることをそのまま言ったに違いない。「下の子どもをみたい」とも言った。そのころだったかと思う。私は彼女に、もっとも形式のやさしい俳句を教えてみた。彼女はとても興味を覚え、ものの二時間ばかりでマスターしてしまった。彼女が創った幾編かの中

にこんなのがある。

〝夏の花　熱くてとても　もてません〟

この作品が芸術的にどうの技術的にどうのと、ここで論じるつもりはありません。そのような論議は、ここでは重要ではないからである。それでも少しだけ言わしてもらうなら、被爆者が生きていくためのたしかな詩的イメージをもち、ちゃんとメタフィジックな世界をもっていることだけはたしかである。「夏の花」と捉えた形容のなかにある。なぜなら「夏の花」とは、かの原民喜がいみじくも、原爆の悲惨に対応する破壊された人間のイメージとして、捉えたものだったからである。

「もうケイレンはあきらめています。はやく死にたいと思っています。」という日記の言葉とこの俳句は深いところでかかわっている。この俳句の重要な意味はここにあります。彼女はギリギリのところに立たされているであろう。もうもてない、もうだめだと、いう激しい自己遺棄の衝動を「夏の花」に転移することで、自己の危険な存在を客体化し、やっと自らの崩壊をもちこたえているのではないでしょうか。そうして、そのような自己の危機の状況を、他者との連帯において回復しようと試みているのでしょうか。つぎの俳句には他者との共生感において、みずからの存在を引き受けようとする主体性が強く感じられてならない。

〝私たち　みんなほんとの　かごのとり〟

この作品はあくまでも、原爆、テンカン、精神病院などのシチュエーションとのかかわりにおいて成立していることを忘れてはなりません。彼女にも見えはじめたのでしょうか、それを自分も含めて底辺にうごめく人間の呻きのようなもの――と言ったらいい過ぎでしょうか。

７月×日
今日は帰るのがうれしくて、何もしないでお母さんが来るのを待ってすぐ帰りました。

７月×日
ところで、今日は悪いことに、朝からずっとつり続けた（発作のこと）ものだから、お母さんが病院へ電話したら、婦長さんが、「すぐ帰ってこい」と言ったといって昼すぎには病院へ帰ってきました。

７月×日
今日は、急に鼻血が長く止りませんでした。鼻に脱脂綿をつめて頭を冷やしてもらったので、咽喉のところにすぐ血がたまって、いやらしくてなりませんでした。

〈わたし〉彼女は、家に帰ることが唯一の楽しみのようである。外泊証可をもらって帰宅する日などは、魚が水に帰ったときのようにいきいきしているのでした。もちろん、そのことからすぐさま病院をいやがっていると断定することはできません。その言葉がたんに矛盾していると いってしまうより前に、その言葉を彼女に想い浮かばせ、表出させた環境それ自身に私たちは注目する必要がある。つまり、「家より病院の方がいい」といって、自分から身仕度することもある。その場合、感情の激しい揺れ動きのなかで言われたことも注意しておく必要もある。それと、さきほどふれたこの言葉の背後には、家庭環境が重くのしかかっていることも見逃すわけにはゆかないでしょう。

「姉ちゃんや弟の友達が家へ来て楽しそうに騒いでいると、口惜しくてしょうがないんです」。自分に友達がいないことを単純に表わしているのでないことだけは事実なのだ。この言葉を正当に理解するとすれば、彼女の意識の異常と正常さ、その存在のおかれている懸崖にまで迫らなければならないでしょう。病院にいると家が幻想され、家にいると病院が幻想される。彼女には落ち着けるところ、すなわちそのままの彼女をすっぽりと包みこんでくれるところがないのだ。それは、みずからの中に適応できない大きな部分をかかえているというよりは、人間的に疎外されているといっていいでしょう。しかし、彼女にとっての自己の人間化と他者との関係の回復は、社会的に完全に阻まれているのである。そこで、彼女の孤独がきわめて反社会的な言葉を弄するのでしょうか。みずからを狂気に仕立てあげて、常識と秩序を冒してしまうのである。母親の愚痴が証明しているように「家に帰って来ると暴れまわったり、むやみに物を投げつけたりするのです」。それはともかく、院長が私に言っていたように、外泊は危険が伴うということである。喜怒哀楽といった感情的なものも含めて刺激と発作は因果関係にあるにちがいない。

8月×日

今朝も朝から鼻血がでて、いっときは止りませんでした。小柳さんもこのごろは、おばあさんのところにばかり行っています。私にとっては死んでしまいたいくらいです。お父さんに一回でも来てもらいたいと思いますけれどちっとも来てくれません。
〝考えて　いわれたことで　鼻血だす〟
8月×日
今日は運動のときに部屋から見ていて、咳が出て苦しくてたまりませんでした。それからルゴールをつけてもらってから、部屋で薬を飲んでいたら看護婦さんが「もう、一人でご飯をとりに行ぎなさい。」と言われました。私も馬鹿ではありませんからどうもなかったら、おこられても自分でとりに行きます。
〝このごろは　へんとうせんで　熱さまし〟
8月×日
今日はいやな人が入ってきました。そして、おとなしいので私が好ぎだったフナツさんが部屋を変りました。いま、私が思っていることは部屋をどうかしてもらいたいことです。私たちの部屋がいちばん暑くて、ご飯もちっともおいしくないからです。それに、こんど入ってきた人は岡崎さんと一緒だからです。私は岡崎さんがいちばんきらいです。
8月×日
今日はお母さんが来ました。そうしたら、ケイレンが起こって五回倒れました。いっときもひまがないようにオシッコへいくので、また病気が出ているのだろうと思って、看護婦さんに言って注射してもらいました。いっときしたら、ケイレンもオシッコへ行ったのできれいにもとへもどりました。私がいつも待っている人はお母さんと西村さんです。お父さんは、ハガキをだしても来てくれません。兄ちゃんもです。でも、それだけに忙しいのだからあきらめています。そして、九時ごろからまた鼻血がでました。

8月×日

今日は朝からどうかあった（気分が悪かった）ので寝ていると、朝川さんが「起きらんね」と言ったので、きつくてたまらなかったけれど、我慢して起きました。朝川さんのように言わないで欲しいと思います。朝の検温のときにはやっぱり熱がありました。だから私は朝川さんに言いました。「私はどうかなければ寝ないのだから、やっぱり熱があったよ。」

8月×日

このごろ、小柳さんはちっとも親切さがなくなりました。まえ、私がこの病院へきていたときはとても親切でした。今日も私は寝ていました。そのときは牛乳やヨーグルトがありました。だから私が小柳さんに「ヨーグルトをとってきて」と言いました。でも「自分でもってこんね」と言って、もって来てくれませんでした。本当にまえの小柳さんとは、全然別の人になって、意地悪くなってしまいました。

8月×日

今日は来てくれると思って、楽しみにしていましたけれどがっかりしました。

〈わたし〉この日、私は、彼女を訪ねるように約束していたのでしたが、急用ができ訪問しなかった。その二、三日後に訪ね、約束を破ったことで、その日の日記の余白に「ごめんなさい」と記して謝罪しました。それにしてもようやく彼女のなかで、わたしのことが、ある位置を占めはじめたのでしょうか。いうまでもなく、そのことは、わたしのなかに責任の感覚を自覚させる以外の何ものでもないのですが。はたして、どのような連帯を築くことができるのでしょうか、彼女とわたしのあいだに？

8月×日
西村さん、今日はどうもありがとうございました。おかげでとても面白い一日でした。働かれない私にも親切なので、お父さんお母さんにもわからないように布団のなかで泣きました。家に居るとよけい悲しいので、病院のほうが家よりいいような気がします。
〈わたし〉この日、長崎でいままで判明したかぎりの胎内被爆児と、その両親に、吉宗（食堂）に集まってもらい『きのこ会長崎支部』を結成したのである。会員数五名、男子三名、女子二名。この五名に共通していえることは、知能遅延がみられることである。それでも程度の差こそあれ、日常的な会話はでき、新聞に目をとおす人もおれば読書だってできる人もいる。げんに夏子ちゃんなどは「どんな本読んだことある？」というわたしの問に答えて、「『にあんちゃん』……あんな本好きよ！」（そうそう、わたしは夏子ちゃんにした約束のことを忘れていました。本が読みたいと言っていたで、サン・テクジュペリの『星の王子さま』を持ってゆくことを約束していたのでした)。ですから、単純に障害者などという言葉をわたしたちは慎しまなければなりません。

さて、H君は建築会社の請負、M君はブロック製造、T子ちゃんは農業の手伝いというふうに会員のうち三名は、何らかのかたちで社会復帰をはたしています。問題はあとの二名です。この日記を書いている夏子ちゃんは精神病院、A子ちゃんは障害者施設に収容されており、その期限が迫っているので後の行くえが問題になっている。

『きのこ会』の長崎支部長には、原爆によるということがはっきりしている小頭症のM君のお父さんになってもらい、わたしとSさんは側面的に援助するということで、ささやかながら会は出発したのでした。わたしの主な仕事は、埋もれた他の胎内被爆児を捜しだすことである。そのことで私は、長崎のABCCへ再度訪ねたことがあった。「長崎にこの人たち以外にもういないのでしょうか?」というわたしの問に、ABCCの河本医師はつぎのように答えてくれました。

「長崎の場合、広島と比較していえることは、被爆時の母胎における放射能量が極めて多量であったため、胎児のほとんどが死産ないし流産してしまったことを、少ない原因にあげることができます。そうは言っても、厳密にはABCCが調査し判明した統計をもとにして判断しているのですから、調査に漏れた人たちのいることを十分、考慮に入れる必要があります。つまり、他人に隠したり、家に閉じこめたまま外との交渉を絶っているケースを考えるとき、この統計にもまだまだ問題はあるのです。」

福岡県甘木市に住んでいるB子さんの場合がまさに、ABCCの追跡調査から漏れた胎内被爆児の一人といえるでしょう。甘木市を管轄する朝倉保健所に登録されている被爆者二一名のうち、長崎で被爆した人一一名、その中に昭和二一年三月五日生まれのB子さんがいた。被爆時はおよそ三カ月前後の胎児ということになる。私はちょっとしたきっかけから知ったのですが、そのときは時間がなく、面会は、住所をメモするだけにして次の機会にゆずった。再度訪ねたのは、秋の収獲が終わり、裸のたんぼに肌寒い陽ざしが落ちばじめた一九六九年の一一月も終わりのころであった。

五二歳になるB子さんの母親のトキさんは、小柄な上にやせていて、みるからに神経質な感じでした。トキさんが一人しか子供をつくらなかったのは、そのことと関係があるのかも知れません。

原爆投下の一九四五年八月九日は、たまたま長崎の大橋（爆心地から一・二キロメートル）にいる親戚の家に行っていたが、す早く防空壕に難をのがれ、命からがら実家の五島に落ちのびて、その年の暮れにB子さんをみごもったまま、甘木市の主人の郷里に引きあげ、農業を手伝って今日にいたったという。

「東京で就職しているんです」と前置して、

「あの娘ももう二四歳、年ごろでしょう……やっぱり心配なんですよ。」

「どうしてですか。」

「あの娘が病気しても手帳は使わせないことにしているんです、あの娘の結婚のために。矛盾しているようですが、もっていないと又不安なんですよ。……現にわたしなんか、風邪をひいたぐらいだったらガマンします。」

「健康保険はあるんでしょう？　じゃ、どうして病院に行かないんですか」とわたしが尋ねると、「ひけめというか、肩身が狭いというか、諦めてしまうんです」と淋しそうに答えた後、気をとりなおすように、「やっぱり手帳をもっていくとタダになるんですがね……ここらあたりでは知らない医者が多いです。わたしが説明して教えるんですが、すると医者がヘンな眼で見返すんです。決して気のせいなんかじゃありません。隣近所だってそうですよ。動作ではっきりと示すんです。面と向かってですよ。『あんた、あれがあるじゃけん病院へ行ったってタダじゃもんね』とこうなんです。それを言われると背中に五寸釘を打たれたように、じーんとなるんです。タダっていったって五割ですよ。だけん、多少の病気ならガマンしてこらえるです。わたしはいいんですがね。ただあの娘まで小さくちぢまっていなければいけないのかと考えると、くやしくもあり、何だかこう胸が痛くもあり……ふつうの結婚をさせてやることができたら何もいうことはありません」と、トキさんは涙を浮べて訴えた。ひとり娘に対して、人並みの結婚を願うトキさんの声には、母親としてのかけ値なしの愛情がこめられているようであった。被爆したことをいくらかくしてもかくし通せないだけに切実であり、一層痛ましく思われた。

　そういえば、保健所の担当者が「手帳の切換えには来るんですが、定期検診なんかにはほとんどこないんです。」と不満をこぼしていたが、現にB子さんやトキさんの検査の記録がなかったのは、まさしく世間にアリバイを残さない生き方から来たものだったのだ。念のためにいうと、トキさん母子の場合が雄弁に物語っているように、ナガサキやヒロシマを離れた地域では、被爆者手帳をもっているというだけで特殊な眼でみられ、さらに偏見と差別の対象として非人間的に蹂躙される現実に明らかなとおり、被爆者の内に新たな「差別」がよみがえりつつあるといった恐るべき事態をわたしたちは迎えているのでもある。

8月×日

西村さん、十六日にあんなに思いましたけれど、やっぱりこの病院はいやらしい人ばかりです。院長先生も、看護婦さんも、看護兄さんも、意地の悪い人が多いんです。入ってきた患者は自分たちの部屋ときめてあるので、私が部屋を変わりたいというんだけれど全然変えてくれません。他の人だったらすぐにでも変えるんですけど、私がこんな病気をもっているからだろうと思います。それから「盆踊りを教えるから、みんなおいで」と看護姉さんが言ったけど、習って踊りだすと倒れるからと思って習いませんでした。この病気をもった以上、いつまで悲しい思いをしなければないけないのかと思います。

〈わたし〉M君の生活史を母親が記した生活記録にみてみましょう。「三歳になり、可愛がって下さる隣の奥さんが、Mに話かけていた。『お父さんはどこね？』と聞かれると『お父さんはどこね』と答え、『お母さんはどこね？』と聞かれると、『どこね』と答える。私はそのときから、遅れているのでは？　と不安を感じるようになった。」

これはM君の知能の遅れを二二歳になった母親が発見するときの出来事である。

一九五二年四月、母親がT小学校にM君を入学させたのは、適当な障害者施設がなかったからではなく、切ないまでの期待をM君に託したからなのである。そのことは、翌年四月、再び一年生に入学させたことからも判断できます。ハンディを埋めようとして賭けた一年間の母親の努力には、なみなみならぬものがあったに違いありません。その努力が徒労に終わったとき、M君の母親がどれほど深い悲しみに耐えなければならなかったことでしょう……。

二年目の中ごろ、普通小学校には諦らめをつけ、一一月、障害児施設、浦上学園の完成を機に転校を決意して、新たな出発をはじめます。――そこで、八年間の学業と職業訓練を終えると、幸にして就職の話も持ち込まれてきた。

期待しなかったMの就職が決まったと、学園から通知を頂いた。自宅から通えるブロック工場である。一九五二年四月、新しい作業者を着て、弁当を持ち、嬉々として仕事に通い始めた。五日、一週間経ってくると、だんだん表情が暗く沈んで来た。『どうしたね？』と幾度も聞くと、ポロポロ涙を流しながら、『お母さん、失敗した』と言う。少し離れて渡されるブロックを受け止めかねて落とし、いくつも割ると語る。さっそく一五センチの同じ重いブロックを用意して、薄暗い庭で、父と子は、毎晩毎晩、練習した。ソレッ、投げた。ソレッ、取った。私も掛声をして応援した。工場でもだいぶ落さんようになったと言い、朗らかに通い始めた。

ある暑い夏の昼過ぎ帰って来た。腹が痛いと言う。熱はないし、顔色はよい。弁当はみんな平らげている。三〇分ばかりベットに横にならせ、サア、もうよくなったと、工場に手を引っぱって連れて行く。一週間ほどしたら、今度は午前中に頭が痛いと帰って来た。熱もないし、元気そうである。すぐまた励まして、工場に引っぱって行く。仮病ですからと私がお詫びするので、皆に大笑いされる。『M、お前が仕事をサボッて何度帰って来ても、すぐ工場に連れて行くよ、仮病だってこと、お母さんの千里眼はすぐわかるから』と言ったら、『本当ね』とうなずいていたが、あれからは理由なく休まない。給料日の一五日は、とても嬉しそうである。『ただいま』の声もはずんで、すぐ仏様に供える。『お母さん、仏様を笑わせんばね』と言う。喜ばせると言ったつもりなのである。……当時一八歳だった私に投げかけられた、原爆という荷は重く、運命のこの子と歩く道は遠いけれど、手を携えてゆっくり歩いて行こうと思っている」と結んでいる。

8月×日

今日は、新病棟の子どもたちが忘れられなくて、こっちへ来るんではなかったとつくづく思いました。わがままなようだけど、もういちど新病棟へ行きたくてたまりません。村川のおばさんがいるから、小柳さんがいなくてもかまいません。もういちど行って、子供部屋の子どもたちと遊びたくてたまりません。

8月×日

今日、院長先生が来たら、新病棟へもういちど行きたいことを書いて先生にやりました。もう新病棟から変わりませんから、すみませんけど西村さんからもたのんでください。お願いします。

〈わたし〉彼女に頼まれた院長への伝言をもっていくと、いつになく厳しく、院長は私に詰問をはじめました。

「いったい君は、何のためにここへ来るのかね」と院長。予期しないでもなかったが、私はきたなと思った。院長の詰問は私自身の自問とも重なっていたので、答はすでに私のうちにあった。

「ここに彼女がいるからです。そして彼女が原爆とかかわりがあるからです。」

「しかし君は、原爆とは何のかかわりもないだろう。」

「原爆とかかわろうとすることで、生きようとしているのです。」

「なぜ、そんなことをしなければならないのかね。」

「ぼくはそういう人間なんです。」

「それはまあいいとして、君がここへくることであの子の病気がどうにかなるのかね。」

「それはわかりません。あるいはどうにもならないでしょう。」

「それじゃ、君のくることにどういう意味があるのかね。」

「私自身のために来ているといえます。」

「それはどういうことかね。」

「私が生きるためにくるんです。」

「つまり彼女のためではないのですね。」

「そういうふうにとられても仕方ないでしょう。でも私は施しをしているのではないのです。彼女の生きることと、私の生きることをどうつなげるかを考えているんです。」

「あの子を一体どうするつもりなんだね。」

「彼女と私たちが一緒に生きられないかどうか……。」

「それは、おそらく無理でしょう。」

「なぜですか。」

「あの子のテンカンは治るかどうかわからないのだよ。」

「ですから、なおさら生きることを考えてやらなければ。」

「社会復帰はとうていだめなんだよ。」

「でも」と言いかけて、わたしの声は言葉にならなかった。たとえ一％の可能性でも、それを私たちは見捨ててはならないと言おうとしたのだが。

８月×日

今日は院長先生はいらっしゃいませんでした。新病棟のことをどう思われたのでしょうか。いま私がいる部屋は、新しく入ってきた患者ばかりいる部屋です。それに退屈だし、鼻血がでたときも小柳さんはちっともかまってくれません。でも、新病棟には村川さんのおばさんがいるから、鼻血がでたりどうかあるときにはかまってもらえるから、村川ミヨコおばちゃんとならんで寝たいんです。私がこんなこと書いていることは、お母さんには言わないでください。院長先生には新病棟へ行けるようにたのんでください。

8月×日

西村さん、いやなことまでさせてどうもすみません。私はもう、新病棟のことも子供たちのことも忘れます。今日、池本さんと本田さん、田代マチ子ちゃん、三人が新病棟へ移りました。もう私は新病棟のことはあきらめます。

8月×日

今日二時ごろ、山川さんが来たから新病棟のことをたのんだら「のぼせなさんな!」と言われました。だから、もう自分から院長先生にたのんでみるつもりです。ご飯を食べるときは、はやく食べろ食べろと言ってせかされるので、食べる気がしません。新病棟ではそんなことがないから、こんど新病棟へ移ったら、こっちの病棟へはきません。

〈わたし〉このあたり、新病棟へ移ることが執拗にくり返され、記されていますが、それはたんに、彼女のわがままのなせるわざでないだけは明らかである。そしてさらに、表面的な不平不満の類でないことも。たとえば、新病棟には具体的に村川ミヨ子さんという、この病院のなかでいわば彼女にとっての唯一の味方がいることから判断できる。それ以上に、彼女のこれらの訴えごとを正当に評価するとすれば、わたしたちは何よりも彼女の他人への関係の異常なまでの欲求を見逃してはなりません。そして、どのような苛酷な圧迫のもとでも、正常な意識と人間的な欲求を保とうとしていることをも。テンカン症が精神病の一種であることから、このような特殊な世界に放りこまれて、彼女がどれほど苦しいたたかいをたたかっているかを私たちがこの日記のなかに認めないかぎり、ここはいやだ、もっとちがうところへ行きたいというせつない魂のうごめきを感じることはできないでしょう。つまり彼女は、原爆のもたらした悲惨を背おって、精神病院という、言ってみれば限界状況に激しくそして主体的に抵抗しているのではないだろうか。

しかも、日ごとに裏切られつづけてゆくことで、ますますみずからを地獄のような現実へ追いこんでゆくしかないのにもかかわらず。

8月×日

今日せっかくユカタもオビも持ってきていて、ユカタを着るときになってから倒れて、楽しみにしていましたけれど着られませんでした。だから、部屋から踊りをみていました。でもこんなときは悲しくてたまりません。

〝盆踊り　おどらなくても　おどりみる〟

8月×日

今朝は、四時ちょっと過ぎから、となりに寝ているおばさんがしゃべっているので、目がさめてそれから眠られませんでした。だからできたら新病棟へ行きたくてたまりません。それに今日は熱がありました。一〇時半ごろだったと思うけど、トランプでひとり占いをしてからトランプをなおしたときに、はなのようなものが出てきたからもしやと思ってすぐ鼻をおさえ、チリ紙を鼻にあててから手の平を見たら、やっぱり鼻血でした。そのときも誰もなにもしてくれないから、新病棟のおばちゃんのところへ行きたくてたまりません。

8月×日

今日は朝から、山下きみ子さんから「テンカンフキ」と言われました。そんなときには村川のおばちゃんをおもい出して、はやく新病棟へ行きたくてたまりません。

〈わたし〉「テンカンフキ」とは部落民、被爆者、朝鮮人という言葉などと同じ響きをもっています。この侮蔑のこもった言葉が、私たちの社会でいま厳然と非人間的な差別をあらわしていることはあらためていうまでもないでしょう。ということはとりもなおさず、わたしたちがその言葉を許容しているということの反証でしかないのですが。わたしたちは差別されたもの同士のなかにさえも差別が存在していることを知っておく必要があるのだ。支配者のイデオロギーが被支配者の被差別への差別のもちこみと分割を徹底的におしすすめたことの結果として。

彼女はわたしにこんなことをうちあけたことがあります。「自分もテンカンのくせに、私にテンカンフキというのよ」わたしはふきだしそうになる自分をやっとこらえました。彼女の顔があまりにも深刻だったからである。それにしても発作の状態が嫌悪と蔑視として、見るものの目にやきつけるのでしょうか。

9月×日

今日、院長先生の診察があったので、山下きみ子さんから言われたこと（テンカンフキ）をみんないいました。そしてやっと新病棟へ行っていいと言われました。……でも、こっちにも親切な人はいません。悪口をいう人ばかりです。だから、この病気がいやでたまりません。

9月×日

今日は悲しいのとはがゆいのとまざって、ついテレビの部屋の佐藤さんのヤカンを投げ、コップを投げたりしました。その原因は、村川のおばちゃんが一緒にお風呂に入ってくれなかったからです。私が倒れないから「一緒に入ろう」とはいいませんけれど、お風呂のなかで何べんも倒れて小柳さんには助けてもらったことがあるからです。こんど西村さんが出島へ行ったときに、村川材木店へ行って、トモアキ兄ちゃんに「ミヨコおばさんは、もうおばさんとは思いません」と言っといて下さい。

〈わたし〉ふだんの彼女にしては、なんとも激しい言い方であるし、思いきった処置のしかたを考えたものです。それにしても、あんなにもせつなく強く求めてやまなかった村川ミヨコさんを失ったことは否定できません。もちろんそれはけっして、村川ミヨコさんのせいでも責任でもないでしょう。なぜなら、彼女が村川ミヨコさんを、自分の都合のいいイメージでつくりあげ、幻想していたからにほかなりません。これで彼女は小柳さんにつづいて村川さんも失い、この病院のなかでひとりぼっちになったのです。

9月×日

今日は西村さんたちが来てくれたのでうれしかったのですが、なんだか子どもたちに西村さんたちをとられたような気がしました。西村さん、たのみますからもういちど、私のところへ帰ってきてください。わがままのようですけどお願いします。

〈わたし〉あまりにも私的なことだったので、ここの部分は削除しようかと思ったのですが、あえてそうしなかったのは、ある重要な事柄を秘めているからでした。それは、彼女はぼくにとって、いったい何なのかという問いのなかに含まれている普遍性のことです。彼女は胎内被爆者として生まれ、脳に損傷をもつ強烈なテンカンをもつ不治の症状でした。生きようとする苛烈な意識は、激しい発作と自死の抑えがたい悶絶との生死をわかつギリギリの綱渡りの日々でした。それでは、彼女はわたしにとって何なのでしょうか。わたしたちが連帯して生きる〝核〟のようなものではないでしょうか。あらゆる〝私〟たちが凝縮して共生感をかたちつくってゆくモメント。この場合、共生感へのモメントであるためには、わたし自身が時代に対してかぎりなく求心的で、ラジカルであることを強いずにおかないのですが。つまり彼女とは、わたしたちのおかれた核時代の極限を生きるモラルの象徴です。それはあくまでも核戦争の状況に対して主体的、戦闘的に自身を突き動かしてゆくものとしてです。なぜなら彼女は「核時代」の人間の疎外と危機を生と死に引き裂かれて証し、核兵器という絶対悪に向っての人間の憎悪と怒りを告発し、わたしたちの巨大な無感覚に突き刺すメスとしてあるといえる。

この日、私は意外なことを発見しました。彼女が子供部屋へ行くことがひん繁に記されていたのですが、彼女はそこで子どもたちに食事をたべさせたり、一緒に遊んでやったり、夜には寝かせつけたりしてやっていたのだ。そのことは孤独をまぎらせるというよりか、私はあくまでも他人との関係を絶つまいとする、疎外されたものにおける連帯の魂の作業としかみることはできません。それだけではなく、人間の人間による人間のための、絶対的な平等を根元におく、人間的な共同性の発露と、強く確信できるのだ。

9月×日

今日は大学病院で診察を受ける日だから、二四日のお昼すぎまでの薬（発作を抑える）をもらって帰りました。二一日に胸に麻酔をかけて注射を胸におしこんで血をとったりしました。二四日は胃透視をしました。胸に注射を入れられても涙の一粒も出たことはありませんけれど、胃透視の時には苦しくて涙がでました。こんどは三〇日がレントゲン検査です。大学病院も入院したら痛い目ばかりしています。でも、自分の病気のためだと思って痛いのは我慢しています。

9月×日

今日からまた悲しいことがはじまりました。しばらく倒れなかったのに、また倒れだしたのです。悲しくて涙がでそうになるのをやっとこらえました。このまま治らないような気がして悲しくてなりません。

9月×日

今日もまた三回倒れました。昨日は四回ばかり倒れました。三〇日が大学病院だから、身体をふいておこうと思ったんだけれどふかれません。何回も倒れたときはテレビも見られません。

9月×日

今日はちょっとしたはずみで、看護婦さんの悪口を言ってしまいました。べつに悪気はなかったのですが、看護婦さんから言われたときは涙がでました。

9月×日

いやなことばかりつづくので、家に帰りたくてたまりません。

〈わたし〉書かれた日記はともかくも、彼女の書かれない日記は、生きてゆくかぎりつづけられてゆきます。そして、書かれない日記の中には、次のような異常な事件が横たわっているのです。

一〇本の針を飲み下して自殺しようとしたことです。それは一九六九年一月二一日のことです。幸いにも彼女は一命だけはとりとめます。病院で健康を取り戻すと、せっかく退院することができていたのに、また再びもとの精神病院に送り返されてしまいました。

針を飲み下して自殺を試みるというような悲惨な事態は、どのようにしたら彼女の脳裡に想い浮ぶのでしょうか。一体、だれが彼女に針を飲めと強いるのでしょうか。私たちでないという保障がどこにあるのでしょう？　わたしたちのたっている人間的対立と孤立の現実こそ、彼女に針を強いる世界なのである。それは資本主義とその国家による階級が歪んだ社会を形成し、搾取や収奪、抑圧や差別など暴力支配による階級性こそ、打倒すべき最も根本的な問題なのである。彼女は少し回復して精神病院から退院してから間もない四月二八日、またしても五本の針を飲み下して自殺を試みます。……針でだめだったことを知った彼女は、病室の窓から飛びおりようとさえして、自らへの拷問をつらぬこうともしました。

彼女の日記は、救いのない暗さと孤独をになって、ひたすらにみずからへの拷問を加重しつつある。それは、孤独と悲しみと苦しみをいや応なく悩みつづけることが、生きることであるように、一人の胎内被爆者の運命ずけられた人生なのでしょうか。

長崎の原爆の悲惨さが、生き埋めにされることはなんとしても阻止しなければならない。生命をギリギリのところで支えながら、彼女の日記は、被爆者が被爆者であることの苦悩と困難さと人間であることの証しを、わたしたちに鋭く突きつけているのだ。

それにもかかわらず〝被爆者との連帯〟というわたしと彼女とのささやかな試みは、なぜ、加速度的に深まってゆく断絶と慟哭を体験しなければならないのだろうか。急がねばならないというう切迫感が、わたしのなかで日ごとに大きくなってゆくのは、まだ何もできずにいるからに違いないのである。わたしが正視すべきは、彼女の死の危機が日常的なものだということである。

松田さん一家の生活

一九七〇年四月二日、原爆資料室のある国際文化会館の屋上（七階建）にわたしは独りたたずんだ。会館をとりまいて桜花のみごとな海原が展開している。だがそのあでやかな春の海面に、一つの見えない断崖がえぐられているのだ。三年前の今日、一人の被爆者が飛び降り自殺を計った。みずからの肉体と精神をもろにたたきつけたテラスの石畳こそ、生きては帰れない断崖だったのである。

夫であり父親であるものの自殺によって、絶望の底に投げ込まれた家族たち、とりわけ二歳から一一歳までの五人の子供を残された母親はどのように生きてきたか。

三年後のその日、家では五歳の信子ちゃんと小学生の春代ちゃんは、コタツに深くもぐって眠り込んでいる。五年生の信夫君と中学生になったばかりの一郎君は、一つの布団の中で、頭だけを突き出してテレビの画面に食いついている。番組はお馴じみの〝巨人の星〟である。中学三年生の幸子さんは、台所で動き回っている。母親は雨戸を締めきった縁側で背を丸くして、長女と取って来たばかりのつわの皮をむいていた。つわとは食用になる野草で、明朝、朝市にもって行って売るのだという。

わたしは見るともなしに仏壇の方へ目をやった。いつもと変わったところは何もない。命日だといっても、特別に変わった日ではないかのように。毎日、御飯を炊くたびに、仏壇には温い御飯が供えられている。そればかりではない。ちょっとしたもの、例えばスーパーマーケットで買い込んだ駄菓子なども、それぞれの口に入る前に、一度はちゃんと仏壇に供えられるのである。何をあらたまることがあろうか。仏さんは日々の中で、大切にあつかわれ、休むことなく温められている。日常性そのものの中に命日を取り込むようにして。

　あらためるものがもしあるとすれば、それは死者の命日ではなく、生きているものの日々逼迫し（月に米を六〇kgも消化するという）、困窮していく生活にむかってのたたかいの決意ではないだろうか。それはともかく、「お焼香を」などという言葉を強く拒絶する雰囲気が、厳しい三年間を生きてきた六人の共同体の無表情の中にあった。しかしこの無表情こそ、死者を特別に扱うことがないまでに、一人一人が強くなったことの証しではないだろうか。「お焼香を――」などという善意は軽卒なように思われて、言い出す機会を見い出せずに終わったばかりか、もろくも崩されてしまったことをわたしは認めないわけにはいかなかった。

一、あなた方の未来は希望に輝いています。
一、あなた方には多勢の味方がついています。
一、世界を美しく見て下さい。あなたの美しい心で。

これは、東京都内のK女子高等学校の生徒から、長崎原爆病院に入院している被爆患者に贈られてきた寄せ書きの中から拾ったものである。あどけない女学生の考えつきそうな精一杯の言葉であってみれば、そうしたものかと思わないでもない。善意のまなざしに充ちみちていることは否定できないのである。あえていえば、これでも、何もないより増しであることには少しも変わりはない。だが、あなた方の未来は希望に輝いています、あなた方には多勢の味方がついています、という言葉が心からのものだとして、一体どんな保障を与えてくれるというのか。かりに、この寄せ書きが別のところに送られてきたとしよう。例えば、父親の自殺という烈しいショックに見舞われた一人の少女が自分の未来を凝視するさめた眼に、どれほどの温もりを与えることができるだろうか。恐らく、一一歳の少女にとって、その言葉は何の意味もない空虚な呼びかけでしかあり得ないことは、「同情など止めて欲しい」の拒絶によって一目瞭然なのである。

松田市次郎、三八歳、農業、爆心地から約三キロで被爆、特別被爆者、一九六七年四月一一日自殺。

一九六七年四月下旬のある晴れた午後、西山から金比羅山へ向かう勾配の激しい坂道をわたしは登っていた。畑に囲まれたその道は、いましもまかれたばかりの人糞が黄色い臭いを漂わせているのであった。登るに従って人家はまばらになり、松田さんの家は、つるべ井戸のあるところを左に折れて、くねりねがら一五〇メートルほど行ったところにあった。心なしか線香の香が佗びしさを漂わせてわたしの臭覚をとらえる。わたしは縁側に近づいて、開け放たれたままの部屋の奥に声をかけた。「はい」と答えて薄暗い部屋から少女が出て来た。幸子といい、小学校六年生で長女だという。ひきしまった顔立ちが印象的である。座布団を出してきて「どうぞ」とわたしに勧めてくれ、自分もきちんと坐って両手をビザの上に置いた。さて、どんな用事でしょうかと、待ちうけんばかりに鮮かである。「お父さんのことを……」とわたしが切り出すと、身構える様子もなく、「それなら、お父さんの写真を持ってくる」と、いったん奥へさがってすぐ戻って来た。あくまでも、てきぱきしている。少女が持って来た写真は父親の生前のものである。死の影を感じさせない朗らかな笑い顔であるが、ぬぐいきれないひ弱さは、面立ちにはっきりと表われている。その日のことを想い出しながら、幸子さんは次のように語ってくれた。

「いつものようにわたしは学校に行っていた。夕方になっても何も知らなかった。夜になって、カメラをもって、放送局や新聞社の人が大勢押しかけて来たときも、何のことか分からなかった。

父が自殺したというのですが、とても信じられなかった。そのころ入院していたから、病院に寝ているものと疑わなかったのです。みんなが帰ってしまってしばらくしてから、テレビで父のことが放送され、やっと信じる気になったのです。でも、何をどう考えていいのかわからず、ただぼんやりしていました。」

ぼんやりするのも当然であろう。頼むべき大黒柱の逝った後の寂しさが、頼りなげな六人の家族をついばみ始めたころである。

夕食の時間になると、どこからともなく薄暗い裸電球の下に子供たちはみんな集まった。母親のトシさんは一足遅れるのが習わしである。子供を産み落すときにも、産前産後五日間しか休んだことがなかったというトシさんに、野良仕事は深くしみついているのである。夫が死んで気が動転しているからといって、特別に休めるわけではない。身体を横たえるどころか、考える暇さえも労働は与えないのである。

「病気で死んだんなら、まだアキラメもできます。でもあなた、自殺というわたしの身に憶えのない理由でしょうが……。考えてもはじまらんとですが、わたしに一言もいわんやったとが、ひどうくやしゅうしてね。まだ離縁の方がよかったろうと思うこともあります。どうにも納得のいかんことです。ある日、突然、金額の太か不渡手形を握らされたようなもんです。」

「わたしは被爆していました。夫はわたしより近いところで被爆して、特別手帳を持っていました。もともとからだは弱い人です。病院にもときどき通っていました。その前も一度、睡眠薬を飲んで自殺を計ったんです。その日は朝から仕事を休みました。『薬屋に行ってくる』と言うから、心配して『どうしたんか？』と聞くと、『心配せんでもよかけん……』と遅い朝飯を食べて家を出たのが一一時ころでした。夫が出てしまってから、わたしはひとりで畑に出たんですが、どうも落ち着きません。ひどく心がせきます。わたしはアッと想い出したんです。『どがんしたとか、このごろいっちょん眠れんバイ』。そうかと思うと、夜中の一時、二時に起き出して、畑仕事に出かけて行ったりしていたことを……。案の定、夜になって警察から連絡がきたんです。『浦上の国際文化会館で自殺を計ったが、幸い生命はとりとめて、十善会病院に入院させている』というんです。まさか睡眠薬を買うとは夢にも思いませんでした。驚いてかけつけますと、ほとんど昏睡状態でした」。

「グレた弟がいて、夫とよくケンカをしていました。遺産相続（山や畑）のことだったようです。でも、それが原因だと考えられません。山や畑の取り合いだったら、死に場所としてわざわざ原爆資料館を選ぶ必要がないじゃありませんか。家でもいいはずです。それに遺書を残して決着をつけることだってできたわけですから。

『どうして、こんなバカなことしたの？　あんた子供が可愛いくないのか』とわたしはプリプリして怒ったんです。すると『バカ！　可愛いくないことあるもんか！』と激しく怒り返すぐらいだから、わたしも一時はホッとしたんです。それから、畑仕事の合間をぬって病院に通いました。十日の日は『こんど来るとき、着替えを持ってきてくれ』といいつけられたんです。それがどうしてか、帰り際になって『子供ば頼むけん、用心して帰れ』と、いつになく優しい言葉をかけてくれたんです。回復して元気になったものと、わたしは安心して帰ったんです。ところが、一一日にまた、浦上の原爆資料館に出かけて行って……。夫の入院先の十善会病院は、大きな病院で屋上もありました。それが三キロも離れている浦上まで出かけて行ったんですよ。……二度までも。被爆した夫にとって、原爆資料館は特別なところだったんでしょう。夫の気持ちは分からないではありません。わたしも被爆していますから。でも、なぜうちあけてくれなかったのか。生きるか死ぬか、それほどまでに思い悩んでいたのに、わたしに一言の相談もなかったのが、くやしくてくやしくて……。昭和二七年に結婚して、一四年も連れ添ってきましたが、一度もたたかれたことはありませんでした。それだけに、見捨てられたような気持ちになって……。これからのこと本当にどうしていいか分かりません」と、トシさんはいかにも頼りなげである。

身心ともにうちひしがれているトシさんに、新聞の報道を見たといってつぎのような手紙が寄せられたのは、葬式から一〇日ほど後のことである。お金の同封された手紙もあった。

その中の一つ。

〈本当に私達の国日本に原爆を投下し、沢山の人々を、善良な罪のない人々を苦しめている者に対してちくしょうと思います〉

そして、また、ある奇特な夫婦の手紙は慰めと激励を長々と書きつづった後、

〈もし貴女さえよかったら、一番下の二歳の子供さんを私に育てさせて下さいませんか〉とい

うことまで添え書きされていた。

これほどまでに、他人が自分のことを考えてくれることは、トシさんの大きな驚きであり、慰めであり、励ましにもなった。精神的に完全にうちのめされていたときだけに、一度は真剣に考えてもみた。五人の子供、四〇・二アールの畑、野菜作り……トシさんの想像をはるかに上まわる生活である。いっそ、他人の厚意に甘えようか。でもと、トシさんは考える。見知らない他人が現われて、打ち砕かれた生活の一部を引き受けるという――理解の手がかりを、トシさんはまさぐった。いままでの生活体験の中に、他人に心を許す形で接触を持ったことはなかったのである。

子供を育てさせてくださいと言われても、まだ自分の頭で考えたり、決めたりできない幼い年ごろである。そういう子供の自由や意志を無視する権利がないことは、トシさんにもよく分かる。子供は夫の形見でもある。ましてて、いくら子供を育てさせてくれといっても、その人にとって、しょせん他人の子供であってみれば、その善意がどこまで続くか保証のかぎりではない。

ちなみに、子供を育てさせてください、と申し出た奇特な人は、長男を交通事故で失ってから日が浅く、その後、身ごもった子供も流産したことを打ち明けている。してみれば、事故死という不幸が、他人の不幸を切実に自分のものとして受けとめる契機となったのではあろう。しかし、子供はやったりもらったりするものではない。どんな飢餓にあっても、子供は親の元で育つ権利をもっているのだから。五人の子供をかかえた生活は、トシさんの全存在をかけた問題である。

同じように、奇特氏には子供を奪った交通事故の問題があるはずだ。かりに問題のすりかえでなかったら、たんなる同情にしかすぎないだろう。できることならお互いの悲惨さをみつめ合った上で、自己満足や利害を超えて、語り合う言葉や方法はないものか。トシさんのわだかまりはそこにあった。——トシさんは誰にも子供を渡さなかった。

二

ある日、一郎君は、わたしを睨みつけておいて「何ばしに来た?」と詰め寄る。突然訪ねたわたしを追い返そうというのである。わたしが「原爆を——」と言いかけると、すぐに揚げ足を取って「原爆がどうかしたのか」と投げつけるように返してくる。「お父さんが——」と言いかけると、容赦なく「お父さんのことでは、同情などいらんばい!」と向こう息が荒い。

またあるとき、「かっぱらいは帰れ! 腹の立つ畜生!」と、わたしに向かって続けざまに「ほんとにむかつくね!」と、小学校四年生の一郎君は、ギラギラした感情を投げつけてきた。どう取り違えたのか、わたしを市役所の役人だと思ったというのである。後で分かったことは、一郎君の家の所有する畑に、先日市役所から五入の男が来て、黙ったまま杭を打ち込んで帰り、憤慨しているところだったというのである。その後、調べた結果によると、市の都市計画の中に、市民グランド（ここへ市中のN中学校が移転する。もちろん、都市化の波に洗われてである）の移転先の候補地として上がっており、また、県は独自に明治百年祭にちなんだ記念碑の建造地として、同じ地続きになる一角に「長崎の塔」の計画を進めているというのであった。都市計画による土地買収のことを、一郎君は〝カッパライ〟と形容した。いうまでもなく、政治という上からの命令にもとつぎ、しかも都市中心の整備とその合理化であることに少しも変わりはないから、一郎君の表現はあくまでも正確である。自分の土地を守ろうとする権利意識に裏打ちされた農民の子の怒りが、たまたまわたしに向けられたわけだ。

見守る以外に何もできなかったが、わたしはときおり訪ねることをみずからに課して努めた。最初は声を掛けても振りむきもしなかった。たまに返ってくる答えは、右のように、つっぱねられたり、怒鳴られたりすることだった。そうでなければ、「何をしにくるんだろう?」という疑いの目でわたしを伺っていたようである。子供だったからである。子供だったからこそ嘘をかぎ分けるのに敏感だったのである。それから私を認めると、一度帰って来て挨拶をすると、すぐまた出かけて行ってしまった、六カ月後のことである。「もっと遊んでいって……」と懇願されるようになるには、ふりかえると実に一年かかった。二年目に入ると、遠くで友達と遊んでいても、私を認めると、仲間さえほったらかして飛ぶように駆けて来る。そして帰り仕度を始めると、「泊って行け」と、前にふさがってきかないまでになった。

それはともかく、市次郎さんの自殺の後、生活は急激に苦しくなっていった。市次郎さんが支えてきた植木による収入の道が絶えてしまったのである。残された収入の道は、野菜を作って市場に出すことである。近所の人たちが取り沙汰するように、確かに生命保険はおりたが、農協からの借入金を返済すると、一年もせずに使ってしまうほどのタカでしかなかった。民生委員の口添えで、給食費や学用品などは教育扶助によって保障されることになった。

子供の作文に、母親が登場するようになるのはこのころからである。弟の信夫君が小学二年生の夏休みの宿題に書いた生活記録――。

「ぼくのおかあさん

おかあさんは、あさはぼくたちがねているうちに、やさいを、あおぞらいちばに、うりに行きます。ぼくたちは、あさ七時におきて、きょうだいで、ごはんをたべて、がっこうにいきます。三つになる妹はひとりで家であそんでいます。ぼくはいもうとのことをおもえばお父さんが、いきていれば、お母さんと、いっしょに、いられるのにと思い、かわいそうになります。

お母さんは、あさはやくから、ばんおそくまで、しごとをしてはたらいています。

ぼくは、お父さんがいたら、お母さんに、かせいしてくれるのにとおもえば、お母さんがかわいそうになります。」

また、別の作文には、

「……そうまでさびしくないけど、やっぱりひとりたりないとちょっとさびしい。いちばんかわいそうなのがおかあさんだ」と書いた後、それぞれの任務を次のように記している。「にいさんのしごとはみずくみとはたけと、にわのそうじ。ねえさんのしごとは、はたけと、みずくみとほとけさまとちゃわんあらい。ぼくのかかりは戸のあけしめ……」。

水汲みや畑仕事が生活全体における一つの役割りとして、日常的に義務づけられたのは、それらがかっきり食うためのたたかい以外の何ものでもなかったからである。もはや自分の生き方を選ぶ自由など、贅沢なものとして、この子供たちには存在しない。働かざるものは食うべからずという諺を、将来に向かっての哲学として、子供たちが自分のものにして行くには、学校教育は、もしかしたら、毒にはなれ、薬にはならないのではないだろうか。勉強が好きになれない子供たちをよく観察すると、多くの場合、労働がのっぴきならない拘束力をもつ環境に条件づけられていることが分かる。現代の教育は、学問と労働を背反させて子供たちの素朴な意識を裂き、勉強を重要視するあまり、労働を軽蔑するような風潮を植えつけているのではないだろうか。

経済的な貧困は精神的な貧困とかかわりなくやってくるが、精神的な貧困はしばしば経済的な貧困によって生まれるものである。

六年生の姉の幸子さんが、生活保護のことを考えはじめたのも、そのような理由からであった。ある晩、弟や妹たちが寝静まったのを確かめると、おそるおそる母親に切り出してみた。「母ちゃん、生活保護受けた方がよかごとなか」。幸子さんのからだは緊張感にキュウと引きしめられていた。「お前は黙っとれ！　余計なこと心配せんでもよか」と、いつになく激しい言葉が返ってきて、幸子さんは面くらった。いままで見たこともない母親の剣幕に幸子さんは小さくもなった。母親にしてみれば、生活の心配を年端もいかない子供にまでさせている自分が不甲斐なかったのである。口惜しさと、いじらしさに、ついカッとなってしまったのだ。

その日いらい、彼女は母親に生活保護のことは口に出さないことにした。しかし、それで問題は解決されたのではないから、彼女はなおも考えていた。彼女は、近所に生活保護を受けているおばさんを想い出して、相談に行った。「おばさん、生活保護ちゅうもん受けん方がよかと?」彼女は真剣であった。母親一つ手で子供五人は無理なことを知っているからである。

「あんたね……」とおばさんは、一二歳の子供にきっぱりとさとした。「できるだけ生活保護だけは受けん方がよかよ……。」

「あそこのうちは生活保護を……」と世間がコソコソ噂するのを、彼女は知らないのではない。「しかし、それはおばさんのひがみではないのか。食えないものは食えないのだから、後めたいことなどあるもんか!」そんなふうに彼女はわたしに相談を持ちかけてきたのである。市次郎さんの自殺から、すでに一年を経過したころであった。

トシさんは、畑仕事の暇をみては、三歳の信子ちゃんを連れて、再三再四、市役所に足を運んだ。寡黙なトシさんの口添えにわたしもつき従ったのだった。

長崎市役所、保護課ケースワーカー氏の意見を要約すると、だいたい次のようになる。

第一点は、畑があるにもかかわらず、耕作していない土地があるのはどういうわけか。

第二点は、農地という活用資産があるかぎり受給の対象にはならない。つまり、農地を売れば向こう先何年間かの生活費がつくれるではないか、というのである。

官僚の答弁は、傲慢で形式的であることを常とするが、これは紛れもなくその模範回答である。

第一点。畑を耕やすことにかけて、トシさんは人後に落ちない。文字どおり、毎日、足が棒になるまで働いている。朝は日の出前から、夜は暗闇を惜しむほど、身を酷使している。夫のいない後の独り身に、激しい肉体労働はこたえるばかりではなく、たかは知れている。時間のかかるところにある畑、しかも山続きの場所にあれば、雨が降るたびに石ころが始終流れ込んで痛みやすい。そこにかかずらうなら、野菜がよくできて、耕しやすい畑に労力を注ぐことになっても不思議のないところであろう。むしろその必要がある。畑を見捨てたりしているのではけっしてない。現金収入が急がれているためである。

第二点の答は、余りにも明白である。生活保護を受けるだけのために果して畑を売り渡せるかどうか。それは労働者が職場を首になるのに等しい。農民にとって、農地が唯一の生産点であり、収入源でもあるかぎり、そういう単純な割り切り方は無暴にひとしい。かりにもせよ、農民が田畑を売るということはよくよくのことである。

政策的に弾力性があり、思いやりのある運用の仕方こそ求められるべきである。ましてや、保護課のK氏がトシさんの農地を一方的に、当世風に金に換算して「これこれの財産になる。これをすっかり消費してしまわないかぎりは、申請しても無駄だ」などと居直るなどは、飢餓を強いるにひとしく、卑劣さを通りこして残酷である。

そうでなくとも、前にもちょっとふれたが農民は都市化の波をもろにかぶっている。ときあたかも国体を控えて、長崎は歴史遺産（支配階級の）の整備と復活におおわらわであった。

つぎの文書は、財団法人長崎県開発公社理事長で、月給二七万円を税金から吸い上げる佐藤勝也県知事（一九七〇年三月まで）が差し出したものである。

「初夏の候、益々御健勝のこととお慶び申し上げます。さて、かねてからお願い申し上げておりました明治百年記念事業の一環として施行する記念塔（長崎の塔）及びその付帯施設の建設用地につきましては、その後種々検討を重ねました結果、計画を一部変更して施行することにいたしました。」

これは、別の農地が収奪されることを示すものである。いちおうトシさんの農地は危いところで難を逃れたわけであるが、トシさんの話では、「一次計画は免れたが、二次計画ではどうもならんでしょう。三次にかかってしまえば、すっぽんぽんですたい。なぜなら、すでに住宅地が予定されているんですよ」というのである。

――本当にそうなったらどうするんですか。とわたしが尋ねると、「グランドができるといいますから、そうなったら、掃除婦にでも使ってもらいましょう。わたしのように、こまかときから百姓しか知らんもんは、他になーんもしきらんでしょうが……」と笑って答えた。

三

「のんちゃんのためなら、エンヤコラ！」

トシさんのつぶやきは、メロディーになっているように思えたのである。

トシさんは、貧しくともみんなで苦労を分け合って生きる道を選んで、のんちゃんを手放さんこと、末っ子の信子ちゃんは、誰もいないガランとした部屋の中で、待ちくたびれてはがゆくてならなかった。母親の後について畑に出ることが、のんちゃんの日課になっていた。わたしが訪ねたその日は雨が降っていて、留守番をさせられるはめに陥っていたのである。暗くなって畑から帰ってきても、母親はのんちゃんを抱ぎすくめてやることはできない。明朝、朝市へ売りに出す野菜の整理をして仕度をしておかなければならない。商品の手入れはおろそかにはできない。手の泥を洗い落すのはその後である。節くれだった黒い手が延びて、のんちゃんにおいでをいうのはいつも八時ころである。

「のんちゃんのためならエンヤコラ！」

母親の陽焼けした顔にほおずりして、のんちゃんは、母親の愛情をむさぼる。母親は軽くあやすようにしながら、くり返しくり返し唱う。信子ちゃんが眠りにつくまで歌はやまらない。それは、信子ちゃんに対する子守歌であり、同時に自分を鞭打っている仕事の歌のようであった。

母親との連帯の中で、子供たちがどのように成長してきたか。あるとき、つぎのような遊びをしていた。そのとき、母親と末っ子の信子ちゃんは畑に出ていた。兄弟姉妹四人と他に友達が三人遊びにきていて、合わせて七人。部屋の中で、いましも〝学校遊び〟が始まろうとしていた。幸子さんと一郎君は加わらずに、横でマンガに夢中である。寺小屋式に生徒が四人、幸子さんの同級生の和子さんが先生となって対坐している。教科書はそれぞれ異なるが、構わないのであろう。たまたま言葉のしりとりを始めたときのことである。「さあいいですか」と先生が促すと、四人の生徒が緊張した面持ちで注目する。「いいですね。ユリ、さあなんでしょうか。」ところが、マンガに夢中だったはずの一郎君が、ユリの後を受けてすばやく「リシ！」と横から口をはさんだ。いうまでもなく金利のことである。続いて「農協で金を借りると利子が高いので、借ろうごとなか」とは、わたしに向かって言った言葉である。すると幸子さんも負けずに、「本当に高かとやもんね」と口を合わせた。

「農協で金を借りて暮らせ。そうでなかったら、いっそ畑を売って、裸になったら労働の意欲が湧いてくる」と言い放った生活保護課のケースワーカー氏の言葉は、子供たちに早くも現実がどんなものかをはっきりさせてしまったのである。返済のあてのない金をどうして借りられよう、そのことも子供たちには分かっていた。いや、すでに、働かざるもの食うべからずという哲学は、生活の知恵として日常に結びついていた。

五人の兄弟姉妹は、みずからの欲望の追求に対しては、仮借なかった。

一本の羊かんがあるとしよう。五等分に切っていくにしても、正確に計って切るわけではない。同じように分けたようでも、その中に必ず厚いのと薄いのとができる。作文にもあるように「……さんはこすい。じぶんが大きいのを食べたいからすぐとる……。」そこでつかみ合いが始まる。ケンカが始まるのはきまってこのような飢えた生活の内部からであった。

貧しさは幸子さんにとってどのようなものであったか。六年生のときのことを回想しながら、彼女があれこれ語ったことをつなぎ合わせると、つぎのようになる。

小学校卒業を控えて、彼女の学級は記念文集を作製することになった。在学六年間の想い出を記録するとともに、あわせて「将来の夢」のアンケートが、企画として編集方針の中にもられた。彼女は六年間の想い出を、自分がいかに理由もなくいじめられ、苦しい日々を耐えてきたかをつづった。そして「将来の夢」のアンケートに、彼女はためらわずに「お手伝い」と書いて提出した。文集ができ上がると、すぐ反響は返ってきた。アンケートの答に向けて、級友たちがいっせいに矢を放ってきたのである。

「あんた夢のなかね」
「やーい、お手伝い」

などと、罵詈雑言を浴びせてきた。「大学の先生」「作家」「スチュワーデス」「デザイナー」「医師」などの華やかな夢に比較して、彼女の「お手伝い」がひときわめだったからである。

級友たちの罵詈雑言はともかくも、彼女自身は悪びれもせず、惨めなところは少しもなかった。

「お母さんが、あんたは高校にやれんから、お手伝いがよかと言っているし、わたしもそう思っています」と、彼女は平然と朗らかにいってのけた。

「父ちゃんはね、うちたちのために死んでくれたとよ。うちたちが生活に困っていたから、自分が死ねば、生活保護や生命保険がおりて、少しは楽になる。そう思って、うちたちのために死んでくれたとよ。」これは母親が、子供たちに向かって父親の死を説明する言葉である。自殺という敗北、裏切りとさえ考えられる行為に対して、それは痛苦に満ちた、だが何と優しい受け取りようであろう。死んだものをこれほど美しく蘇らせるまっとうさと力強さに驚かされる。不幸に対する母親の生命力の強さと激しさであろうか。絶望がどれほど深くても、母親は憎しみを内側へとねじ伏せてきた。あるいはこうもいえる。困難を友とすることにおいて、彼女の底深さは、一人の母親としてどんな苦労も生きる糧にしてしまうのだ。

「父ちゃんはね、負けたんではない……」と母親が執拗に言うと、「だけど……」と子供たちが反撥しようとする。幸子さんは中学二年、一郎君は六年、信夫君は四年、春代ちゃんは二年、信子ちゃんは四歳になっていた。「それはうそだ。僕たちのために死んでくれたというなら、どうして僕たちのために生きることはできなかったのか」と、父親の生き死にの根本のところまで、幼い批判を近づけようとする。生命保険も、生活保護も、教育扶助も何も欲しくはない。自殺なんかしないで、みんなで力を合わせて生きるのが本当なんだということを別の言葉で言った。

信夫君の作文「五人の子供をかかえて、よくここまで育ててきたなあと思った。でも、お父さんはなぜ死んだか。おかあさんが、あまりにもかわいそうじゃないの……。」

四

「アメリカは、いっちょ好かん！」と幸子さんが言ったのはアポロ11号が打ち上げられた翌日のことである。「アポロが打ち上げられた七月一八日はどんな日か知っとる？　一九四五年の同じ日は、ニューメキシコで原爆の実験が成功した日なんよ。……今日、学校で習ったばかり、アッハッハ」と、朗らかに笑って、手にもっている西瓜にかぶりついた。「月なんかどうでもいいや。わたしたちにはぜんぜん関係ない。金持ちが遊びよるようなものたい。黒人は、打ち上げに反対してデモしたというが、あれだけの金ば黒人に使われんやろうか」と幸子さんが言うと、横で一郎君が、「ビアフラの餓死ば、どうかならんやろうか。一日に何万人っちゃ死んどるんよ。ぼくの家も貧乏だけど、くらべもんにならんほど、ひどかもん」と負けないように口をはさむ。この姉弟の心に、ひしひしと黒人や餓死者のうめき声が聞こえるのであろうか。

「兄ちゃん、カタキをとろうで、やられたもん」と一郎君が言った。一九六九年のお盆、墓参りに従ったときのことである。狭い墓地を、六人の家族がそろって取り囲んでいる。「花火だよ」

と、いぶかっているわたしをせきたてる。隣の墓の友だちに先手を取られていたらしい。これが線香、これが爆弾、これが鬼火と名前をあげながら、「どれがいい」とわたしに好みを求めてきた。一郎君ならどれにする?」とわたしが尋ね返すと、即座に「バクダン!」と答えた。

一郎君は「日本は原爆を落される前になぜ戦争をやめなかったのだろうか。そのために何万人という人が死んでいる……」と作文に書いたことがある。続けて「父が死んだときは、どんなに悲しかったか分からない。やはり父も原爆被爆者だった。原爆なんか落とさなければ、あんなにならなくてもすんだと思う。ぼくたちは原爆のことをかるく思っているが、それは口では表わせないとてもひどいものだと、ぼくは思っている。」

トシさんが被爆したのは「結婚していないころで、まだ一七歳でした。あのときは田んぼの草をとっていましたが、田の水が生ぬるくなるほど暑い日でした。わたしはB29の爆音を聞きつけたので、急いで林の中に逃げ込みました。するとピカッと光って樹木がいっせいに倒れるときのように、キューッと鳴りました。そして、わたしの頭上でドーンと爆発したのです…。」

トシさんは、始終めまいを起こしたり、過労で倒れそうになったりすることもあるという。余り苦しいときには、横になって少し休むことはあるが、ほとんど診察はおろか、治療にさえ行ったことはないとも言う。病院に行く暇がないからであろうか……みずからの「被爆者」を畑まで引きずって行き、仕事に没頭している姿は、トシさんの生活を知るものなら誰でも馴じみのある姿である。それは、さながら、トシさんの振り上げる鍬によって原爆がねじ伏せられるといった光景である。「これより下はなかですけん、もう落っちゃけるところもなかでしょう」とふてぶてしい。しかしわたしには「自分が働かないで、何が被爆者の問題か。階級を抜きにして原爆を語ると足をとられる。市長の諸谷さんだって、夏になるときまったように『わたしも被爆者です』と言うではないか」と聞えるのである。

トシさんは、「助けてくれ」とも言わないと同時に、他人に向かって決して同情もしない。被爆者を甘えさせてはならない。例えば――

「あなたがたは桜島を知っていますか。桜島といえば爆発を想い出すでしょう。長崎といえば原子爆弾、それにオランダ船を想い出します。桜島は、観光客にはひじょうに喜ばれます。桜島がいつも、ドカーンといって煙を吐いてみんなをびっくりさせるからです。

しかし、私のうちでは、農業ひとすじに、父や母は、『子供のために一生をささげる』といって、いつも一生懸命はたらいていらっしゃいます。しかし、火山灰のため、農作物はあまりとれません。この前の台風のときも相当な被害を受けました。私と同クラスの友達のおとうさんは家のしたじきになってなくなられました。私たちは自然を相手、あなたがたは病気。でも皆さんは、けっして病気に負けないでください。不幸なのは、自分たちだけじゃないんだ、といつも心に言いきかせてください。」（吉原充氏・東桜島中学二年「原爆病院慰問文集」一九六五年五月一〇日）相手だけでなく自分も甘えさせない、この仮借のない厳しさの中には、安直なコミュニケートをこえて力強い連帯の萌芽が横たわっている。

その年（一九六九）学校が冬休みに入ったのは一二月二四日である。しかし、一郎君にくつろぐ暇はなかった。明日からは休みになり、その夜はクリスマス・イブでもあったが、九時前には、六人の家族はもう布団にもぐり込んですでに就寝していた。もちろんクリスマス・ケーキなどとは無縁であった。といっても、早く寝たのはそのことと関係ない。明朝、朝市に野菜を売りに行く予定になっているからである。三キロの道をになって行くには、五時に起きねばならなかった。一郎君にとって冬休みの最初の一日は、母親を助けて朝市に出ることから始まったのである。その朝にかぎって、いつもより高値で売れたと、一郎君が後で話してくれた。

幸子さんも、その冬休み、初めてのアルバイトをして、終わった後、つぎのような詩を書いた。

アルバイト

わたしは中学二年生
はじめてのアルバイト
たのしいはずのアルバイト
それがわたしにはつまらないアルバイトになった
友達とのけんかもアルバイトがきっかけになり
同級生のA子さんはわずか一時間位で怒って帰ってしまった……

九時間三十分の労働時間に休けいが一時間
約束のお金も初めより大分少ない
八百円のはずが五百円になり
夢みた五千六百円が三千五百円になっていた
わたしは大人の口ぐるまにのせられたのだ
もうこんなアルバイトはこりごりだ。

年があらたまって、一郎君は中学に進学した。幸子さんは中学三年生に進級し、信夫君は小学四年、春代ちゃんは三年、信子ちゃんは五歳、そしてトシさんは四二歳になった。

新学期が始まったある日、わたしはトシさんが言った言葉を想い出していた。

「どうにでもしてくれまっせ！　なるようになるじゃろう……。」このしごく当たり前のことを、みずからに納得させるためには、三年近くかけなければならなかった。しかし、この言葉は、やけくそや諦らめの言葉などでは少しもない。むしろトシさんが堂々としてきたことの証拠として、「さあ、イジメるならやってみろ！」というねばっこい意志と、積極的な戦闘決意を表現したものである。……いつの間にかトシさんは、自分からいどみかかることのできる力を獲得していたのである。

エンタープライズの入港と被爆者

長崎の一年は、八月に始まって八月に終わる。そしていま、わたしたちは被爆三三回目の新しい出発をむかえている。

「原爆以来、浦上地帯はいつ果てるともしれない一大火葬場に化しているのだ。救援作業に動員された人たちと出逢った。市の衛生課のゴミ取り車を四、五台曳いている。大八車に箱を取りつけた汚ない車だ。彼らは黙々と車を曳いて、私に近づいて来る。死体を見つけると、犬か猫の死骸でも放るように、車の中にポンポンと投げ入れる。横ざまにゴミ箱に落ちるのもある。くるりと空中で廻転し、髪を逆立て、手足を思いきりひらいて落ちていくのもある。身内のものが見たら、あんまりむごたらしいと泣くだろう。そして、そんな作業をしている人間が、鬼のように見えるに違いない。原爆を受けて以来、人間が人間でなくなっているような気がする」

これは、被爆者福田スマ子さんが心魂をこめて書き綴った手記『われなお生きてあり』からの引用である。ここには、二三年前の地獄絵図の断面が切りとられている。人間が人間であることのできない極限の状況がそこにはあったのだ。戦後の目ざましい復興は、少なくとも、空間における崩壊をよみがえらせたが、被爆者の内部の崩壊までよみがえらすまでにはいたらなかったといえる。

それどころか〝核アレルギー解消〟などという形で、被爆者や非被爆者の〝核〟に対する生理的メカニズムを政治権力によって破壊しようとする。だからこそ、そういう不合理な操作に抗して、故峠三吉氏とともに叫ばなければならない。

いまでもおそくない
あなたのほんとうの力をふるい起すのはおそくはない
あの日、網膜を灼く閃光につらぬかれた心の傷手から
したたりやまぬ涙をあなたがもつなら
いまもその裂目から、どくどく戦争を呪う血膿をしたたらせる
ひろしまの体臭をあなたがもつなら

そして、その行動こそ、エンタープライズ入港の時点において、権力そのものであるジュラルミンの楯を越えて、あくまでも権力の権化である〝核兵器〟の存在を拒否してゆくことではなかったかと、わたしには思えた。その行く手に国家権力の壁が強固に立ちはだかり、わたしたちは好むと好まざるとにかかわらず極限の状況に立たされた。すなわち、佐世保橋において、私たちの被爆体験が国家権力と対決し、権力を越える思想として、巨大な大衆運動として問われたの

である。

一九六八年は、いくつかの歴史的なたたかいを積み重ねてきた、反体制の主体であるわたしたち民衆にとっては画期的な年である。すなわち、昨年一〇月の佐藤首相の南ベトナム訪問を阻止するための羽田闘争を受けて、エンタープライズ入港阻止の佐世保闘争、成田の新国際空港建設反対行動、王子の野戦病院の抗議行動、九大構内のジェット機墜落事故による板付基地撤去への行動など、一連の反権力闘争をさらに前進させる延長線に二三年目の夏があるということを認識しておく必要がある。

「核兵器全体の思想的な含意が意外とはっきりされていないし、情勢の進展に従ってそれを深めていく姿勢がいちじるしく弱い。その結果、たび重なる大きい集会を持ちながらも運動が形骸化する危険性をはらみ、組織も硬直化しつつあるし、原水禁運動の役割もあいまいになりつつあるのではないか」(『世界』四三年五月号「原水禁運動の思想性」安部一成)にみられる、はっきり顕在化してきた今日の危機感は、反動の側にとりこまれ、思想や運動としての原水爆禁止運動の形骸化が現実のものになってきていることを証明している。したがって、一連の反権力への蜂起的大衆闘争を八月に集約していって、被爆体験を再編成し、新しい出発点を構築しなければならないところへきている。

昭和二〇年を起点にして、ことし二三年目の夏、まだ病床に横たわったままの被爆者の日常を見ることからわたしの報告をはじめたい。

昭和三三年から長崎原爆病院開設以来の歴史と同じ一〇年の闘病生活をもち、退院の見込みのたたない七〇歳のOさんに会った。二〇〇c.c.の栄養剤を点滴によって注射している最中であった。痩せこけた青白い顔を、ベッドに身を横たえたままポツリと言った。「二〇〇c.c.毎日やっているんですよ。五〇〇c.c.じゃ時間がかかって身体がもたないのです……。このまま死ぬんでしょうか」という声には暗さがなかった。心の準備はできているのだろうか。「誰かが引き出さないかぎり、私としては黙っている」としばらく間をおいてからつぶやいた。「もしたずねられたら、私としては、エン・プラの入港は絶対反対です、と答える。しかし積極的に反対の意思を表明できない。はっきりした声を出すと目に見えない圧力が……」

あなた個人がそう思っているだけではないのですか、とわたしは疑念をさしはさんだ。「いいえ、そんなことはない。現にここの院長は穏健でことなかれ主義、はっきりいって体制側でしょう。ですから、何かはっきり意思表示をしよう、何か行動をしよう、としてもそれができない状況にあるんです。私たちはそれに逆らうことはできない。なぜなら、寝たきりで生活能力のない私たちにそんな資格はない。病院に助けられているんですから、私はわがままをいったことはない」

と、わがままをいわないことが唯一のとりえでもあるかのように、自分の話にピリオドをうつとき、Oさんのなかにある国家に対する権利意識の真すぐな想いを馳せながらも、わたしはわがまま難題を振りかけて、ついに退院させられるはめにおちいったもう一人の被爆者のことを想い出していた。

病院への面あてかどうか分からないが、原爆病院から一〇〇メートルとへだたらない開業医院に移ったNさんである。

「ひところ、下痢がよくつづいたのです。信じられないかもわかりませんが、一時間に五回から七回ぐらい、五時間以上にもわたって二、三日連続しました。寒いときでしたからいちいち便所まで行くのがとても苦痛でした。看護婦は、便器を病室にもって入れといってくれましたが、同室の他の患者にも、衛生上からも私にはできないことでした。私は、個室に移してくれるよう要求したのです。ここには個室がないから、病院としては困ったでしょう。そんなことにおかまいなく、私はガンとしていいはったのです。」

病院のなかで、患者におけるもろもろの欲求や要求が組織されないところに問題がありはしないか。そして、病院というまぎれもない体制に抵抗するには、個々の被爆者があまりにもバラバラでありすぎるのではないか、という疑問がわたしをとらえた。

別の被爆者、九年の闘病歴をもつ六九歳のIさんは、わたしの疑問の正統性を裏付けてくれた。

「さしせまった問題があるんです。面会室がないのです。安静時間があるため面会時間がきめられていて、遠方から来た人の場合、どうしても乗り物の都合で、面会時間に合わせることはできない。つまり、病室が使えないため、面会室が必要なんです。一時、ここの病室がそうだったんですが、ごらんのようにとりあげられてしまった。現在は、階段の昇降口にツイタテを置き、一脚の机とベンチを置いたところが面会場なんです。ところが、いまそこは工事中にもかかわらず、そこが面会場ということになっているんです。一人でそのことを訴えにいっても聞いてくれるはずはないし、浮きあがってしまう。そこで、協力を求めるのだが誰も応じてくれない。ことを荒だてて睨まれるよりか、黙っていて好かれるほうが得になるからね」。

面会場のことなどは、病院にいないものから見ればごく些細なこととして映るかもしれないが、患者にとっては日常生活の大きな部分としてあるのだ。

「私たちには、ドクターや看護婦さんにいえない悩みがあるんです。でも、そういう悩みをうち明けても、相談にのってくれそうにない。私たちの希望や要求を伝えてくれるどころか、逆に病院の要求をケースワーカーがこちらに押し付けてくる」。

ここには患者の組織はあったが四年まえに解散してしまって、いまはない。会長選挙のときの争いがもとで、病院側が仲介に入ってケリがつき、その後はいっさいを医療社会事業部に委任したというのである。すると医療社会事業部は、便宜的に〝世話人会〟を作って、おとなしい人で固めたという。もちろんヘゲモニーはケースワーカーに握られているので、患者と病院のあいだのパイプの機能さえもはたすわけはない。たとえば、修学旅行団などが慰問品を届けてくる場合、外面的な形式をつくろうため、患者代表として受けとりのにわか主体になり、それを医療社会事業部にもどす。役割りとしてはそれだけである。この〝世話人会〟が患者の訴えを聞くことはまずありえない、とはIさんの分析である。

問題は病院と患者の中間で、あくまでも自立していなければならないケースワーカーが、病院の業務の属性に組み込まれているところにある。ケースワーカーの主体が、病院の体制と癒着しているのである。そこから当然、病院におけるアウトサイダーが形成されてくる。Iさんは典型的にそういう被爆者の一人である。

「患者会の名前だけでも残しておれば、それを楯に、病院側と交渉することが容易になるんですが、とにもかくにも交渉する何らかの組織が欲しい」という述懐は、怨念と怒りの入りまじったやるせない感情であるに違いない。そして、このやるせない感情は、既存組織への激しい痛罵であることも否定できない事実であるだろう。いまではどの団体や組織も、被爆者のうずくまった声に耳を傾けないことを日常の習わしにしてしまって久しいからである。被爆者が組織を避け、みずからの呻きを内向させ、外部の世界と孤絶することは、むしろ彼らに残された最後の権利であるといわねばならない。

しかし、被爆者の冷たい穴ぼこにも、そこから引き出さずにおかない衝撃の波が襲ってきたというのが〝動く核基地〟アメリカのエンタープライズ原子力航空母艦の佐世保入港ではなかっただろうか。エン・プラは核兵器を搭載して、いつでも戦争状態にはいれるのだ。もし被爆者が生きて覚めているかぎり（眠っていればいるほど、ということもいえるだろう）、彼らの日常を徹底的に揺さぶらずにはおかなかっただろう。エン・プラの入港についての反対の意志は、すべての被爆者に共通してあったが、それに向かって自分がどう表現＝意志表示し、対処してゆくかについては、いろいろであった。

入院してまだ一カ月しかたたない、というタクシーの運転手をしているMさんが、「そりゃ、関心がありましたね」とぐいと身をのりだしてきた。

「一六日が徹夜でしたから、一七日はちょうどあがり（休み）でした。自家用車で乗りつけましてね。長崎を一〇時に発って佐世保へは一一時半ごろ着いた。ベトナムだってマスコミを通して知るしかないので、ほんとうのところはどうなのかしれたものじゃないと、私は自分が腹だたしくてしようがなかった。だが、佐世保は目と鼻の短い距離だ。新聞やテレビを通すんじゃない。この目でしかっと見れる。畜生、見てやろう！　という気概のようなものがあった。私がこの目で見るんだから、もし警察や政府、それにマスコミがまちがったことをいったら、個人として私が発言できる。正直、感激のようなものがあった。私は見た。機動隊の過剰警備ははっきりしていた。彼らは感情で動いていた。逃げてゆく人まで追っかけてなぐっていた。学生が一番やられるところをちゃんと見た。ひどかった。おれはくやしかった……。学生だったら、もちろん全学連のなかでたたかっていただろうね。」

Mさんのように全学連に肩入れして、「エン・プラ入港反対」を率直に述べる被爆者は多くなかった。自信ありげにいうMさんにも、同じ病室で、日本共産党員であることをかくさないHさんは、自民党の入港に積極的賛成派の一人である。とくに暴力は民衆が使うべきではない。

「あなたが暴力だというならいいでしょう。しかし、暴力に訴えずにおれなかった状況があなたは本当に理解しているのか」と、さきほどから黙って聞いていた向かい側のベッドのIさんが、震える声で口を開いた。わたしはIさんの眼が心もち充血しているのを見た。IさんはMさんの弁説に応酬をはじめた。

「学生が実力でぶっつかって行かなければならない、いまは追いつめられた状況なんです。あなたも知ってのとおり、陳情や請願ではどうにもならない政治疎外の状況にある。もっと別に手段はなかったのかということであれば、私も考えなくはないが、あの場合、やっぱりあれ以外に手段はなかったと私は結論している。どうしてかというと、政府はいま、問題という問題をひた隠しにして、私たち民衆の目から覆おうとしている。佐世保の放射能汚染にしてからがそうじゃないですか。そのこと自体が政治における暴力だというのが私の信念です。それを明るみに引き出すにはやはり実力以外に方法はない」。

「でも、あれは絶対に学生本来の任務を忘れた、学生のいきすぎであり、それにあれは、ほんの一部の学生のやった行動であった」。

「しかし、私たちが自分の自由や幸福を掴むには、つまり直接政治に参加するには、実力をもってする以外にない。自然、反体制的にならざるをえない。学生のやったことは、私たちの身近な問題になおしていえば、課長に辞表をたたきつけることではないかという気がする。なによりも私は、学生の行動に被爆体験が肉体的に継承され、生かされているということであくまでも支持したい」。

それはIさんが、九年間考えぬいてきたことの到達点であり、エンタープライズ・プラの入港によって、自覚的につくられていった主体の表明にちがいなかった。

ところが、Iさんの主張と真っ向から対立する意見が、別の被爆者の中にある。それは、今日の被爆体験の多様性と混沌の一端をのぞかせている。

「デモに参加する学生の気持ちは理解しているが、佐世保に行くべきかどうかを聞かれれば、行くべきでないと答える。現在、政府の考えがどこにあるか。佐世保で何が用意されているかを考えてほしい。そのワナに飛び込むのは愚かなことだ。あらしには体をかわし、もっと射程距離を長くして平和への努力をすべきだ」（『世界』四三年三月号「青年と広島」広島大学、今掘誠二教授の発言）。

「あらしのときだけ突っ込んでいくのではダメだ。平和はヘルメットとコン棒とレンガだけではこない。平和に近づくにはいろいろな方法があることを知ろう」（同、ケロイドと取り組んできた原田東眠外科医）。

しかし、それは体制の論理を鍛えこそすれ、それを突き崩すどんな力にもなりえない。もし、受動的に平和を待っていたら、とんでもない事態が引き起こされない保障はない。それをかいま見せてくれたのが、佐世保の放射能汚染問題であり、九大構内へのジェット機墜落事故である。

それは見えない非常事を明確にもわたしたちに映像化してくれた。死に見つめられている危機の現実は、実はわたしたちのもっとも慣れ親しんでいる日常だったのである。

ところで、そういう市民運動の高まりに、被爆者の多くが呼応できず、むしろ後退しているのは、現状維持の擬制的安定の確保や、病気や老齢化のほかに、貧困の問題があることを見落とすことはできないだろう。強いていうなら、それらが被爆者を行動へ立ち上がれないよう阻んでいる特殊な条件であろうか。

たとえば、Vさんの場合である。彼女の夫は、昨年の四月、原爆資料室のある国際文化会館の七階の屋上から飛び降り自殺をした。

彼女の手には、六歳から一二歳までの五人の子どもが残された。植木の栽培で現金収入を確保していた夫の死後、万一の場合にと掛けていた保険金がおりて、この一年間はどうにか食いつないできた。しかし、残りの金が底をついてきた現在、先の見通しは暗い。おまけに、都市化のために、生活の糧をつむぎ出す唯一の農地から追われる瀬戸ぎわにいまある。けっして広くはない農地、四〇・五アールのうち四分の三ほどが、四三年度長崎市都市計画の用地買収圏内に入り、測量の杭が打ち込まれはじめたのである。

彼女は、一六歳のとき、爆心地から約三キロにあたる長崎市本河内で被爆した。その日、田の草をとりながらB29の爆音を聞いて、林の中に逃げ込み、そこでピカの炸裂を見たという。しかし、昭和三二年「原爆医療法」が施行されてから一一年間、彼女は原爆手帳を申請しなかった。

理由は簡単である。被爆の瞬間の後、自分の被爆場所から離れたものは（昭和二七年、彼女は結婚によって転居した）、自分が被爆者であることを認めさせる資格を自動的に失うと、ひとりできめこんでしまっていたためだ。もっとも、過去に大きな病気をしなかったことも、その理由に入るだろうが、それ以上に、彼女の戦後の生活のなかには、そういう余裕さえもなかったというべきではないだろうか。

二三年間、彼女はいわゆる厚生省令にもとづく被爆者であったことはなかったのだ。さいきんとみに身体が弱くなったということだったし、証人もちゃんといるということだったので「被爆者手帳を申請されたらいかがですか。そのほうが今後のために何かと便利ですよ」と、わたしは彼女の気持ちをうながしてみた。

しかし、そういう言葉の裏に、わたしには被爆者になったところで何が救われるのかという、黒い疑念の塊があった。といっても、援護がいらないということを指しているのではない。少数とはいえ、胎内被爆者や小頭症には早急に援護の手を差し延べる必要があるし、全般的には被爆者が老齢化してきて、母子家庭や原爆孤老などに見られるように、せつに援護を必要としている被爆者がいることを知らないのでもない。現状では実に、彼女が被爆者になったところで、年二回の定期検診と本人の希望により、年二回の随時健康診断が無料で受けられ、精密検査を要する場合、交通費として実費が支払われるだけの恩恵を受けるだけである。

いわゆる「医療と貧困」の悪循環から被爆者が全面的に解放されるには、四三年一〇月から改正実施される「被爆者特別措置法」をもってしても、まことに困難なのである。つまり、十分な医療や生活援護を完遂するには、たとえば防衛費への大幅な予算の組み方からして、いまの体制のもとではもともと無理なのである。

たとえば「被爆者特別措置法」の実施によって、からくも一万円支給の生活援護の枠のなかに組み込まれて、ようやく一条の光を獲得することができるという七〇歳の被爆者Oさんは、そのためには、一〇年間ひたすらに病床に横たわり、立ち直れるみこみのない蝕まれた肉体をもってしなければならなかった。

「とても自信がないが、どんなことをしても一〇月までは生きていたい。せめて一回だけでもいいからもらってみたい欲のためです。一日々々身体が弱っていっていますから、どうやってもちこたえていくか。毎日々々そのことばかり考えて生きています」。

物静かな言葉を聞いていて、Oさんの苦悩と忍耐の代償に見合うだけの救済としてそれはあるのだろうかと、正直いってわたしは、気の遠くなる想いを避けられなかった。Oさんにとっては、生きていてよかったといえる二三年目の夏なのかどうか――。

「昭和三九年の秋でした。テレビで次のような呼びかけが発せられたのです。〝被爆者の皆さん、手帳をもっている人ももっていない人も、受診に来るように〟と。指定医療機関は帯広の厚生病院でした。私はとてもうれしかった。手帳をもっていませんでしたが、私は行きました。さいわいそこで、偶然にも、長崎で同じ女子挺身隊でいっしょだった人に会い、証人になってもらって、その場で手帳を受けました」。

と語るKさんは、女子挺身隊として、一八歳のときに長崎の三菱造船所で被爆。昭和二七年に結婚のため北海道へ渡り、北海道へ渡って三年目の二八歳のとき夫に死別したが、その後再婚して現在三人の子どもがある。

「手帳を受けるまでは、栄養剤などの購入のため出費がかさみ、夫はもちろん私が働いてさえも生活が楽ではありませんでした。手帳をもらってからはそのほうはいくぶん楽になったのですが、おそれていたことが、いよいよ現実の問題になりました。私が被爆者だとわかって、夫の家族が急に態度を変えはじめたのです。啓蒙の行き届いていない北海道などでは、被爆者→原爆病→伝染病と考えられてもむりはなかったのでしょう。原爆病だ、原爆病だと、まるで伝染病患者あつかいです。姑はただちに、食器類などいっさいの差別をはじめました。他人ならともかくも、家族のものの差別はとても苦痛でした。でも夫が私に理解がありましたから別居しました」。

四二年一二月、援護法制定の国会請願のおりに、長崎から来られた人に病気の相談をしたら、それなら長崎へ来て治療しなさいということで、長崎原爆病院に入院して今日にいたった。

昭和三〇年六月からパタッと生理が止まったきりだという。

彼女の場合は、被爆体験によって強要された人間としての不当な差別や、女性としての肉体的損傷（屈辱でもある）を具体的に「北海道被爆者団体協議会理事」「十勝地区被爆者団体協議会事務局長」などの仕事を通して解決してゆこうとしている。親身に他の被爆者の相談にのり、病気や生活の苦しみを分かち合って生きてゆこうとしているのである。それこそが、自分の被差別の体験から生まれた被爆体験の思想化の作業なのだ。彼女にとってのもう一つの仕事、――人目を忍んで懇談会や集会につとめて出るようにしているのは、あくまでも被爆体験を訴えることで、「いつも受身でずるずる引きずられて来てしまった」(栗原貞子「問い」)民衆の権力に対する受動性を変革しようとしているからなのだ。

それではいったい、被爆者と非被爆者の連帯はどのようにして可能だろうか。それは言葉の正確な意味において、可能性としてしかありえないように思われる。なぜなら、非被爆者が、被爆者という他人の極限の苦悩を共有することも、ましてや追体験することも不可能だからである。つぎのような、被爆者における苛酷な現実の前においても、わたしたちは黙ってみすごす以外にどんな術も持たないのだから……。

ことし二二歳になるTさんは、胎児のときに被爆した。生まれてくるとテンカン症であった。テンカンというのは概して蔑視と偏見、差別によってイジメられる病状である。遺伝らしきものは血縁にはみあたらない。母親は世間の〝白い眼〟がおそろしくて、他人の前に自分をさらす勇気がない。先天的であるところから、原爆ではないかと疑いはじめたが、医学的に証明されていないから、なんともいえない。証明されていないこと自体、戦後は終わっていないということだし、戦争責任・戦後責任の問題にも直結しているのであるが、母親(と私たち)は、戦後思想のうえでもっとも固執すべきところを曖昧にしたまま、精神病院に処理してしまった。それから三年と有余、発育はとまり、精神病院の閉鎖的な世界に彼女の意識も同化されてゆきつつある。つまり、彼女も精神障害者の意識と生活にとらわれつつあるのだ。

「原爆が原因であることが証明されたら」という母親の祈るような願いを、ほんとうにどうしたらいいだろうか。そのことは、原爆が原因であることが証明されたらどんなに救われるかを意味しているのではなく、逆に、原爆被爆者であることさえも証明されない人間的悲惨が、現実に生きているのだ。そのうえ、テンカンの原因の追求に賭けた被爆者の母と子の遍歴が、原水禁運動の内側にではなく、外側にあったことを、ここにいたってわたしたちははじめて知るのだ。

もしかして被爆者の問題は、組織とはかかわりのないところに投げかけられているのではないだろうか。すなわち、組織や運動から切断されて、陰湿な穴ぼこにうずくまっているのではないだろうか。

それはおそらく、つぎのような詩を発想させた情念の内面とどこかで結びついているにちがいないと思う。追いつめられた意識がそこにあったらばこそ、状況に対してもっとも鋭い行動の形態を造型することができたのだ。戦後一貫してみずからも被爆の悲惨を告発することを鋭く表現している。詩を書きながら被爆体験の意味づけをおこなっている広島の詩人栗原貞子さんは、今日ベトナムを媒介にして、被爆体験を反権力の思想と運動に高めるところまで、自己変革をなしとげて〝人間〟をとりもどそうとしている。

ジュラルミンの楯に向かうとき

若ものたちは
はげしい痛覚に怒りを噴射させ
蟻地獄のようにバリケードに向かって突進する
にがい塩水を頭から放水され
催涙ガスが四方にたちこめるとき
ギラギラ光る憎悪に
叩き割られた頭の痛みより
もっとはげしい痛覚が
熱線となって内部を焼いている
（中略）
割られた頭をかかえながら
折られた足をひきながら
隕石のようにはげしく石を降らせ
ジュラルミンの楯に向かって突進するとき
わかものたちの体のなかに

ヒロシマの熱線が
はげしい痛覚となって燃えている

〝核兵器〟と次の世界戦争への危機の突破を――権力に向かってゲバルトする若ものたちは、被爆者意識を自からの内面に再生し、そしてまた行動する被爆体験を実存的に創造してゆこうとする契機を照らしている。そしてジュラルミンの楯とは権力の象徴にほかならない。行動する詩人は、被爆者が生きる希望を全学連の行動に見出し、引き受けようとしており、ジュラルミンの暴力を告発してやまないのだ。

詩人につづいて、いま一人の被爆者のエン・プラ闘争への共感の深さを紹介しておきたい。昭和三八年ころからは入院したり、通院したりの病院生活を続けている七〇歳になるもう一人の被爆者K氏にとって、自分で作成したチラシにストレートに「苦しむ被爆者の気持こそ全学連の気持ちだ」と全学連支持を表明した。長崎原爆被災者団体協議会に属し、そこから選出された原水協の理事であるために、組織的には認められない発言である。それにもかかわらず、K氏が、そのチラシを小わきにかかえてひとりで街へ出て行かなければならなかったのは、組織における運動の加速度的な後退と形骸化をなんとか突破しようとしたからだ。エン・プラの入港阻止闘争の佐世保橋において、誰よりも被爆者がたたかいの最前列にいかなければならないことを、痛烈な批判としてみずからに突きつけたのだ。

「あの人たち（三派全学連）の気持ちこそほんとうの気持ちばい。全学連があいうふうに、機動隊相手に自分たちの血を流してまでエン・プラの入港に反対し、核兵器の持ち込みに抗議した。私はショックだったね。私も組織も何もしないからね。私としては考えさせられたね。ほんとうなら、私たち被爆者が、佐世保橋で機動隊とたたかっていなければならなかった。ああいうふうに、学生を負傷させ血まみれにさせた責任は被爆者にもある」。

学生が権力の前にさらした「生の実存」を痛みとして受けとめたK氏は、学生の側に自分の感情を加担させていったにちがいない。「原水協は、共産党の系列にあるといっていい。ご承知のように共産党は、三派全学連のことを極左分子、トロツキストだときめつけている。だから彼らがああいう行動をやるのは、官憲の弾圧に口実を与えるための挑発行為だということで、全学連のやったことに絶対反対しているわけですよ。それに対して私は、そうは思わん、そうは考えんとはっきりいっているんですよ。いつも信じられるのは、実際に権力とたたかっているものだけですよ」。

K氏は組織の外側において、佐世保闘争に固執しながら、身をもって〝核時代〟をのり越えるために、残り少ない生命を賭けようとしているかに見受けられる。組織から圧殺されたK氏の孤立は、たたかうもののなかに身をおくかぎり、なにものも崩壊させることのできない確固とした自立なのだ。そういう自立にもとづいてつくられる連帯は、権力のどんな力も切断することはできないだろう。

〈資料・K氏がつくったチラシの内容〉

イ、原爆病院の日赤移管は絶対反対。

ロ、原爆病院は知事、市長、日赤幹部のものではない。

ハ、原爆病院は国民の善意により建てられた被爆者のものだ。

ニ、日赤の原爆病院のっとり反対、日赤は病院より手を引け。

ホ、援護法ごまかしのインチキ認定制度反対。

ヘ、同法制定までの県、市の暫定処置はなっとくゆかん。

ト、莫大な費用をかけるほどもない検診は止めてくれ。

チ、認定患者のための援護法ならいらん。

リ、原爆病院の日赤移管を推進する幹部連はやめろ。

ヌ、原爆病院は県、市営にしろ。

ル、病院幹部は医師会と不仲になるようなことはよせ。

オ、病院の医師、看護婦はうぬぼれるな。名医こそ開業医にいる。

ワ、入院患者が医者や看護婦に奉仕するような態度、ゴマスリはやめろ。

カ、被爆者よ、認定と一万円ほしさに人間モルモットになるな。

ヨ、核兵器に関する限り貧困と病魔に苦しむ被爆者の気持ちこそ全学連の気持ちだ。

タ、日本への核兵器持ち込み反対、佐世保の核基地化反対。

あとがき

あの事件があってからもう二年になる。

八月九日を前にしたある日、わたしが街を歩いているときのことであった。

繁華街のメインストリートでは、おりしも、いく組の被爆者救援募金活動がおこなわれていた。その中の一組の集団（一〇人くらい）は「韓国人被爆者も救援しよう」という立て看板を掲げて活動を行なっていた。

わたしはその立て看板に、吸い付けられるように近よっていった。立て看板の一文字に意識をとられたからである。わたしが奇異に感じたのは〝も〟という文字であった。そこだけが後で修正されたことが歴然としていたのである。

はっきり確かめるために、わたしは彼らの一人にたずねてみた。

「〝も〟ですか。ええ、はじめは確かに〝を〟だったんです。でも韓国人被爆者を——だと、日本人被爆者を無視しているように受けとられるでしょう。ですから、昨日〝を〟の上に〝も〟を貼りつけて修正したんです」

問題はそれだけではない。彼らが、そもそも「韓国人被爆者も救援しょう」の募金活動をはじめるようになったいきさつは、つぎのようなものである。

彼らの組織は青年会議所であった。青年会議所は、長崎の経済を動かす資本家の二代目、三代目の集まりである。

その会長が「韓国」に行った折り、たまたま、朝鮮人被爆者のことを聞かされ、長崎に帰ってきてさっそく募金活動に取り組んだというものである。その会長が「韓国」に行ったとあれは、名目はどうであれ、市場調査・開拓であることは明白だ。市長まで組織して行なわれた「韓国人被爆者も救援しよう」の募金活動の目論みがどこにあるか。「韓国」への経済的侵略のための手みやげ潤滑油——であることは、否定できない事実であろう。

さらに合わせて、もう一つの事実をわたしは報告しておかなければならない。

「韓国人被爆者も救援しよう」の募金活動こそ、戦後二十数年間のうち、日本人が、朝鮮人被爆者への救援といえる唯一のものだったことを！

「『原爆小頭症』と呼ばれて」と「エンタープライズの入港と被爆者」はそれぞれ雑誌『現代の眼』一九七八年四月、九月号に掲載されたものに加筆訂正したものである。

ナガサキの原爆の報告を、このような形でまとめることができたのは、誰よりも多くの被爆者の協力があったからである。もちろん、多くの先輩や友人の鞭撻や友情の支えがなければ、今日までつづけられたかどうか、心もとない。わたしは、幸いにして多くの先輩や友人に恵まれていたのである。名前は省略させていただくが、どれほど感謝しているか、とうてい言葉ではいい表わせない。それに対してどこまで報いることができたか、不安ではあるが……。

社会新報に橋渡ししてくれたのは社会新報記者渡辺鋭気氏である。感謝を述べたい。

とりわけ、新報出版部の池上徳三氏には迷惑をかけたばかりではなく、大変お世話になった。池上氏の助力と鞭撻がなかったら、私の作業も報われなかったであろう。厚くお礼を申し上げたい。

今後のたたかいとさらなる前進を自覚しつつ

一九七〇年六月二三日

西　村　豊　行

第Ⅱ部 死者の民衆は数えきれない

1945年8月9日11時2分で
沈黙させられた時計

Ⅰ　『ナガサキの被爆者』はどのように読まれたか

西村のお兄ちゃんへ――女子高生・一木愛子（仮名）さんからの手紙

〈第1信〉

お兄ちゃん。原点第二号とお手紙ありがとう。「もう忘れてしまってて、お返事下さらないのかな」って思ってました。お元気でしょうか。

8月18日からナガサキへ出て、それから熊本へ行ってたんです。帰ってみるとお兄ちゃんから原点が来てたので、うれしくて。すぐに読もうと思ってたんですけど、なにしろつかれてたもので、読みかけのまま、眠ってたんですよ。活版だったので、ずいぶん読みやすかったです。

それから崎戸のことについて書いてあったところ。私は崎戸に住んでいながらぼんやりとすごしていたということが、恥ずかしくなりました。自分がすんでいる所を、他人の目を通して、やっと何か切実な問題があるのだ！　と気付いたからです。

私の家の近くに住まなくなり、友達が転校してしまう（中学時代）。そのころはすごく淋しかったのですが、いつの間にかなれっ子になってしまい、いろいろ感じたりしてたのだけど、考えてもどうにもならない！　ということからその問題から逃避していたのだと思います。

それに家の父は長崎の教務所に勤めてているでしょ、だから食べることにつては、切実な問題となってこないんです。

お兄ちゃんが書いた文をよみ、私の考えがあまりにも子供っぽいことを知らされました。「胎内被爆児についての報告2」というので、ヒロ子ちゃんとかいう人が子供やお兄ちゃんがつれていった人に嫉妬するの、あたり前だと思うんです。健康な人なら、多くの人と交わる場や機会がいくらでもあるんですもの。だからもっと広い心で見てられるかもしれなけど……私がこんな事を書いても、彼女に会ったこともないのに書けるはずがありません。

世の中には、ずいぶん不幸な人がいるんですね。こんな書き方は何か、そんな人をつきはなして見ているようですが。そんな人の事を考えると健全に生まれたことを感謝し、少しでも何か社会のためになることをしなければと思いますが。今はなにしろ、すねかじりなもんで、一生懸命勉強することが、今の私のなすべき事だと思います。

8月19日から21日まで2泊3日のキャンプ、阿蘇の大自然の中ですごさせていただいたことは、とても有意義だったと思います。九州全部の仏教青年会、ボーイスカウトが集まって、いろいろ話し合い、とにかく感激でいっぱいです。

お兄ちゃんをさそえばよかったと思います。来年は鹿児島であるんですよ。いつもどこかを駈けまわっていらっしゃる、そんないそがしい方ですけど、暇を作って行きましょうよ。

お友達もいっぱいできました。そんな友達は別として、私は本当に心から話しあえる友達、同性の友がほしいんですが。私はあんまり友に悩みや、その他重大なことが話せません。今、5人位、同じ高校の友がありますけど、いずれも私はきく方で、あまり話す方にはならないのです。

何でも一番話せるのは母です。そんな私は精神的離乳できてないのかしら？

話は前にもどりますが、仏教青年大会の開会式、とても印象的でした。もうほとんど暮れている空に、まだ少し夕焼けが残り、そこでたいまつを燃やし、人になれた馬が近ずいてきて、なんともいえないすばらしさでした。参加者は４５０人ほどでした。それを１グループ15〜16人位にわけて、①火について②食べること③出会い―について話し合いました。

たべる事。人間は何かをたべないと生きていけない。食べるということは、他の物の命をとって生きている。何も考えずにただ食べているのなら、人間は人間として生きている意味がない。そんなふうに受けとりました。だから私達は生きているかぎり、何かを求め、何かしなければならないのだと思いました。

お兄ちゃんのたんじょう日、8月ですね。何日なんですか？　弟は28日なんです。ささやかですが何か送ります。お受けとり下さい。

では長くなりましたので、これくらいでペンをおきます。長々とかいてしまって、いそがしい

時間をとってごめんなさい。（昭和42・8・24）

〈第2信〉

夏休みも終わってしまい、「また学校が始まった。」なんて文句を言っています。でも、もう文句なんかいっておられません。だって、今年は高校を卒業するんですもの。

お兄ちゃんはお休みはなかったのでしょ。暑いのに本当に大変ですね。これからも9月中頃まではうんざりするような暑さが続くでしょうから、お体だけは大切にして下さいネ。

30日、家でごろごろしてたら、お兄ちゃんからお便りがつき、うれしく読みました。本を送って下さるそうですね。楽しみにしてます。少し気のどくだけど……10月2日が誕生日なんです。だからその時にネ。

レコード割れなくてよかった。お兄ちゃん、モーツアルトがお好きなですって。私も好き、特にアイネ・クライネ・ナハトムジークのやさしい、覚えやすいメロディーが好きです。他にチャイコフスキーのピアノコンチェルトやグリークのピアノコンチェルト、それからシューマンもいいですね。

「原点」の「胎内被爆児の報告2」のことで訴えられるかもしれないんですって！」。

「なるべくならさけたい!!」と書いておられたように、本当にそうして下さい。心配でなりません。

でも、やむをえずそうなった時、その時は、お兄ちゃんは何も悪いことをしたのではないと思います。だから正々堂々と闘って下さい。心で応援していますから。

「原点」の「朝鮮人被爆者のうめき」というので、、戦争中、ずいぶん多くの朝鮮人の方々が、炭鉱やその他いろいろな場所へつれていかれ、重労働をさせられて、酷使されたことが書いてありましたが、それを読み（この前、書こうとおもったのですが……）、崎戸の炭鉱にもずいぶんつれてこられたそうです。

この前の事ですが、崎戸炭鉱を通して、私の家（彼女の家はS寺という寺院）に陳景華という方の遺骨を政府がさがしているので、家にいってきたのですけれど、ありませんでした。

この方は崎戸につれてこられる途中、船の上で病気をしてなくなったとか（昭和19年7月の事だそうです）。

私の寺にも、朝鮮人の方々の遺骨がたくさんあります。私の所だけでなく、北松浦やその他の炭鉱地域のお寺にもあることでしょう。

お兄ちゃんがおっしゃるように、やっぱり彼らの祖国へ帰らせてあげるべきですね。受取人のない遺骨もあるでしょう。政府が韓国にお堂を建て、そこに安置するといいんでしょうが。本願寺が、何かしてもよさそうなものですね。

それから「原点」2冊送っていただいたので、1冊学級においておきたいのですが、どうでしょうか？　お兄ちゃんも、多くの人に読まれるのを、望まれるのではないでしょうか？

私達の学校、今年は運動会をやります。一年おきにやるんです。文化祭と交代で。三年生の男女がフォークダンスをやります。みんな楽しみにしてるんですけど、私はあまりたのしみじゃないの。だってダンスはへただし、それに好きな男の子もいないんですもの。

お兄ちゃんが崎戸にいらっしゃってた時、英語の先生が好きだっていってたでしょ、あの先生、結婚なさったの、少しショックでした。

同級生でチョッピリ好きな子は、佐世保の北高に行ってるの、もっとも片思いもいいとこ。東大志望なんですって、近寄りがたいってとこ。中3時クラスメートだったんです。三年も会わないから、わすれつつあります。変なことばっかしかいたネ。

時々思うんですけど、「昭和42年9月1日はもう2度とこないんだ。」（この手紙を執筆の日）って。こんな事を考えるです。でも人間なんて、いや私はいい加減にすごしているんです。

成長　谷川俊太郎

3歳　私に過去はなかった
5歳　私の過去は昨日まで
7歳　私の過去はちょんまげまで
11歳　私の過去は恐竜まで
14歳　私の過去は教科書通り

16歳　私は過去の無限をこわごわ見つめ
17歳　私は時の何かを知らない

こんな詩を見つけました。「短い言葉の中によく表現してあるなー」と思ったので書きました。小林秀雄の「考えるヒント」をよみかけたまま、ずっとほったらかしにしているので気にかかるのですが、少しむつかしすぎます。「きけわだつみのこえ」も。「ヒロシマ・ノート」っていうのも読んでみたいのですが、とにかく暑いと何もしたくない。夏休みからの惰性、早く切り変えないと。

お兄ちゃん、「胎内被爆児についての報告」のこと、とても心配です。どうなったかお知らせ下さい。またお便りします。きょうはこれで終り。さようなら。

（昭和42年9月1日）

お兄ちゃんへ

ジャーナリスト・中島竜美さんからの書簡

相変わらず御活躍のことと存じます。貴兄が来てくれたことで、東京ではさまざまな波紋が起こりました。感謝しています。

貴兄の本について、ゆっくり話し合う時間もなく、また福島町の話もそこそこに帰られたことを残念に思います。

でも、貴兄の精力的な仕事の中で、浦上の――人の罪は人が裁くべきだ――というエピソード。いつまでも心に残り、被爆地の仕事ならでは……と今更のように貴兄が長崎いてくれる（ママ）意味と重さをしみじみと感じさせられました。

話題のほとんどになってしまった政治状況について、私はやはり神経質になりすぎていたようです。私の弱さでしょう。

私としてはシコシコやる以外にないと思います。

原爆と人間の射程を七〇（年）のどの距離で合わせて考えるかは、何も分っちゃいませんけど、少なくとも26日（国立）にあらわれた混乱が、ヒロシマ・ナガサ25年目のげんじつであることを見据えた上で、私自身の態度決定が迫られていると受けとります。

もしかしたら、貴兄との距離が今後開くことになるかも知れないけれども、私は私の被爆体験を武器にして当分自分の穴を掘り続けて生きたいと思います。

日本人被爆と朝鮮人被爆のせめぎ合い中で……。

では又。奥さんと赤ちゃんによろしく。

（今日、長岡（広芳）氏より、新報出版部解散の話を聞き、心配しています。私にできることならやりますから申しつけ下さい）。

（昭和45年10月5日）

ナガサキの被爆の特異性について——文沢隆一著『ヒロシマの歩んだ道』の眼

広島に居住し、ヒロシマ原爆を軸にナガサキの被爆にも鋭い眼を届かせ、フィクション（小説）やノン・フイクション（事実の記録）の手法を自在に駆使して書き、実践のうえでも特筆すべき道を歩んだ作家の文沢隆一氏のことは、『この世界の片隅で』（岩波新書・一九六五年七月二〇日刊）の紹介が適切であろう。

「この本は『広島研究の会』の最初の果実である」と書き出しから始まる、『この世界の片隅で』の編者で作家の山代巴氏は、「まえがき」の中で、作家の文沢隆一氏のヒロシマへの密着の苦闘に触れて次のように記している。文沢隆一氏自身も共同研究者の一人で、同著の執筆者の一人でもあり、「相生通り」のテーマで一文を寄せている。さて、山代さんの紹介文を少し長いが引用して学ぶことにしたい。

「相生通りのことを旅のルポライターは至極簡単に、原爆被害者の吹きだまりなどと書いていますが、広島最大のスラム街がもしそうであるなら、私どもはせめてその実態だけでもつかんでおきたかったし、できれば被爆者どうし集って話し合えるような場もつくりたいと思った。そこでこの街の中ほどに部屋を借り、文沢隆一が住むことになりました。文沢は東京大学哲学科出身、安芸文学の同人で、すでに相生通りを舞台に小説を書いています。ですから相生通りについては一応のつうです。ところが彼はここに住み、まず隣家から訪問をしはじめると、毎日が驚きだったのです。私どもは週に一回は集って、互いの持場で突き当たっている問題を持ち出し、みなの知恵を借り合いましたが、一時期は誰もが文沢の驚きに魅せられ、彼とともに未知の世界を探りました」

ヒロシマの原爆被爆者と交流していた文沢隆一氏には、『ヒロシマの歩んだ道』の著書があり、同著はヒロシマにつなげて、ナガサキの被爆の特異性に注目して考察する論考をふくむ。同著はまた、「死の灰」についても見逃さず、ヒロシマ・ナガサキ被爆の延長線上にビキニ被曝を捉える。これらの広角の目線は、核戦争の危機の時代への転換を先取りし、われわれが何をなすべきか、を考える道筋をも照らし出しているのである。このへんで本論にはいり、文沢隆一氏の『ヒロシマの歩んだ道』の文章を辿りながら、ナガサキの被爆の特異性を考えてみたい。

長崎へ投下された原爆はファットマンと命名され、B29ボックス・カー号に搭載され、8月9日、午前3時49分（日本時間2時49分）にテニアン島を飛びたった。機長はスウィニー少佐であり、目視による原子爆弾の投下＝爆撃が方針であったという。投下目標は小倉造幣廠であったが、2日前の八幡製鉄所の火災の余塵の煙で目視不能であった。同機を旋回して再び試みたが、標的は目視では捉えられず、高射砲からも狙われ、三度目も諦め、「第二目標」に投下位置を変更した。それが長崎だったのである。

『ヒロシマの歩んだ道』には、長崎への原爆投下にあたって、スウィニー機長と爆撃主任アッシュワース中佐との次のような会話が記録されている。


「一回進入するしかガソリンがないんだが、この雲の状態では照準がつけられないかもしれないんだ。計器爆撃にしてはどうだろうか？」

「レーダーでどのくらい正確にやれるかね？」

「目標の３００メートル以内だ」

「オーケー、目視が無理ならレーダーでやるほかないだろう」

「とにかく、海のなかに捨てるよりましだ。レーダーでもじゅうぶん信頼できる。責任はすべて俺がもつ」


爆撃目標は三菱造船所であったが、少しずれ、三菱兵器製作所群の上空で自動爆撃装置のスイッチが押された。第一目標の小倉が免れ、長崎が被爆したのである。

「長崎では、爆心地と市街地とのあいだに、金比羅山（三六六m）の山裾一〇〇mの防壁があり、爆風と熱線をさえぎっている」

さて、ここからは、文沢氏がとらえたナガサキの被爆の特異性に関する考察を取りあげ、学ぶことにする。

予め触れておくと、文沢氏は、ナガサキの被爆の特異性の根拠を、奇しくも、『ナガサキの被爆者』の箇所を引用しながら指摘するのである。とは言え、それは決して、拙著を持ち上げるために取りあげるのではない。そうではなく、筆者にも捉えられなかった角度から、『ナガサキの被爆者』に光を当てることで新しい意味を附与された、そのことを感謝をこめ確認したいのである。それは、第三者の立場にたつ研究者からしか視えない、文沢隆一氏のもつ固有の被爆についての蓄積された思想の作業による、ナガサキの被爆を考える、筆者が学ぶべき精華であり、このことが言いたかったのである。（以下の文章は、文沢隆一氏の『ヒロシマが歩んだ道』をなぞった内容である）。

文沢隆一氏は、著書『ヒロシマが歩んだ道』のなかで、ヒロシマの被爆と比較したうえで、ナガサキ被爆の特異性を指摘している。内容を三点にまとめてみたい。

第一は、被爆による死者の数値や市街地の破壊の規模の違いである。広島市は平野部に位置し、川筋を多くもつ水平状に開けた都市である。それだけに被害の様相は、筆舌につくしがたく、想像を絶する感があり、被爆直後の写真を見るにつけ胸を締め付けられる。それに比べ、長崎では、原爆投下の目標が地形において第一から第二に変更され、市街地は目標の視野の外に置かれた。それに実際の投下地と市街地の間には、金比羅山（三六六m）が位置し、官庁街や商店街を呑みこむ被害の拡大の遮蔽物となったのである。同著の引用によると、「長崎の罹災戸数一四、四〇九戸は市内総数五、一〇〇戸の三六%、全焼は二二・七%の一一、五七四戸（一九四六年長崎市勢要覧）」。「死者は七三、八八四人（長崎市原爆資料保存委員会一九四六年調査）」である。「被爆直前の人口を約二〇〇、〇〇〇人（昭和二〇年七月の配給人口は一九五、二九〇人）として、死者は三七%で……あまりに大きな犠牲ではないだろうか」と、文沢氏は、烈しい怒りを鎮めながら大きく嘆息する。

ヒロシマはどうか。「罹災戸数七〇、一四七戸は市内総数七六、三二七戸の九二%であり、全焼は四七、九六九戸の六二・八%（一九四六年八月広島市被害調査）」で、想像をこえる厖大な被害だと言わなければならない。「死者及び行方不明者一二二、三三八人で、被爆前人口推定三二〇、〇八一人（前掲書に同じ）として、その比率は三八%である」という。写真で見かける、市内一円が壊滅的な原っぱのような痛ましい破壊は、一度眼にしたら忘れられる惨状ではない。

「両市を比較して気付くことは、広島市の罹災戸数九二%と死者数九二%の割合にたいして、長崎の場合罹災戸数三六%にたいして、死者数三七%と、死者の比率が非常に高いことである。これはやはり両市の被爆状況がかなり違っていたことを意味している」。文沢氏は、「長崎には、いまひとつ注意しなければならないことがある」と前置きして次の点に注目する。「それは歴史的にみて、浦上は江戸時代には松浦藩に属し、隠れキリシタンとして長崎町人からは白眼視されていたということである。この地が長崎に編入されたのは大正九年（一九二〇年）で、その差別意識は戦後までも残っていたようである」とし、「たとえば」と「『ナガサキの被爆者』（西村豊行著）」と言う本に、次のような話が載っている」と紹介するのである。これが第二の違いである。

「およねさんのはなしによると、

こまかとき、私は、長崎の方さ野菜をもって行きよったです。浦上が長崎に入るのは大正9年ですけん、明治21年生まれの私の、こまかころはまだ、浦上は長崎じゃなかった。長崎からみると、わしら浦上もんは余所者ですたい。なかにはよか人もあったけど、〈クロがきた！　クロシュウだぞ！　ヤソクロ十文字だぞ！〉と石をもって追い返されよったです。わしらしら切支丹は特殊な人間のごつ、いうたら人間じゃなかごと思われよったもんです。わしらの先祖は〈あぁら、キリシタンも人間よ、目もあれば鼻もあり、口もある〉といわれたもんです」

カトリック信者の、今一人の男性の言葉を引用しておくと、その底には秘められている、厳しい拒絶と温もりのある共同性を強く求めるこんな言葉である。

「わしがいるところまで落ちてこれるね。人を信じることもできん冷たかところバイ。いくらよかしこ言葉ならべたってだめさ。わしがいるところまで落ちてこんね、落ちてきたら話してやるけん！」

そして文沢氏は、「つまり、原爆は長崎にではなく、浦上に落ちたのである。そして長崎の被爆者の大部分、工場労働者であったということもまた、広島の被爆者が一般市民であったということとは本質的な違いがある」と指摘するのである。これが第三の違いである。その根拠も明らかにしてゆく。広島とは異なり、長崎の被爆では「工場労働者が多かった」という根拠を示し、次の事実をあげている。

「長崎の被爆地域をみると、三菱兵器製作所をはじめ、同製鋼所、同電気製作所、同造船所の工場群とその下請け工場が建ち並び、そのほか長崎医科大学と付属病院など、市民の住居よりも事業者や学校が多かったということがある」と指摘するのである。

文沢隆一氏の著書『ヒロシマが歩んだ道』の核心の一部をとおして、ヒロシマとは異なるナガサキ被爆の特異性を学んできたが、考察をさらに深めたい今後の課題である。

『ナガサキの被爆者』を支えてくれた人たち

「発売中止」をめぐって

社会新報版の本に関連して、収録した中島竜美氏の手紙が、最後に触れている二つのことについて書いておきます。被爆、特に朝鮮人被爆というアクチュアルなテーマを追求し続け、温厚で誠実で思いやりの深い中島竜美さんの後押しを受け、筆者のホームドラマとして失笑される事柄も書いておきます。

中島氏は、手紙の文末に、「今日、長岡氏（長岡広芳氏のこと、痛ましくも後に自死なされた）より、新報出版部の解散を聞き心配しています。私にできることならやりますから申しつけてください」と、書いてくださいました。あらためて読み直すにつけ、かつて受けたことのない友情の深さに、頭の下がる思いでした。事実は、記載のとおりで、社会新報出版部は解散に追い込まれ、拙著の『ナガサキの被爆者』の発売もストップしました。予測では、第一回配本の三〇〇～五〇〇冊位しか店頭には出なかったと思います。また、「社会新報新書シリーズ」は、不運にも拙著を最後に廃刊となりました。その「社会新報出版部解散」につながることが、長崎で起こっていました。但しこの件は、「解散」に至る批判とは関わりないことで、事実の記載に留めることを予めお断りしておきます。詳細な経過は、本書の「長崎ノート」に書いており、筆者の基本的な態度はその内容を踏襲しており、今日に至るもまったく変更はありません。

当人が鬼籍にはいられ、二〇一三年には、部落解放同盟長崎県連合会の事務所を訪ねて山口委員長には挨拶したあと、「磯本恒信の墓」と刻印された共同墓地の墓標にぬかづき、生死の境をこえて再会を果たした契りのうえで書くのです。彼は当時、長崎地区労の書記長という重責を担い、労働運動を指導する立場にありました。労働運動のほかに、彼は今一つの課題を背負っておりました。その課題に筆者が側面から手をつけて、呻吟していた彼を揺さぶったのです。一方で、長崎県・市行政権力が、明治以降「長崎県下には被差別部落は存在しない」と厳命し、通達していた歪んだ歴史と現実がまかりとおり、踏襲していました。

被差別部落の当事者には、支配階級の暴力による不当な差別や圧力であり、堪えがたい困難と怒りが部落大衆を覆っていました。そこへ寄り添うようにして、筆者が被差別部落の存在を、それを含むテーマを一部収録して社会的に公表したのです。『ナガサキの被爆者』の刊行がそれです。刊行に先立ち、社会新報出版部の池上徳三編集長は、かつて京都で文学運動をともにした作家で、解放新聞・土方鐵編集長を校正作業に加えてくださいました。部落差別に関する差別用語の使用や差別的表現とは別次元の事柄でありました。問題は、その段階では、部落差別と闘う主体形成と団結が困難であり、被差別部落の存在の事実の公表には、組織建設と切り結ぶことが必要でした。その点の配慮が欠けていたことは認めざるをえませんでした。「発売中止」は筆者に関わりなく進められ、その点は心外に思うところですが、自己批判することにしたのです。しかし、事態は磯本氏をふくむ社会党内の出来事として処理され、「『ナガサキの被爆者』は発売中止」の措置を受けました。社会新報社は解散、新報新書は拙著の「発売中止」により、廃刊となりました。それらの経過は出版を仲介してくれた、「社会新報」本社の渡辺氏から連絡を受けて知りました。「発売中止措置」は受け入れざるをえず、残りの部数を個人で引き受けることにしました。送本後は、友人・知人を伝手に時間をかけ、個人で売りさばいたのでした。以上がその内容と経過です。

次に中島氏の手紙の最後には、「赤ちゃんによろしく」とありました。封筒の消印を確認すると、「(昭和)45、10、5」とあるから、長女は生後2ヶ月未満だったことになります。長岡氏の心労と言い、中島氏の心配りの細やかな人柄に触れて、嬉しい限りです。名古屋での校正の作業の出発の一九七〇(昭和45)年7月12日は、連れ合いの陣痛が始まり、福岡から両親が来てくれて、翌13日に生まれました。校正作業の終了と子どもの誕生日が重なりました。私的なことに触れて恐縮ですが、あの赤子は福岡市に在住し成人してやっておりますが、本書に関係する事柄だけに絞って書きます。

彼女は、昨年(二〇一五年)の末近くに長崎の軍艦島ツアーに参加し、そこで出会ったことの報告を受けました。軍艦島は、長崎港からも見通せる位置にあり、海底炭鉱を労働現場とする端島炭鉱の坑夫たちのアパートの名残りで、そのアパート群が遠くから眺めると、恰も一艘の巨大な軍艦に見えることから「軍艦島」と称され、長崎では観光地に入れられ、広く親しまれている長崎名跡の一つであります。軍艦島は無人の島であります。その横に高島があり、ここもかつては海底炭鉱の島で、面積も軍艦島より広く、娘の報告によると、そこに資料館があったと言います。資料館などには興味が深く、見落としはないようです。文書に関係する図書コーナーを見ていて、携帯カメラに収めたのを見せてくれました。『『ナガサキの被爆者』西村豊行』の背文字の箇所に釘付けになったようです。多くは語らなかったから、「あれ!?……親父の本じゃ、ねえの? なんでこんなとこにあんの?」、とまあ、こんな感じだったのではないかと想像します。

親父を、「過激派」の一面でしかみていなかった娘にとって、不思議な光景に映ったのであろう。実を言うと、同書は、早くから本人には渡していたが、第三者から知らされないと、本人はそれとして気付かないもののようです。案外、そんなものなのかも知れません。

崎戸を訪ねた寺院の女子高生

旧姓・一木愛子（仮名）さんの手紙について触れておきます。当時、日本帝国主義の植民地支配下の朝鮮から拉致され、九州の炭鉱に監禁同様に収容され、強制労働を余儀なくされた朝鮮人労働者が多く存在したことを資料などを通して学んでいました。佐世保港外（現在は陸続き）の崎戸島に炭鉱があり、強制連行された朝鮮人労働者の存在を確認しており、彼女は崎戸を訪ねた寺院の女子高生でした。島内には幾つかの寺院があり、引き取り手のない遺骨の存在を教えられました。幾つかの夥した遺骨に対面し、時間をかけて発見した重大な事実を知りました。それは覆い隠すことのできない真実です。労働争議や逃亡にたいする、報復リンチによる忙殺ではないのです。それは遺骨には傷の傷痕がないことから証明できたのです。だとするなら、残る理由は一つ。餓死以外にありません。まさしく餓死だったのです。人の目に隠された地下で、酷薄な労働を強制され、挙げ句の果てに最低の食事さえ与えられず餓死を強いられ、引き取り手のないままに放置された、植民地下の朝鮮人＝「日本人名を強制された」階級を等しくする労働者がいた歴史を、筆者は自らの罪としても忘れないでおきたいと思いました。

それからまた、確認できたことの一つは、強制連行されていた中国人労働者の場合は、労働争議を起こし、浦上刑務所支所に監禁されたまま、爆心地近くだったことから即死した事実です。それと長崎市内の誠孝院というお寺には一五四体もの遺骨が安置されていた事実が判明しました。長崎の軍需工場には、強制連行された朝鮮人労働者も多く存在し、全体を含めて余りにも多い遺骨数であり、それぞれが故郷の朝鮮・中国から引きはがされ、あるいは離れざるをえず、家族との離別など人生の深い悲話を秘めており、それを封じたままの最期に心を強く引きさかれます。

胎内被爆児のこと

一木さんが手紙の中で深刻に心配していた、「胎内被爆児」のことで訴えられるかも知れない問題は、ある胎内被爆児のことで、テンカンの発作に関連し、家族が世話をできないことから精神病院への措置入院になることがしばしばありました。精神病院には、閉鎖病棟と開放病棟があり、彼女は強烈なてんかん症状に悩まされ、それとの格闘の日々で、自死を何度も試みています。テンカンの発症時には、他の患者との関係は無慈悲に閉ざされ、閉鎖病棟へ収容され、孤独の生活を余儀なくされます。院長との長い交渉の末に院側の看護人付きで、彼女との面談が時間制限付きでできるようになりました。その折りに、彼女の闘病の様子や院内での生活をもっと知る必要を覚え、打つべき手だてを考える上でも、日記や句作の方法を話し合い、手渡しや郵送で入手できるようになったのです。てんかんの発症に悶絶する悲痛な様子が書かれ、手にするようになりました。「死にたい」との叫びは、慟哭する哀しみや口惜しさ、怒りとなり、針を飲んで自死を遂げる行為にまで至りました。自らを過酷なまでに縛っている被爆を、鋭く、深く捉えた一句は、最期は自死で自らの困難と悩みを絶った原民喜にも通じていて、忘れることができません。「夏の花あつくてとてももてません」。

訴えるとは、病院側が彼女と接触していた筆者への腹いせや恫喝でしたが、最後はなにもできずに終わりました。

太田正信君と作家の文沢隆一氏のことは、関連しており、触れずにはおられません。太田正信君とは、一一歳下であり、訪ねているうちに、友達の関係に近づいたところがありました。彼が働きはじめて、休日の日などは家まで迎えに行き、映画に誘ったことも何度かありました。彼は歌手・八代亜紀の大ファンで、一時期、彼女の出演映画は見逃さず一緒に観たものです。映画の後は、食事をしながら、映画の感想などで一時を過ごしたものでした。当時、ヒロシマでは、文沢隆一氏を中心として「小頭症の会」として組織をつくり、医療や介護を目的に救援活動を始めていました。それに連動して文沢隆一氏から連絡を受け、筆者が、ナガサキでの小頭児の組織化と救援運動を立ち上げ、ヒロシマ・ナガサキとの連携の要請を受け交流に着手しました。

一度、ヒロシマから少人数で来ていただき、長崎で交流会をもったことがありました。文沢隆一氏とは、その後も何度かお会いすることがありました。

交通事故で亡くなった谷昭次郎さんのこと

筆者には忘れることのできない、谷昭次郎さんについては、きちんと触れておきます。彼の命日は一九八九年一一月四日です。前日の三日には、東京で全国労働者集会があり、付き添いがいての参加でした。筆者は東京の集会場で会い、参加への感謝と激励を述べました。彼は当日の飛行機で帰福し、筆者は翌日の五日に帰福しました。その夜に、彼が、交通事故で即死した、という悲しい連絡を受けました。六日がお通夜、七日告別式と、あわただしい野辺送りとなりました。告別式は部落解放同盟中間市協がとりおこない、弔辞をたむけたい旨申し出て了解されました。

根っからの労働者の彼は、個性的な人柄で、土方仕事が大好きで、型枠大工が専門でした。丹精こめたできあがりは一級品でした。小学校も途中で止めざるをえない極貧の中で育ち、読み書きができない困難を、土方仕事に対する愛情と創意工夫で乗り越え、仕事のできばえが有無を言わせない説得力をもっていました。

長崎で被爆した彼は、中間市での被爆者の掘り起こしからはじめ、組織化に着手し、闘いを開始しました。それを、乞われて援助することになったのですが、早速ユニークな取り組みを成功させました。まず中古軽ボンゴ自動車を購入します。次にそれを救急車に変貌させる構想を立てます。後部座席を縦長のベットに取り変えます。点滴用の鉄棒を置き、救急箱を備えます。そして救急用に車の屋根に取り付ける、赤いランプを購入しました。ピーポーピーポーとサイレンの音を出す、あれです。これで救急車の形は完成です。後は、救急車としての管轄行政の認定書を待つばかりです。

彼は、何人かの被爆者をこの救急車で、道路が渋滞していると、早速赤いランプを車の屋根に取り付け、ピーポーピーポーとけたたましく音を立てながら、渋滞道路を右へ左へとくぐりぬけ、先へ先へと、ヒロシマやナガサキの両原水禁大会に駆けつけた、と当時をふりかえると、ナガサキで被爆した谷昭次郎さんの個性的な人柄と大胆さ、行動力とユーモアに笑いがこみ上げ、痛快でたまりません。そして頭がさがります。

もう一言は、どうしても触れずにはおられません。谷さんには、政治組織の担当者がついていました。担当者が顔をだすのは、必ず集会の前で、動員の要請です。最期となる、集会参加の要請もその一つでした。しかし担当者が、どれだけ彼の人格や被爆による体調を知っていたか、それを筆者は担当者の近くにいるからこそ、容赦なく、問題にせずにはおられません。大衆とともに、ということは、とりもなおさず相手の人格や歴史や思想や家族などのことを、相手の強さや弱さを含めて、どれだけ研究しつくし、知り尽くしているかをぬきに、そして思いやりのある温かい援助なしには、到底成立しない関係にあります。それが、大衆と運動体の間の本来のあり方でなければなりません。谷さんを動員したことは間違いではありません。しかも、谷さん自身が、担当者の成績主義とは別に、主体的に自分の闘いとして認識し、参加したに違いないと思います。問題は、その先にあります。谷さんの身体は、被爆によるガラスの破片が突き刺さったままで、厳しい労働にしたがっていました。日々の疲れも、激しいに違いありません。被爆者特有の多くの病状は、等しくもっていたはずです。そのうえで、肉体労働の積み重ねの過酷な毎日でした。最期の日となる朝には、その日の土方仕事に行く相棒と待ち合わせていたようで、その途中の道路を横切る際に、スピードを出して横切る車にはねられて即死だったそうです。車の運転手がまず問題で、道路では人が横切るのを確認して減速し、通過後にスピードを戻すべきでした。このことが谷さんを死に至らしめた、最大の問題です。谷昭次郎さんは、道路を横切る際に、ふるスピードを上げて駆け抜ける車を、一瞬見逃したに違いなく、これは疲れによるものです。スピードをあげた車の通過に反応できなかったのは、前日、無理をして東京へ行った疲れが原因です。問われるべきは、日ごろから被爆の後遺症による疲れやすい身体の病状を、担当者が知りもしないし、知ろうともしなったことが根本の問題であり、利用主義でしかなかったということになります。

秋月振一郎医師のこと

社会新報版を読み直してみて、インタビューに応じていただいた多くの被爆者やご協力を受けた友人・知人の、一人一人のお顔や声、しぐさを愛しく想い出さずにはおられません。「やあ、きょうだい！」と、みんなに等しく声をかけたくなります。ところが、歳月はあれから40年をこえ、生死の判断さえつきません。しかし会いたくなり、これまで何人かを捜して長崎の地を歩きました。中華街の裏通りの路地には、王水宋さんが住んでいましたが、すでに空き家でした。母親がお茶屋を始めた太田正信君の家は、更地にかわり、街の様子も一変していました。高台に住んでいた松田家は、近くまで行き着きましたが、変形性足関節症にはそれ以上の登りは無理でした。カメラマンの林田英雄氏宅は、くだりにあったはずですが、捜し当てることはできませんでした。

筆者はここで、故秋月辰一郎氏の『長崎原爆記 被爆医師の証言』（一九六六年七月刊行）と、『死の同心円―長崎被爆医師の記録』（一九七二年六月刊行）について触れずにはおられません。両著書とも、「死の同心円」という思想を根底に踏まえ、原爆投下地から日を追うごとに、原爆死者の数が外へ外へと拡大してゆく苛烈な現実の渦中に身をおき、ご自分も被爆した身でありながら、医師として悶絶しつつ、多くの被爆者の野辺送りに立ちあい、痛恨の想いを深く込めて書かれた、まさしく魂の記録であります。ナガサキ被爆を共有して学ぶ立場から、あえて一部を引用させていただきます。

「私にこの記録を書かせたのは、治療も十分受けられないまま、この世を去っていった人びとの地底からの叫びなのである。病院を目指して登ってきた亡者のような黒く焦げた人びとに、なんらなすことのできなかった私への怨念なのである」

「しかし、悲惨な運命を背負った人々のために、愛の行為をつづけようと決心して行動してきたわけではない。むしろ、心もからだも能力も弱い医師であったからこそ、長い歳月を被爆当時とおなじような状態ですごしてこられたのだろう。私は、爆心地付近で発掘される石塊、かわら片、壊れた壺、そういった被爆資料とあまりかわらない存在である」

秋月医師は、自らを、「石塊、かわら片、壊れた壺」などと同等の存在として捉える、その高邁な志と思想の高さや深さが、筆者の心を強く打ちます。

この稿の最期に触れておきます。このたび、「全国被爆者青年同盟『君は明日生きるか』」（一九七二年二月一五日刊。破防法研究会発行）を読み返してみました。全国被青同の若き活動家が、当時、『ナガサキの被爆者』から学び、被爆二世の生き方と核兵器の廃絶と、在日朝鮮人や在日中国人の被爆者の存在を、〈他民族の被爆体験〉（日本は唯一の『被爆国』だが、『日本民族』だけが被爆者ではない）重い事実と現実を把握したようであり、この点の共有が嬉しかった。

井上光晴の詩碑

さて、わたしは本書刊行にあたり、かつて執筆のために辿ったコースを歩く、四泊五日の取材旅行を試みました。この取材旅行は、「一に端島、二に高島、三に崎戸の鬼ヶ島」（別の資料には、『一に高島、二に端島、三に崎戸の鬼ヶ島』とある。一と二が逆になっているのである。どちらが正しいか、を詮索するつもりはない）が、それを確かめる旅である。

わたしは、「端島を二」におきたい。軍艦にみたてられるのは、島の形が細長く造られ、岩盤にうがたれたアパート群の、高さの異なりの様相が遠くに映しだす、一種の軍艦のシルエットを指した形容である。端島・軍艦島は、島の岩盤にうがたれた住居群であるが、朝鮮や中国から拉致連行され、地上では見えない海底炭鉱に追いやられ、酷使と奴隷労働の世界である。鬼とは三菱独占資本であり、三鉱とも孤島であるがゆえに逃げ出すこともできない。軍艦島とは「労働監獄の島」と、形容した方がより真実にちかいであろう。

「鬼ヶ島」の鬼とは、端島炭鉱、高島炭鉱、崎戸炭鉱へ朝鮮や中国から強制連行した労働者へ、満足な食事を与えず、長時間酷使した恐怖すべき存在、三菱独占資本だったのである。「一に端島、二に高島、三に崎戸の鬼ヶ島」の鬼とは三菱独占資本をさすもので、強制連行された朝鮮人や中国人労働者への、坑底に於ける虐待的な労働を批判した烈しい呪詛や怨嗟をこめた歌に違いない。

そんな旅は、四月二二日を出発日とし、福岡から佐世保へバスで、佐世保から海路を崎戸島本郷に入り、予約している「椿の宿」（民宿）へ荷物を預けた。まだ午前中ではあり、チェックインの午後四時までの時間を有効に活かすべく行動を開始した。宿の前は玄界灘の海が果てしなく広がっていた。身体を委ねると、潮騒の音に包まれ、日常の縛りから解かれ、癒されていく得も言えない心の愉悦を覚えた。

船を停泊して繋ぎ、浜ではわかめの採り立てを、空き缶を竈に仕立て鍋をかけて海水を湯立て、わかめを湯通しして食用の準備をしていた。人懐っこく、愛想のよい六〇年配の漁師が主役だが、彼をとりまいて、連れ合いの親戚を加えて五人。その輪の中へ加えていただいた。都会から島へぶらっときた、初対面の男を仲間に引き入れる、島人の純な人情に触れて嬉しく、黙って身体に刻んだ。早速、海水で湯がきが終わったわかめを食べさせてくれた。採れたての新鮮さが歯ごたえをひきだたせる。街の魚屋で買ってきて、食べるのとは味が違うのである。途中で、穫れたての大きな粒の生きたサザエを竈の中へ入れ、頃合いをみて、「今朝、採ったサザエだ、食えや」と惜しげもなくご馳走してくれた。巻き具合にそって取り出し、はらわたまで食べるのがわたし流であり、これがサザエだ、とコリコリとした歯ごたえに心が和むのである。

都会では味わえない、長閑な時間がまたたくまに過ぎ、石炭資料館が近くにある、と聞き、「歩いても三〇分くらいかな」と漁師の連れ合いが気づかってくれたが、バスを待つことにして周辺を散策した。ほどなくバスが来て、目的地に向かった。バスを降りた一体は、小高い丘の野っぱらで、それほど広くない平地に石炭資料館があった。丘の曲がりくねった先端を削って石碑が建てられ、「のろしはあがらず」の井上光晴書による詩碑が、晴れ間の陽を受け玄海灘にむけて吠えていた。

　　のろし
のろしはあがらず
のろしはいまだ
　　　あがあず
ああ六月（五月か）野に

草満るまで
のろしはあがらず
のろしはいまだ
　あがらず　　一九四六年六月　作詞

石炭資料館の中身は、質素なたたずまいで、坑内労働や坑内トロッコの写真をとりまき、海底炭鉱での掘進作業などの全ての工具が、崎戸島の周辺地図とともに展示されていた。地下一階があり、そう広くはないスペースが井上光晴文学室である。井上光晴と崎戸炭鉱とは、どういう関係にあったのだろうか。「作家の自伝七七『井上光晴』」（一九九八年四月、日本図書センター刊）の「自筆年譜」には、次のように記されている。

「昭和元年五月一五日に中華人民共和国（当時満州）旅順に生まれた。七歳のとき佐世保市に移った。一二歳のとき、新聞配達するが、生活全く困窮し、崎戸炭鉱に移った。祖母は寮で働く」

「昭和一五年の一四歳」には、「崎戸尋常小学校、高等科一年中退。大阪・西淀川区の共和製鋼所分析見習工となった」とある。そして「同製鋼所技師H・T宅に居住、書生を兼ねる」。

翌年の「昭和一六年の一五歳」には、「崎戸炭鉱に戻り、二坑繰炭札係、坑内道具方として働いた」。翌年の一六歳は、「国家主義思想の影響を受け」、「多摩（東京）」陸軍技術研究所に配属されたが、空襲のため壊滅。どさくさにまぎれて佐世保市に帰り、二〇年八月一五日まで、炭鉱技術者養成所の教師をしていた」と言う。

崎戸炭鉱と、井上光晴の関係を知っておきたかったから、こだわったのであり、翌日も同じ井上光晴文学室の客となり、「書かれざる一章」のデビュー小説となる作品に対する、わたくしの「転向小説」の誤りを糾すメモに余念がなかった。正しくは、日本共産党に所属して、「党内闘争」を身を挺して闘い、それをモチーフに描いた前衛的な小説だったのである。

岡まさはる記念長崎平和資料館にて

石炭資料館の下には、海底炭鉱の坑道があるに違いなく、周辺には炭鉱の名残を示す坑口や煙突が望まれた。滞在は二日間であり、三日目の朝の一番のバスで桟橋に向かい、海路を佐世保へ、佐世保からJRで長崎市へ移動した。

長崎では、高島行きを計画し、予約で半年待ちのブームの最中の軍艦島と称される端島は、訪問からはずしていた。しかし県立図書館へは、資料収集のため行かねばならなかった。それと在日朝鮮人の人権を守る会の代表や岡まさはる記念長崎平和資料館の理事長を務める、高實康稔長崎大学名誉教授との面談の他に、二人の旧友と会うつもりであった。

長崎入りして、まず荷物をホテルにおき、面談の場所に指定された岡まさはる記念館（略称）へ向かった。時間はたっぷりあったから、待つ間、展示資料や史・資料を見せて貰い、購入すべき資料は代金を払って入手した。

高實長大名誉教授とは初対面であった。人懐っこく、寛容で、おおらかな人柄が好ましく、打ち解けるのに時間を要しなかった。高實先生は、岡まさはるさんが現職だったころ、ルーテル教会でわたしと会った話をされて、少しどぎまぎした。となると、先生は現役の長大の教授時代にあたる。再会の間を流れる、長い時間を感じた。高實さんは、わたしへ真っ直ぐに向き合い話をされる、生徒を前にした先生だな、と心中で威勢を正して思った。語る内容の中心は、ナガサキの被爆を中心に、朝鮮人や中国人が強制連行された歴史であり、〈血債の支払い〉に関する、抑圧民族の責任の取りようの重い問題であった。

「今日は理事会がある」という話であった。「長崎被青同の柴田君が来る筈だから、挨拶をして帰りたい」と話すと、「その結論は、わたしが承っている」という答えが、すまなそうな口ぶりで返ってきた。「彼は会いたくない、と言っていました」との伝言を受けた。「合いたくない」とは、政治組織からの離脱による対立関係をぶっつけたことを意味する。

「やはり、そうであったか」という思いが強く、「小異を捨てて大同につく」の「小異」にこだわりぬいて考えていたことを、あらためて思い返した。ある日の新聞に、「小異を捨てて大同につく」ではなく、「『小異を残して大同につく』と言いなおすべきではないか」と、提言した文章に出会って蒙を啓らかれたのである。なるほど、「小異は残してこそ」後の討論が可能になり、「一致が拡大してゆく」ことを教えられたのである。

二人の旧友たちの今

それから二人の旧友に会うことにして連絡をとった。社会新報版の木の十字架の写真を撮ってくれたカメラマンである。すでに鬼籍にはいっていた。焼香を、と思ったが今一人の旧友の現状を知って、気持ちが失せ、後日に期すことにした。今一人の旧友は、N局のディレクターで、連れあいは同じ放送局の職員で結婚した。連れ合いが言う彼の現状とは、強度のアルツハイマーを発症して、子どもの区別さえできない、という。「あなたがこられて、識別ができないわたしのつらさをわかってくだだい」と彼女から頼まれるように言われて諦めるほかなかった。

「今日中に高島へ渡っておこう」と閃き、長崎港の桟橋へ急いだ。四時過ぎの出航に間に合い、伊王島経由の高島行きの地下一階に客席をもつ、定員一二〇人ほどのそう大きくない、六〇分で行き来のできる連絡船のようなものである。客室はがら空きであった。娘を長崎の病院へ連れてきて、治療が終わって高島へ帰るところだという、五〇代半ばと思われる母親の横へ話を聞くため、座らせて貰った。

「島には診て貰える病院がなく、往復の船賃で大変な出費だが、病気には勝てないからね」と生活苦を嘆いていた。「隣の端島と比べたら、高島の落ち込みようと言ったらないんよ。あっちは軍艦島騒ぎで、大変なブームじゃないですか」

「半農半漁でなんとかやってるばってん……」と話してくれた。かつて彼女は福岡県の鞍手郡に住み、旦那は田川市の炭坑で閉山まで働いていた。閉山後は伝手を頼って、高島へ越してきた。平目漁とトマトの栽培で、どうにかやりくりしているが、けっして楽ではない。平目の調理の仕方を伝授してくれた。鯖だと三枚おろしでよいが、平目は頭を切り落とし、半分にするから、本体の三枚と合わせて「五枚おろし」と言うそうである。間もなく高島へ着く間際に、バックのなかを探しながら、「キップがない」と言いながら共に下船して別れた。

高島では、周囲を歩きながら一周してみる計画であったが、冷気の強い風が吹きすさび、長くは居れず桟橋の周辺に限った。五時は過ぎていたが、浜辺のわたしを見つけた係員が声をかけてくれて、無料の石炭資料館の見学を許可してくれた。優に一時間をこえて展示品をカメラに収めることができた。砂浜で長崎市内方向へ眼をこらすと、山の頂上がかすかに遠望でき、稲佐山の頂上だと認められた。やがて長崎港行きの連絡船が着き、高島へ別れを告げた。

翌日の県立図書館での資料収集は、首尾よくはこんだが、土曜日のことで時間切れとなり、帰省先の市立総合図書館の窓口で、「相互賃貸契約」を使って請求すれば入手できます、と丁重な説明を受けた。ほぼ、長崎での仕事は終わった。

Ⅱ　筑豊の被爆者──谷昭次郎さんの戦後

熱射の爪跡

筑豊の閉山後の元炭鉱町はその夜、星空の天幕に包まれて、石のような眠りをねむっていた。ボタ山をぬって、玄海灘へ至る遠賀川の下流に位置する人口三万余りの小都市に、星空を仰いで私は立つ。博多を発って、鹿児島本線を折尾駅で乗り換え、閑散とした中間駅に着いたばかりだ。五月一七日、時刻はカッキリ午前零時を指している。

中間原爆被爆者の会の会長、昭ちゃんと愛称される谷昭次郎さんから、私は呼び出しを受けていた。被爆者健康手帳の新規申込者があらわれ、手続に関して相談したいという。直ぐ来てくれ、ということであった。相談員として、会との間に必要に応じて出掛けて行く関係をつくっていたから、昭次郎さんの呼び出しに応えねばならなかった。また、そうすることは、会の中での私の任務でもあったのである。

あくる日、空はさわやかに澄みわたって、五月晴れであった。昼間、私は、中間原爆被爆者の会事務所で、書類の整理などして過ごした。そうこうするうちに、土方仕事を終えて、昭次郎さんが帰ってきた。夕食をすませると、私たちは、ひとりの被爆者を訪ねることにした。中間市のはずれに住む、一九二八年生れのM郎さんである。「どうしたらよかですか?」と、農業を営むM郎さんが、昭次郎さんを訪ねて来たのは、二カ月ほどまえであった。「手帳をもらうには」と前置きして、昭次郎さんがこたえる。「二名の証明人が必要ですたい。この証明人がおらんことには、話にならんとですけん」。

M郎さんは、はて? と首をかしげた。自信が持てないふうである。いかにも、おぼつかなそうなM郎さんに、昭次郎さんは、会が全面的に協力することを約束した。そしてM郎さんの方で、まず二名の証明人を探すことを指示して、その日は別れたのである。

それから二カ月。成果は上らなかった。手をつくして証明人を探したが、一人も見出せなかった。三〇年近い酷薄な歳月が流れて、転居や離別を余儀なくされ、中には、すでに故人となられた人もいたからである。「M郎さん、そのありのままを訴える以外になかですたい」と、昭次郎さんが、確信ありげに主張した。M郎さんのような例は、これまでにもあった。会は、そういう被爆者の手帳をかちとっていた。その経験を、一つの方法にまで定着させて、成算があったのである。

M郎さんは、一九四四年五月、二八歳の時、中間町第五回徴用工として、長崎県川棚町三菱海軍工廠魚雷工場設備班に配属された。M郎さんの被爆状況は、申請書によると次のようになる。「八月一〇日、魚雷工場設備班二〇名程トラックに乗り、被災地についた。そして死体処理作業に従事した。色のついた服を着たものほど被爆の状態はひどかった。息のあるものは、『水をくれ！』と訴えていた。そういう重傷者は、大きな民家のお寺に運んで収容した。作業範囲は、浦上を中心に、広範囲におよび、二二日頃までつづいた」。

最近になって、被爆者健康手帳の交付を受けようと考えるようになった動機は、一体何であろうか。健康状態の悪化である。M郎さん自身、次のように述べている。「病名は不明だが貧血ぎみで風邪をひき易く、寒がりで、身体がぬくもれば背中に湿疹ができてかゆい。最近は手のしびれがひどく、左右の眼の視力も落ちている」。「手帳交付を現在まで受けない理由」という設問には、「証人が得られず、組織もなかった」と答えている。

M郎さんの場合、現実に被爆していながら、いままで、手帳交付が受けられなかった被爆者であるが、そのためどれほど、自分の健康を見過ごしにしなければならなかったか。例えば、「貧血ぎみで風邪をひき易い」という症状が起こる。M郎さんは、被爆に基因するのではないか、という不安を抱く。が、被爆者としての治療を要求することができず諦めざるをえない。被爆者として「公認」されていないからである。その責任は、もとより厚生省の被爆に対する差別行政にあるが、その問題をようやく、中間原爆被爆者の会がとり上げることになった。「ところで、昭ちゃん」と、ひとくぎりついたところで、こんどはM郎さんが、聞く方にまわった。「昭ちゃんは、どこで被爆したとですか？」「私は中間町第八回徴用ですたい。かぞえの一七歳でした。同期のもんは八人おったですよ。折尾駅を発ったとは、一九四二年一二月二二日の夕方五時頃、忘れもしまっせん。長崎三菱兵器製作所ですたい。御船蔵町の天理教が寮だったです。一カ月余り訓練を受けて、大橋工場材料課倉庫係に配属されたですよ。

あの日、私は、倉庫の中、椅子に座って、足を組んでいたです。私は、爆心地の方をむいとりました。おまけに、上半身裸でしたきに。それがようなかったですたい。

一番はな、警戒警報が発令されたとです。おおかた、朝の八時近くやったとでっしょ。一〇時三〇分頃、いったん解除になったですよ。『空襲のため、昼食は一時に変更する』ちゅうことが、スピーカーで放送されたですね。

そのすぐあとですたい。また、スピーカーが放送ば始めたですよ。『B二九が、長崎の上空に向っているので、全員避難するように』ちゅうて。それがもう間に合わんですたい。カーバイトの火のような光が、ピカッと閃いたですよ。すると、周囲が一瞬、パッと明るくなった。丁度、カメラのフラッシュば焚いたごつ。つづいて『ズドゥーン』と大爆音。もう、なんも見えんとですよ。一面が逆巻きはじめたですけん。

まわりが見え始めたのは、二〇分ぐらいたってからやったです。私も爆風で吹き飛ばされとったですよ。左足の地下足袋がなかったですね。足を組んで右足に乗せとったでっしょ。目の前に爆弾が落ちたとでっしょね。ヤラレたな、と思ったですたい。身体中が熱い。皮膚がめくれて、ぶら下っている。身体中ぜんぶですたい。舌の先まで熱い。眼もおかしかですよ。ガスだけは吸わんやったですよ。口をつぐんで息を止めたですけん。血が出ていたから、傷もあったとでしょう。調べると、左腕がひどかったですね。肉が裂けて、口が開いとったですけん。なんとかせんばならん。ふんどしばはずして、包帯に使ったですよ。『アッチ、アッチ』と叫んで、工場の中を走りまわりよる。特に女工員は髪の毛を焼かれて、じりじりになっとったですね。かすりのモンペを焼かれて、あそこをはだけているものもいたですよ。

　助けを呼ぶ声で一杯だったです。ばってん、助けるちゅうことがなかったですたい。とにかく、逃げんばならん。自分が逃げるとで、一杯だったですけん。私は山の方へ向ったですよ。木は枝を裂かれ、葉もついてなかったですけん。三〇センチほど延びていた稲が、水に浸って引いた後のように、みんな倒れていたですね。カボチャは、指を突っ込むと、ぶすぶすとはいったですよ。煮えて、柔らかくなっとったからですたい。

　大橋工場のガスタンクに、火が燃え移ったですよ。爆発したとは、一時半頃だったでっしょ。爆発と同時に、導火線に火がついたごつ、パイプを伝って、火が走り始めたですよ。すると、ドロ柱がビューンと、いきおいよく立ったですよ。そのいきおいに、吹き上げられた人間もおったです。おおかた、死んどったとでっしょね。

　山に着いた頃、Ｂ二九が、また飛んで来たですたい。その大きいのには、たまがったですね。また、爆弾を落しに来たと思ったですよ。こわごわ見ていると、低空を旋回しただけで、去っていきよったですたい。

山で待機していると、四時頃、ふれがまわってきたですよ。『西門に集まれ』ちゅうて。私はそろそろ、山を下ったですよ。トラックが一台停っている。運転台のドアーもない、オンボロそのものですたい。そのトラックが大橋の線路まで連れて行ってくれたですよ。

汽車が待つとってくれたのには、たまがったですね。五輛ぐらいだったですよ。病院列車と同じですたい。火傷したもの、怪我をしたものばっかりですけん。瀕死の人もおったですよ。手当を待たんで、死んだもんもおったです。私は、手当を受けられる、安心したですね。ぐたっとなって、しもうたですよ。大村海軍病院についたとは、夜の一〇時頃やったでっしょね」。

「さあ、みてみんね」。そういうのももどかしげに、昭次郎さんは、ホイホイと、いとも軽々しく上半身裸になり、左足のズボンをまくってみせた。すると、まぎれもない昭次郎さんの被爆の傷痕があらわれた。背中から胸、右腕内側、左腕外側、右手甲、左足関節の広範囲にわたって、原子爆弾の熱射の爪跡が、ケロイド状に残っている。

昭次郎さんには、被爆による自分の傷跡を、隠そうとするようなところが少しもない。むしろ、それを逆手にとって、仮借なくねじふせている。自分の悲惨に対して、あくまでも決然としているのだ。

M郎さんは、昭次郎さんの話に、いちいち相づちを打って聞きいっていた。

谷昭次郎さんの苦闘

谷初太さんは、一八九四（明治28）年一一月、愛媛県宇和島の被差別部落に生れた。家は農業であった。三一歳の時、初太さんは、差別と貧困にいや気がさして、故郷を飛び出した。そして、長崎県北松浦郡の炭鉱に入った。だが、小ヤマの労務管理は厳しかった。空気銃やダイナマイトで殺された労働者もいた。それを目にして、恐くなった初太さんは、六ヵ月目にそこを逃げ出した。その後、遠賀郡芦屋の瓦屋に住み込むことになる。最初、腰掛けのつもりであった。それが長くなった。瓦職を手につけていたから。郷里で、農業のあい間に覚えたものである。

一九二五（大正14）年九月、中間町の鳴王寺に移り住んだ。二七三世帯を擁する現在の寿町であるが、この町名変更は、裏返しの行政的差別である。それはともかく鳴王寺はその頃、二五、六世帯の被差別部落にすぎなかった。一方は「ウラ谷」、他の一方は「下」と蔑称されていた。「火葬場」や「避病院」も押しつけられていた。行政権力の部落排外思想によったのだ。しかし、初太さんたちは「避病院」の患者と交流し、よく世話をした。初太さんは、瓦職人で生計を支え、やっと結婚もした。

一九二七（昭和2）年二月九日は、霜柱が立って、朝から冷え込んだ。母親のまつのさんは、大きな腹をかかえて、裏のボタ山に、石炭拾いに行っていた。昼前、腹がせく、といって家へとって返した。急いで、産婆を呼びにやった。が、間に合わなかった。産婆が駆けつけた頃には、生れていた。お産は軽かったのである。

こうして、初太さんの長男、昭次郎さんが生れた。やがて、小学校へ通うようになる。三年間は、我慢して通学した。が、その後はほとんど行かなかった。学校当局の徹底した差別教育と、一般民の苛酷な差別攻撃によって、なかば退学せずにはおられない状態に追いやられたからだ。だが、一九六五年八月、部落解放同盟中間地区協議会が結成され、昭次郎さんも同盟員の一人として、部落解放運動に参加していく。中間原爆被爆者の会を組織するにあたって、昭次郎さんの内部で、部落解放運動の経験は、大きな教訓となっていたにちがいない。

ところで私が、昭次郎さんを知ったのは、三年前の二月であった。私は、田川市の旧M炭鉱の炭住に住んで、土方で生活を維持しつつ、ある在日朝鮮高校生の裁判の支援運動に従事していた。やがて、新聞記者のN氏から誘われて、飯塚部落解放研究会の研究活動に参加するようになる。そこの活動を中心的に担っていた、被差別部落の青年のA君から、昭次郎さんを紹介してもらった。昭次郎さんが、中間原爆被爆者の会の結成を志して、苦闘している頃である。

昭次郎さんが、それを決意したのは、その年から二年さかのぼる。すなわち、一九七〇年八月、原水爆禁止長崎大会へ参加したことがきっかけであった。初めて耳にする体験発表をとおし、被爆者が、いかに差別されているかを知って、激しい憤りにとらえられる。被差別部落に生れて、厳しい差別を体験させられた昭次郎さんにとって、被爆者差別は、自らも被爆者であることから、いっそう他人事ではなかったのである。

地方自治法によると、ヒロシマ、ナガサキでは、市の責任において、被爆者の救済にあたることが定められている。ところが、福岡県の場合、各市町村は、何ら救済措置を講じなくて良いことになっている。従って、たとえば、中間市役所には、被爆者を受け入れる窓口は置かれていない。福岡県衛生部の管轄にある、それぞれの保健所が年二回、形ばかりの定期健康診断を、実施するにすぎないのだ。

その上に社会的差別が加わる。ヒロシマ、ナガサキに比較すると、被爆者への認識は、格段に低い。字義通り、目を覆いたくなるばかりの、無知がはびこっていて、差別が日常的に繰り返される。ところによると、医療機関が、被爆者を「伝染病」患者とみなして、追い返すといったことさえも、みられるのだ。

厚生省は、一九六八年、「原子爆弾被爆者実態調査」を実施したが、「基本調査」には、被爆者差別に関して、次のようなゆゆしい実態を報告している。「就職、就業について『不利な差別を受けたことがある』ものは、六〇〇三人で、全体の二・二％である」。また、「結婚について『不利な差別を受けたことがある』ものは、七一九三人で、全体の三・三％である」。

厚生省が実施した実態調査に対してすら、これだけ多くの被爆者が答えているのだから、実数はそれをもっと上まわるにちがいない。厚生省は、調査をおこなったのみで、これに対して、何ら救済措置を講じていない。行政権力の差別政策を中心に、この社会的差別は、ヒロシマ、ナガサキを遠くはなれて住む被爆者に、集中していることが考えられる。

中間市に住むFさんの場合である。Fさんは、香月の開業医を転々として、治療に従っていた。内臓が悪かったのである。だが、香月には専門医師もおらず、医療設備も完備されていなかった。一九七一年の秋、症状が急激に悪化したため、福岡市の比較的設備の完備した病院へ、さらに転院することにした。原爆医療法によると、「移送」という項目があって、転院にかかった、交通費の支払いを保証している。Fさんの場合、歩行が困難であり、タクシーを拾い、付き添いが同乗し帰りも使った。そして、往復の交通費の払い戻しを申請した。保健所の係員は、その申請を、「一五〇〇円以上は支払えない」という理由で却下した。原爆医療法には、そのような規定はない。係員が、条文を主観的に解釈して、運用したにすぎなかったのだ。

中間原爆被爆者の会が、まだ準備過程の段階にあったときであるが、昭次郎さんは、それを行政的差別と捉えて、闘いを起こした。保健所は、それを差別と認めて、自己批判書を提出し、要求どおりの交通費を支払った。その上、毎月六日と九日に、窓口を開き、独自に相談業務を実施することを約束させて、解決をみたのである。

被差別部落民と被爆者の連帯

一九七二年六月二五日、中間原爆被爆者の会の結成大会は、市内に住む過半数の被爆者の参加をかち取り、全体で四〇名余りのささやかな集会ではあったが、昭次郎さんの創意・工夫により、資料展も併せて行われ、内容は充実して、豊かな成果をあげた。

大会は、中尾さんの司会のもと、昭次郎さんの「開会のことば」をもって、始められた。形どおりに議長を選出して、それには俵さんがあたった。県被団協の方式通りに、支部会則案を審議して採択した後、役員選出審議をおこなった。その結果、会長には昭次郎さん、副会長に畑さん、事務局長には俵さんが選ばれた（私にも相談員としての任務が与えられ、快く受けた）。

つづいて来賓あいさつに移った。あいさつの類いが全てそうであるように、無味乾燥の一言につきるが、とりわけ、市当局のあいさつに、それが顕著であった。戦後二七年間、被爆者の存在にすら無自覚であった市当局が、今にして何を語れるというのか。何も語れはしない。結成大会を通して、被爆者の生活を如何に認識するか、いや認識させるか、というところにこそ、出席要請の意図はあったのである。

それにひきかえ、部落解放同盟中間地区協議会の代表のあいさつは、きわだっていた。被差別部落の中に、被爆者がいたことさえも気づかずにいたことを自己批判した後、「部落民としての差別の上に、被爆者として、身体障害者として、文字通り二重三重に差別されてきた。たとえば昭ちゃんである。部落解放同盟が、どうしてこの人たちの解放を見過ごしにできようか」と、今後の取り組みを明らかにして、共同闘争の方向を約束したからである。

各来賓のあいさつが終った後、福岡市のある病院に入院して、治療に励んでいるFさんへのカンパの訴えがなされた。全員が快くカンパに応じた。七四九四円が寄せられ、昭次郎さんの手から、直ちに家族へ手渡された。市長代理として出席していた助役は、一〇〇円カンパするのに、課長から借りる始末であった。これは、そのしぐさを事細かに観察していた一人の被爆者によって暴露されたものである（くだんの助役氏は、懇談会を待たずに帰ってしまった）。

次の議事である懇談会は、結成大会のいわばメインである。被爆者の体験発表や悩みが相互に交換されるからである。この話し合いは、被爆者の具体的な問題を明らかにし、今後の運動の方向をさぐる上で、それは必要不可欠だったのである。

昭次郎さんは、私は舌を焼かれているため、発音が普通ではなく、聞きとりにくいと思うが、と前おきして、次のように述べた。「組織化にあたっては、いろんな苦労があった。被爆者を探してまわるのが並大抵ではなかった。ようやく探し当てて訪ねると、あんたとは一緒にやれんと、追い返される。これは、部落民とは一緒にやれんということを意味して、露骨な差別である。私は小学校を満足に出ていないから、学問がない。その教養のなさを笑ったりする者もいた。しかし、今日ただいまから、これまでの泣き寝入りはきっぱり清算しようと思う。生命をかけて、被爆者解放のため挺身する」と、身体をふるわせて訴えた。

つづいて、特別アッピールとして、孫振斗さんを守る福岡市民の会、広島高場病院建設委員会の代表から、それぞれ協力の訴えがなされた。中間原爆被爆者の会は、総会の名において、この提起を受け、直ちに討論をおこなった。そして、支援決議を、満場一致で採択した。

さらに、筑豊荆の会（部落解放奨学生によってつくられている）から、熱烈な連帯のアッピールが寄せられた。あいさつに立ったのは、昭次郎さんを私に引き合わせてくれた部落青年のA君である。A君は、筑豊荆の会の高校生を組織的に動員してきていた。そして、会場の設営や受付当番を、献身的に引き受けて、結成大会の一端を担ったのであった。

閉会のことばの後、「原爆許すまじ」を合唱することになった。「三度許すまじ原爆を」の個所を二度まで許してよいことを意味するとして「ああ、許すまじ原爆を」に変更することを意志一致し、全員で合唱した。

こうして、中間原爆被爆者の会結成大会は、全ての議事を終えて、その第一歩を、力強く踏み出したのである。

結成大会から二年が経過した。一昨年の夏は、原水爆禁止東京大会、長崎大会に取り組み、延べ一〇名近い会員が参加し、昨年の夏にも、原水爆禁止広島大会、長崎大会に取り組んで、六名の会員が参加した。その間、行政闘争の過程で、プレハブ一七坪の事務所をかち取り、その一角に資料室を設置した。結成大会の折の資料展を、発展的に継承して整備したものである。そこには、すでに二〇〇点近い資料が展示されている。

また、田川市に住む、ある在日中国人被爆者老夫婦の被爆者健康手帳の申請をとり上げて、交付をかちとり、飯塚市に住むある在日朝鮮人被爆者の生活保護申請もとり上げて、受給をかちとった。さらに、中間市には含まれないが、同じ遠賀保健所に属して、未組織の状態におかれている、三〇〇名をこえる被爆者の組織化に着手して、現在準備をすすめつつある。

いま、中間原爆被爆者の会は、今年の原水爆禁止夏の大会の取り組みをはじめようとしている。会としては三回目の取り組みであるが、どれだけの被爆者を組織できるか。中間原爆被爆者の会のナンバープレートをつけた自転車が、夕方から夜にかけて、中間市内を、気ぜわしく走りまわる。土方仕事で疲れきった身体にむち打ち、ペダルをふんでオルグにまわるのは、昭次郎さんその人である。その時期が、また近づこうとしているのだ。

M郎さんの被爆者健康手帳の申請書もでき上って、雨降りのため、土方仕事にあぶれた昭次郎さんと、一八日「狭山の黒い雨」を見に行った。部落解放同盟中間地区協議会が、北中体育館で上映したのである。無実の部落青年石川一雄氏の無実と司法権力の差別犯罪を鋭くえぐって、すぐれた劇映画であった。

中間をはなれる前日の二〇日、夕方から降り出した雨の中を、その昔、石炭船がかよったという曲川に沿って、私たちは自転車を走らせた。曲川の水門のすぐそばに住む老夫婦を訪ねるためである。この被爆者夫婦は現在、年頃の娘さんをかかえて胸を痛めている。

M家を尋ねると、私たちは、普通に話している声をまずとがめられた。隣近所に聞かれるというのである。それは、周囲が、障子に耳をそばだてているとでもいうような、神経の配りようであった。Mさん夫婦が、被爆している事実については、隣近所の間で、よく知られているにもかかわらず――。郵便物についても、神経をとがらすということであった。郵便配達夫を通して、外に広がるのではないかと、不安になるからである。だから会からの通信も、「中間原爆被爆者の会」とは、書かないでもらいたいという。その配慮がなかったことについて、私たちは率直にわびなければならなかった。

「ばって、隠し通せるものではなかでっしょ」と、昭次郎さんは、相手の反応をうかがいつつ口を開いた。もちろん声をおとしてである。

「隠しておいて、もしバレた場合は、どうするとね。泣きをみるとは、娘さんじゃなかとね。やっぱ、気を強くもって、堂々と生きるとが、大事じゃなかですか」。

「昭ちゃんのいうことは、よう分るとですよ、ほんなごつ。その通りばって、現実にはそういかんとですよ」。

自分が堂々としている、その基準をもって、相手を推し量ることは問題であろう。相手がなぜ立ち上れないか、足を引っぱっているものが何であるか。それを深く捉えきっていないことには、説得はおろか、同じ被爆者としての連帯も不可能にちがいない。

それにしても、Mさん夫婦の昭次郎さんを見る眼が、射るように映ったのは、こちらのひがみであろうか。昭次郎さんを厳しく拒むかのような眼。それは、被爆者の被爆者に対する差別ではないだろうか。自分が被爆者であることから逃れるための――。

そうではないにしても、それを行使しかねないきわどい所に、Mさん夫婦は立たされているように、私には思われる。だからこそMさん夫婦が、自己変革をかちとる闘いに、昭次郎さんは、かかわるのだ。
いうまでもなく、そのことだけに自足することはできない。Mさん夫婦の娘さん、まさしく彼女が主体にならなければならない。もとより会の課題でもあるが、被爆二世の組織化、それを果す必要があるのだ。彼女自身が立ち上って、父母を説き伏せるようにならないことには、状況は少しもかわらない。それはしかし、社会全体を変えること、つまり、差別支配の元凶である国家権力と、根底的に対決して変革しぬく闘いを、会がどれだけ担いきるか、という課題とも不可分であろう。その課題を解決しぬくための思想的武装が、会に迫られている、そのことを昭次郎さんと私は確認しあったのだった。

(『月刊・ペン』一九七四年七月号掲載)

Ⅲ　長崎ノート――死者の民衆は数えきれない

はじめに

本稿の主題とは直接関わりないことであるが、本稿をなぜ執筆するようになったかを明らかにするため、その経過をまず記しておきたい。ことの始まりは、私が自分の書棚を整理しているとき、森永種夫さんが著わした「流人と非人」を見つけたことにある。「流人と非人」は、私には特別の意味があり、十数年ぶりに懐しい想いで手にしたのであった。

「流人と非人」は、私がかつて長崎の部落史発掘の作業をすすめる上で、重要な手がかりを与えてくれた一冊である。森永さんにはほかに「幕末の長崎」「犯科書」の著書があるが、とくに部落史研究に欠かせない「犯科帳」という長崎奉行所の膨大な記録の翻刻がある。この翻刻の作業の過程で副作物として生れたのが、「流人と非人」などの一連の著書である。

私は、国文学専門の森永さんが、「法」の裏にうごめいていた長崎の民衆の、とくに「エタ・

非人」の生活をとりあげた歴史観に共感せずにおられなかった。その業績は部落史研究の基礎史料を提供してくれたことにあるといえよう。もとより、これらの史料はいうまでもなく権力側の記録である。しかしその行間を通して民衆の生活を伺い知ることができる。

私は、森永さんの作業は部落史研究がテーマではないから、もともと限界をもっている、と思う。部落史研究を発展させる上で限界を明らかにすることも大切であろう。しかしそのこと以上に、業積を正当に評価しつつ、研究史のなかにとりこみ、きちんと位置づけるべきではないか。そうすることでかえって、長崎の部落史研究が広がりと深みをもち、今後の発展につながっていくのではないか、と私は考えた。

早速、以上のことを部落解放同盟長崎県連の磯本恒信委員長に提案したところ、同研究所の阿南重幸事務局長がひきとり、検討します、ということになった。ところが折り返し、君に書いてほしい、と返事がかえってきた。今度は私の方がためらい、しばらく検討させてください、と答えたのだった。

実は、私の内には部落解放運動に関する個人的な執筆について、ある拘りがあった。拘りとは、執筆についての自己規制を自分に課している、このことである。この場合、自己規制は私が現在、部落解放同盟の事務局に席をおいている理由によるのではない。私は当事者が書くことを基本としており、当事者の表現を促し、援助することを自分の任務と心得て、可能な限りそうしてきた。

私はこの十年ほど、書くことについて自己規制することで、自分を律してきた。そのことを通して祝えてきたことがある。当事者が表現を奪われ、その結果、沈黙せざるをえない事例である。「大学あれば識字あり」の言葉ではないが、知識を持つものがわがもの顔で、当事者をさしおいて発言するといった場面を、多くみかける。

だから、私は今回も、そもそも書く気はなかったが、成り行きとして言いだしっぺが引き受けざるをえなくなった、と思った。勿論、当事者が書く、という基本を修正したのではない。自分が知りえた事柄、考えた軌跡を提出することが、必要ではないかという理由にもとづく。

当初は、森永種夫さんの仕事のことに絞って書くつもりだったが、構想を考えているうちに、書きたいこと、書かねばならないことがいろいろに浮んできた。一つの例は、行方不明になっていた二十年前の部落史発掘にかかわる草稿、「長崎民衆史覚書」が見つかり、本稿の一部にとりいれることにしたこともある。

そんなわけでこの際、「長崎以後」の私自身の歩みを振り返り、足跡をたどりながら今後の自分なりの展望をも探ることにした。このような意図はそれとして、よくよく考えてみれば、自分のためのメモを綴るといったおもむきがなくもないが、本稿が長崎の部落史研究や部落解放運動をすすめる上で、多少でも寄与できることを希ってやまない。

「ナガサキ」は私にとってどんな存在か

例年なら長崎の八月九日は焦熱の太陽が照りつけるのだが、今年はめずらしく雨もよいの天気だった。私はこの十数年来そうしてきたように、今年もまた、被差別部落の慰霊祭に参列した。十時から始まった慰霊祭は住職の読経、経過報告、来ひん挨拶とつづき、原爆投下時刻の十一時二分のサイレンとともに黙とうにうつり、参列者の焼香をもって終る。一年に一度の被差別部落の共同墓地における慰霊祭は、こうして閉じられるのである。

私は自分が参加すべき集会を終って、この慰霊祭に参列したのだった。式次第にそって慰霊の行事はすすめられたが、十一時二分のサイレンを合図に、花火の音がしじまを破った。このあと焼香が始まると、地元の人を除きみんな帰路についた。この日のために県外から里帰りしている人もおり、久し振りの再会を喜びあっている光景もみられた。

私は、磯本委員長はじめ地元の人びとに挨拶し、一年ぶりの再会をはたした。長崎支部長の長門隆明さんや高岡良雄さんとは、全国規模の集会の場で会ったりして、今ではすっかり闘う仲間である。その長門さんと私が話しているところへ、一人の青年が近づいてきて挨拶した。北九州の部落解放同盟の組織の人で、かつての福岡県青の活動をとうして、顔馴染みである。「連れあいです」と彼から紹介された女性は長崎支部の人で、私も知っている。二人は縁あってこの春に結婚したというが、私にも嬉しいニュースであった。

長門隆明支部長がその彼をつかまえ、私のことを話しはじめた。内容は二十年も前のもので、私が被差別部落に通い、長門さんをしばしば尋ねたりしたことである。長門さんはいま、それを笑い話としてだけでなく、私を優しくつつむように紹介しているのだった。

「この人はね、そりゃよう通ってきよった。あまりしつこいんで、何回も怒鳴って、追い返しよった。『もう、来んでよか、来ることならん!』ってね。あるときは説教もしてやった。『あんたね、まだ若いんだから、こんなことから早く足を洗って、まともな生活を始めなさい』とね。それでも、あきらめんで来よった。あれから二十年経ったいな……」

彼は、温厚な人柄の長門さんの笑いながらの話を、だまって聞いていた。私には全ておもいあたる懐しい内容である。私は二人の間にはさまり、話を聞きながら二十年の歳月を、心の中で一緒懸命にたぐっていた。

私には、長崎に自分をかさねて考える時、心を衝いて浮んでくる一行の詩がある。厳密には詩といえないのかも知れないが、次のような内容である。「逃亡極めれば自ずから逆攻となる乎?」という一行で、それには「作者不明『辺境軍談』」と断りがついている。黒田喜夫さんの詩集「不安と遊撃」の中に収められている、「昼も夜も」の長詩の冒頭に引かれているものだ。

黒田喜夫さんは革命を主題に、たえず身を挺してたたかい、それゆえに時代を鋭く先取りした詩や評論を書きつづけた。これらの表現は、私が二十代の一時期に愛読した文章の中でも、きわだった意味をもっている。勿論、私が詩の深い意味をはっきりとらまえ、血肉化するようになるのは、長崎に住むようになってからである。

長崎に落ち着くまでの私の生活とは、ひっきょう、「逃亡」から逃亡へのそれであり、ひたすらに逃亡の道のりであったと思う。私にとって、これらの遍歴とは、いわば観念の産物であり、その清算を迫られての長崎行であった。私は魂の回心ともいうべき「内面の革命」を経験するが、「逃亡」と訣別し、いよいよ「逆攻」を準備することになったのである。逆亡極めれば自ずから逆攻となる乎?であるが、被爆問題を武器にして、長崎から逆攻に転ずるというのが、私の権力闘争への出発であった。

私は、一九六五年九月から長崎に居住し、被爆問題の調査を始めた。私の方法論は、やはり革命的詩人・黒田喜夫さんの「階級の底はふかく死者の民衆は数えきれない」につきると言ってよい。階級の底へ底へとおり、そこに横たわる死者の民衆を数えていく、そういうものとして作業をすすめた。

私は被爆問題を解明していく調査の過程で、在日朝鮮・韓国人や中国人の闘いと生活にふれ、また、被差別部落民とあらためて出会うことになった。長崎の被爆問題は強制連行されてきた朝鮮人の存在と深くかかわっている。長崎には戦時中、三菱造船所（現在もある）や兵器製作所があって、周知のように長崎がそのために原爆投下の目標に選ばれたのであった。

私は、長崎の被爆の事実に迫るため、あらゆる角度から照明をあてるように心がけたが、とくに被差別部落との関係に拘り、そこへ焦点を絞っていった。それには理由がある。私にはかつて、被差別部落との関わりがあり、しかも差別的に振るまっていた体験をもっている。小学校高学年から中学校卒業までの頃で、一人の貧農の子は、その成長期を差別にまみれて送ったことを告白しなければならない。

その後、私は暗い情念を抱き、文学の世界に逃げこんで出身階級からの脱出を試みた。階級的に物を考えるなどということは無縁の事柄であり、ある意味で、自分を裏切りつづけていたのである。この間は、部落差別の問題や自分の差別の事実について意識するなど、およそなかった。差別の体験は不問に附し、平然と生きていたのだった。

長崎で被爆問題を考える中で、あらためて被差別部落と出会ったというのは、このことである。まさに、差別史としての自己史の切開を、合せてこのことを通して自己変革を迫られたといえる。私は、自分をぬきさしのならないところへ追いこみ、作業をつづけた。

やがて私は、被差別部落の聞書きを、被爆に関わる他の文章とともに、「ナガサキの被爆者」として一冊にまとめることになる。しかし拙著は当時、地区労の書記長をしていた磯本恒信さんの目にとまり、問題になるのだ。私は磯本さんから糾弾を受け、自己批判することになる。そのときの経過を、のちに部落解放同盟長崎県連の結成を報告した、「長崎にひるがえる荊冠旗」のルポに書いたので引用してみたい。

「そりゃ君、いまならいいよ。おくればせながら、組織をつくったからね。組織といっても、まだ強くはないが……少なくとも、これからは組織が守ってやれる。しかし当時は、君も知ってのとおり守る態勢がなかった。長崎にも部落がある、などと公表してごらん、われわれ部落民は、差別攻撃の前にさらされるだけだよ。卒直にいって君の取り組みには、その点の問題意識が欠落していたね」。

磯本さんの言葉は穏やかであったが、心に突き刺さる内容である。私には一言の弁解もなかった。だから磯本さんの糾弾を受けとめて、ルポのつづきに次のように書いた。

「私の取り組みには、被差別部落民の防衛に対する配慮が、決定的に欠落していた。その結果、被差別部落民を、差別の前にさらすことになった。なぜなら、私は自分の取り組みを部落解放同盟の建設と有機的に結合させえていなかったのだ。私には、磯本さんから、その防衛の問題をめぐって糾弾され、それにこたえる責任と義務があった」

しかし私は、糾弾のあとも、許されたとは少しも考えなかった。問題はむしろ、これからであることをひしひしと感じていた。糾弾とは何か、部落差別に関わるとは何か——私は自分で考え、自分にこたえなければならない必要に迫られた。ほかの誰でもない、まぎれもなく自分の課題である。

私はそのころ、文章を書いて生きていく目標をたてていた。いま振り返ると、誠にお目出度い話だが、当時は真剣にそう考えていた。糾弾によって問われたのは、書く内容や質にとどまらず、また、書く姿勢そのものであった。部落差別の問題は単に書く上の素材であってはならず、また、書くだけでは許されないということである。部落解放を実現していくためには、実践こそが求められている、この原則的なことを徹底的に追及されたのでもあった、と思う。

しかも、書いたことの責任は、どんなことがあろうと果たさなければならない。いったんは部落差別にふれて書いたことの、ひいてはそれが問題となった以上、糾弾にこたえる道は、部落差別の問題を生涯のテーマに据え直すことであるにしても、単に書いていくことですまされるというのではないであろう。

私は、書いたことの責任をとりきるというのは、まさしく生涯を賭け、部落差別との闘いを自分の生き方にしていくことである、と総括した。私の人生の再出発はこうして始まったが、何よりもまず闘いぬき、生きていくことだ。書くことは、その次でよいではないか。表現とは私にとって、成長のための方法であり、自己変革の武器にほかならない。原則は――書く上では自分が実践的に関わったテーマに絞り、わが身を挺して責任をはたしたといえる問題に限定する、これである。

しかし、責任をとるということは、ゴールがないにひとしいものと、十五、六年を経て気付くようになった。マラソン・ランナーのようにその間は、責任をはたしつつひたすらに走りつづけてきた道程である。振り返ってみれば、走りながら、自分のための覚書きを綴ってきたようなところがないとはいえない。収獲はあまりにも乏しいが、それは愚鈍さの結果以外の何ものでもない。誇りに思えることは私なりに部落解放をめざし、ただただ一途に闘いの中で生き、細ぼそと書きついできたことである。

ところで私は、被爆問題の調査の過程で、在日朝鮮、韓国人に出会ったことを、前にふれた。調査はあるところで切り上げたものの、差別を考える上で看過できないものとなり、根元的なところから、これまでの運動観、人生観の検証を迫るまでに、重くのしかかってきただけではない。私という一個の人間の歴史性、存在の基盤を揺がすほどの重大事になっていった。

日本の近代百年とは、周知のように、朝鮮・中国をはじめとしたアジアへの海外侵略と植民地支配の血にまみれた歴史ではなかったか。天皇制国家の中に組みこまれた抑圧民族の一人である私は、被抑圧民族に対し、魯迅のいう「血債」を支払う責任と義務がある、といえる。血債の支払いは差別問題を考える最低の条件であるが、朝鮮（中国）の立場に立ったとき、部落差別の問題が、その照り返しによってさらに深く視えるようになったことを知った。国家はまさしく、アジアへの侵略にむけて部落差別をテコとすること、つまり、排外主義と差別主義を一対のものとして扇動し、民衆を総動員していくのである。

私ははじめて、思想をもてといわれてきた、その思想が自分の中に育ちつつあることを感じ始めた。闘いながら生きるための思想――私にとっては〝朝鮮〟をまず据えて、そこから捉え返し、部落解放をめざすという内容である。この思想は生き方の、物の見方の方法にとどまらない。正確には、闘いに生きる私自身の綱領であり、長崎で育まれた私自身の銃座なのだ。

「犯科帳」――部落史研究の基礎資料

　私がたてた長崎の部落史発掘の構想は、まず①近世における被差別部落の形成とその変遷やキリシタンとの関わり、次に②被差別部落の生活の実態であり、近代については、③「解放令」以後の生活、つづいて④全国水平社結成にともなう闘いの起こりと歴史、⑤最後に被爆の影響と集落の再興を明らかにすることである。

　展開としては、最後の被爆の影響と集落の再興から始めたが、この課題には証人が生存しているうえ資料も豊富にあり、さして難航もしなかった。作業の手順としてはつづいて①と②にすすみ、③④を完成させるという計画であった。結果的には、③と④は私が長崎に居住している間に、多少の資料収集で終ってしまった。

　ところで、私は一身上の都合で一九七一年十月に長崎を離れざるをえなくなったとき、部落史に関する収集しえたかぎりの史（資）料とその所在を、磯本恒信委員長に引き継ぎ、後を託した。原史（資）料の私物（有）化は研究活動の障害になり、また、当事者に返還すべきだと考えたからでもある。磯本さんは私が提供したささやかな資（史）料を基礎に、その後、本格的な資料収集と研究活動に着手され、やがて部落解放同盟の組織化につづき、部落史研究所の創設をはたしたのである。

私には、中途で作業を放棄してしまった悔いが、当然にも残った。しかし一方に安堵感もあった。「ながさき 部落解放研究」誌が着実に発刊されていったからである。良心的研究者や運動家を擁しての、すぐれた研究論考や実践報告を前に、私などの作業をはるかにこえた豊かな収獲にふれて、喜ばしいかぎりであった。

さて、私が部落史発掘の中でもっとも難航したのは、①近世における被差別部落の形成とその変遷やキリシタンとの関わりを解明する作業であった。県立図書館には郷土関係の史（資）料を比較的整備していたが、近世になると必ずしも多くなかった。ましてや、部落史の関係は皆無にひとしく、文字通りの暗中模索であった。

私は、そのころ小さな製版工場に勤めていたが、思いきって退職し、図書館に日参する生活に切り替えた。私なりに本格的に取り組むためである。しかし収入は僅かな失業保険だけだったから、コピーするゆとりもなく、もっぱら転写に励んだ。切ない話ではあるが、一冊の文献に目を通しおえて、部落史に関する一行の記述でもあると、小躍りして喜んだものだ。通常の場合はその逆が多く、気の遠くなるような「無駄」を消費しつづけていたのである。

私は、①の作業の過程でも、②の被差別部落の生活の解明を意識していたが、ついにこの点に関する豊富な資料と出会うことになった。長崎奉行所の判決記録「犯科帳」である。権力側の資料ではあったが、「御仕置伺集」と「口書」（白状書）を合わせると、民衆の生活を読みとることが十分に可能であった。古文書にはズブの素人の私にも、なんとか解読もできた。

私の目の前にあるのは、活版印刷された翻刻版であり、「犯科帳」十一巻、「御仕置伺集」三巻、「口書集」二巻の膨大な史料である。読みやすいのはありがたかったが、手ばなしで喜べない気持である。自分の作業の経験からその苦労が少しでも理解できるからである。一体、誰が、どのような涙ぐましい努力を傾けてここまで仕上げたか、想いを寄せずにはおられなかった。

「犯科帳」という筆字の原史料にあたり、書写されただけではなく、刊行にまで心を砕かれたのは森永種夫さん、その人である。森永さんには、前にもふれた「犯科帳」翻刻作業の副産物ともいうべき、「犯科帳」や「流人と非人」、「幕末の長崎」の著書があることを知り、力強い味方をえた思いで援けを借りた。

一九五四年の春に図書館に勤めるようになった森永種夫さんは、「図書館に入ってすぐその資料目録を刊行する仕事にぶっつかったが、その目録を求める人の声が意外に多く、またそれについて熱心な問い合わせが多いのを見るにつけ、このうちいくつでもよいから、とくに貴重なものを選んで刊行するようなことでもできたら――と漫然考えるようになった」と「犯科帳」のはしがきに書いているが、つづけて次のように述懐している。

「その心持ちを具体的にそうしてみたいというところにまで引きずりこんだのが、長崎奉行所の判決記録――『犯科帳』の魅力であった。最初、心をひかれたのは、書庫内の二架にぎっしりつまり、二百年間にわたってそろっている量の大きさにあったたかも知れない。……やがて、拾い読みから通読へ、通読から熟読へと、すっかりそのとりことなり、余暇の許す限り、手から離せないものになってしまった。わたしは歴史を専門に調べたものでもなく、法律を専攻したものでもない。ただそこに読み取られる二百年間の庶民のなまの生活の実態には心をゆさぶられる思いがした。これをこのまま眠らせておくのはあまりにももったいない気持ちがした。ここにこんな資料がありますよと、一人でも多くの人に知らせたい気持ちになった。最初、漫然と資料の刊行をしたいと思っていたのが、もし刊行するなら、これこそ第一候補だと思うようになった」。

「ここにこんな資料がありますよ」と、森永さんの絶えざる労苦によって私たちの前に提出された翻刻版の「犯科帳」は、長崎における近世の部落史研究にとって欠かすことのできない基礎資料となった。私の部落史発掘の作業、なかでも近世における被差別部落の生活の実態を知る手がかりも、この「犯科帳」によって与えられるのである。

「犯科帳」につづく「流人と非人」の著書は、森永さんが「『犯科帳』を書きながら、終始頭を去らなかったのは、流人と非人に関する事件であった。……今再びそれに触れる機会を与えられて、わたしは喜びに堪えない。今度は、はじめから流人と非人とに焦点を合わせて筆を進めることができた」と、喜びを語っている。つづけて、「生ける身として最も重い罰に処せられた流人、処罰以上に苛酷な身分的差別をうけた非人、その流人と非人の姿が、犯罪の記録の上にどう映っているかを読みとっていただければ幸いである」とはしがきに記した。

「犯科帳」にあらわれる犯罪や事件は、法に抵触したとはいえ、苛酷な法やその運用に問題があったことも否定できない。私としてはこちらを指弾したい。犯罪や事件は権力者の見方であり、民衆の生きんがため、食わんがためのギリギリの行為であった場合が多い。森永さんにもそのような視点があって、民衆の生活に優しい眼をそそぎ、掬いあげてもいる。こういう温もりは表現の息づかいから伝わり、好感がもてる。

彼等は、その上司からさえ、役柄を利用してなにか不正をやっているんじゃないかと、疑いの目で見られることが少なくなかった。敲き処分の敲き役は皮屋町部落ものの勤めだった。その敲き役に当る部落のものどもが、最近、あらかじめ囚人たちから頼みを受け、その敲きかたを加減しているのではないかという噂があった。

とりあえず皮屋町部落の敲き役清右衛門・平蔵・茂三次の三人が吟味された。三人は、囚人どもは用捨なく取り扱い、その数にしても強弱にしても、囚人の頼みによって敲きかたをどうこうするようにした覚えは断じてないと、申し開きした。しかし、最近の三人の敲き処分に立ち会った検使のものや出役のものたちは、いずれも三人の敲きかたはいつもより手ぬるかったと証言した。申し開きは取り上げられず、三人とも三十日の手鎖処分となった。——寛政八年（一七九六年）。「流人と非人」

敲き役は皮屋町の住民に命ぜられていたのであるが、囚人を前に、敲きかたの「数にしても強弱にしても、手ぬるかった」とは楽しい。皮屋町の敲き役が囚人に情をかけていたということである。その「手ぬるさ」が市中の噂になるほどだったから、なかなかのものではないか。困りはてた長崎奉行所の役人の顔が浮んできて、面白い。

「非人の世界、それは隔絶された世界であり、絶えず疎外と冷遇とにとり囲まれ、しかもその大多数が、生れながらにしてその身分にあるということ、そこに流人以上のぬきさしならぬ悲惨な要素を含んでいた。犯罪を通してみた非人の生活にもそれが色こくにじんでいる」（「流人と非人」より）。

「非人」の世界の被差別の苛酷さをとらえてみせた右の指摘は、私にも十分に納得がいく。ただ、惜しまれてならないのは、「皮屋町」の存在を、「非人」制度の枠の中で捉え、解釈してしまっている点である。勿論、「浦上村の皮屋町には、また別の特殊部落があった。長崎の町の人には、その所在をそれと知られ、一目でそれと知られる小屋であり、部落であった」と、身分をはっきり区別していた一面もある。

「特殊部落」の規定では、その歴史認識と意識が問題であるが、「長崎の非人たちは、浦上村のかっくい原と船江の両部落に住んでいた」と書いているから、「皮屋町」の中の「別の部落」がどういう集落であったか、判然としない。森永さんの記述では、身分を細かく区分しているようで、実のところ、「非人」制度の枠の中で視てしまっている節がある。

それからもう一つ、たとえば、「非人部落と皮屋町部落との関係はどうなっていたのか。その間の消息をものがたる一件を紹介しよう」の中で、「……三人は庄右衛門を呼び出し、皮屋町の娘を役方へも断りなく……」と「皮屋町の娘」と表現しても、「穢多」とは書かない。「穢多」ではなく、「皮屋町の娘」はある意味で正しい表現であろう。そういえば、森永さんの著書の中には、私が知る限り、「穢多」とか「穢多部落」という言葉はほとんど見当らない。これは森永さんなりの配慮からきているように思われる。

しかし、歴史的事実は、「賤民身分」が「エタ」と「非人」の、差別的な上下関係に区分されていたことを物語っている。この歴史的事実は看過できないのであり、差別支配の頂点とその序列の構造を抉りだし、撃つためにこそ、切り込んでいかなければならない、根本的問題ではないだろうか。

それにしても「犯科帳」は、部落史発掘の上で大きな位置を占め、私の作業も前進させてくれた。近世における、この部落史研究の基礎史料を使いこなすことがこれからの課題であり、森永さんの労苦に報いる道である。

被差別部落とキリシタン

この章で展開する論考は、ほぼ二十年前の草稿からのものであり、いま読み直してみていろいろ問題を感じるが、加筆訂正は最少限にとどめ、原形のまま提出することにした。原題は「長崎民衆史覚書」であるが、「資料的序説」と内容を規定したように、史料を整理したほどの叙述でしかない。その限りでは部落史に関する論考というより、文字通り資料的序説にほかならない。批判は覚悟の上であるが、願わくば部落史研究の中に批判的に摂取し、より以上に発展させていただきたい。

さて、私は長崎の部落史に関する史料を集める中で、キリシタンとの関わりあいの解明を避けて通れないと感じるようになった。同じ問題意識と視点は、すでに磯本恒信氏や増田史郎亮氏がもたれ、それぞれ「長崎の風土と被差別部落史祖考」と「浦上四番崩れ事件」等の論考において追究されており、全貌の解明はこれら先学の作業を待ちたい。

「長崎民衆史覚書」もまた、長崎の被差別部落とキリシタンとのかさなりにふれた論議の紹介から書きおこしている。正確には論考をもってする論議というより、投書の形でおこなわれた誌上討論である。掲載誌は大正初期に刊行されていた「民族と歴史」であるが、歴史学者の喜田貞吉氏が発行したもので、のちに「特殊部落研究号」で部落史研究に一石を投じた。論議の発端は、一九一九(大正八)年発行の同誌第一号に掲載された「切支丹と旧穢多」と題する短いコラムである。

「長崎へ参り当地の物識り某氏より承候処御通知申上候。当地浦上は古き旧教徒の多き地なりしが、其の大部分は旧穢多なる由に候。是は幕府の圧迫甚しきにつき、信仰等は自ら良民として居らんよりは、むしろ身を穢多部落に投じて半ば治外法権なるを利用し、長く信仰を続けたるものの由に候。興味を引きまゝ、御通知申上根。長崎にて榊原政識」

榊原氏は、「旧教徒の大部分は旧穢多であるが、幕府の弾圧から信仰を守るため、治外法権の穢多部落に潜入してそうなった」というのである。榊原氏の発言は、私が知るかぎり、被差別部落とキリシタンとの関係にふれて、公にされた初めてのものであった。気にかかるのは論拠を何ら示さず、「物識り某氏」の談話を、「興味」のままとりあげた点である。物議をかもすのは当然であったと言えよう。

同誌に早速、浦部きよし氏が次のような反論文を寄せた。「浦上村民は穢多ではない。決して穢多ではない。彼等の生活や住民は頗る穢いが、穢多は穢多で別にある。斯くの如き重大問題は、安易に信ぜざるが、我等の態度とすべき所だ」と。

「彼等の生活や住居は頗る穢い」とは、差別感を露骨にあらわした表現であるが、浦部氏は榊原氏の主張を正面から否定し、被差別部落民とキリシタンがまったく別個の存在であることを提起したのである。このあと、「民族と歴史」誌の編集・発行責任者である喜田氏自身が、論議のなりゆきをとらえ一文を載せた。

「御注意まことに感謝する所である。自分はエタを以て特に穢れたものだとも、又賤しいものだとも思わぬから、殊に基督の教を奉ずる此等の人々が、世人の或る者等の間に存する訛伝を意に介せられもすまいとは思うが、目暗千人の世の中にあって、為に迷惑を感ぜられる事も少なくはなかろうと、切に同情し、謹んで不注意の点を謝する。但彼等の或る者を以て、旧エタだとする説を為すもののあるのは事実らしく、京大教授坂口博士が先般彼の地へ行かれた際に、或る人からは之をエタだと教えられ、或る人からは然らずと聞かれたそうである」

喜田氏は、京大教授坂口博士が長崎を訪ずれた際の伝聞によって、両者の主張がどちらも根拠のあるものだと指摘した。比較的長く書かれたこの文章は、謝罪文の体をなし、論議に一応の結末をつけようとして掲載されたものと思われる。おさまらないのは榊原氏である。このあとも、さらに一文が投じられ、論議はつづいた。榊原氏の弁明文であるが、浦部氏の反論がよほど気になったとみえる。

「小生の長崎よりの通信につき浦部きよし氏より御目玉頂戴、多少責任を感じ候。併し右の話は長崎の歴史の生字引とも言はる古賀十二郎氏よりの直話にして、其の材料も長崎の図書館に数多ありとの由に候」

榊原氏は弁明文をしたためたにもかかわらず自説を撤回せず、「古賀十二郎氏の直話」や「長崎の図書館」を引き合いにだして、むしろ補強さえした。勿論、実証的には何一つ明らかにしないままである。この論争ならぬ論争に、喜田貞吉氏自身が「民族と歴史」誌上において次のような結論をだし、最終的にケリをつけてしまった。

「切支丹とエタの問題が一寸引っかかって、其の後にも長崎の本山桂川氏を始め、いろいろの投書があったが、要するに浦部君の記事によっても、問題が『生活や住居は頗る穢い』のは事実であるらしい。随って彼等が少くも或る一部の人士から、たとひそれが誤解であったにしても、嘗てエタだと言はれて居たのは事実であったらしい。それが間違であったか否かの問題になると、結局は彼等が旧幕時代の人別帳に、『穢多』と肩書されて居たか否かによって決せねばならぬ。併し大伍から云えば、そう八釜しく穿さくすべき必要もないもので、自分はそれが誤解であったと信じたい（後略）」

喜田氏は、浦上の旧切支丹が、「生活や住居は頗る穢い」にしても、「エタと言われていた事実」は「誤解」として否定した。但し、喜田氏自身の主張にも、裏付けの根拠がまったくない。全て単なる伝聞や図書館が唯一の論拠であるから、話にならない。私に言わせるなら、「八釜しく穿さくすべき必要もない」ではなく、むしろ徹底して「八釜しく穿さく」してほしかった。論議の中心テーマは重要であり、内容的にも史料によって、きちんと掘りさげる必要があるからだ。

私は以上の論議を引きとり、被差別部落とキリシタンの関係を史料によって解明しようと試みた。長崎の部落史を跡づける上で看過できないからであるが、初めての試みであり、歴史に素人ときている。素人は情熱が頼りで怖さを知らない、から始末にわるいと自戒している。以下は「長崎民衆史覚書」の草稿である。

「生計の手段を有せぬある特殊の人々は市外の山間に追放せられ、次の如き厳命と監視法とが言せられた。曰く、付近の村落に入るべからず、市に帰来すべからず、雨または日光を防ぐために小屋及び屋根を作るべからず、野獣の如く山野に棲息すべし。また彼らの監視人は地方を巡回し、雨と日光とを防ぐに足る藁束を見れば、直ちにこれを焼却すべし」

「長崎の山地に追放せられた……生計の手段を有せぬある特殊の人々は、妻子の絶えざる号泣叫喚によって甚だしく心を動かされた。彼らの妻子は、日中の暑気、夜間の寒気、雨、風に耐えず、苦悩によって身体は蟾蜍のように張れ上ってしまった。最初信仰を棄てないと十分に決心した多くの人々も、前掲種々の呵責により、その決心を貫徹するを得なかった」。

長い引用ではあったが、オランダの宣教師ライエル・ハイスベルツの「日本人の暴虐と残酷」（フランソア・カロン『日本大王国記—日本殉教者の歴史』より）の記録の中の一部で、一六〇〇年代のものである。凄惨な弾圧と苛酷な追放は、獣にもひとしい生活を強いているが、棄教の拒否に対する報復と考えられる。問題となるのは、「生計の手段を有せぬある特殊の人々」とははたして誰を指していたか、ということであろう。この記録だけをもってしては、「ある特殊の人びと」が「キリシタンのエタ」であったと、断定することはできない。

「大村家覚書附録」の「邪宗門御改囚人等之事」には、「一六二六（寛永三丙寅）年……追出し候者ども山々田畠等に小屋を掛候を其先々に火をかけ焼払ふ故、隠に所なく雪雨に濡れ難儀に及び……」とあり、また「長崎記二之巻」にも同じ記述がみられる。

断定は避け、いましばらく、別の資料によることにするが、千田千吉氏の「踏絵考」（考古学第八篇第四号）には、「禁教の厳は、教徒をして乞食非人に帰するものあるによれり、寛永七年大阪に於いて逮捕せし教徒七〇名は乞食非人なりしを以てなり」とある。「禁教の厳」によって乞食非人に身を擬したとあるだけで、元の身分については何もふれていない。彼らが、士・農・工・商のどの身分に属していたかは不明である。どの身分にあったにせよ、彼らがそれぞれの人別帳の轍によってつながれていたことは周知の事実である。その上に宗門人別帳があったのだから、居住地からの出奔一つとっても容易ではない筈である。

また、「穢多部落」にも人別帳があったから、農・工・商の身分にあったものが、榊原氏のいう「良民として居らんよりは、むしろ身を穢多部落に投じる」ためには、苛酷な人別帳を二重、三重にくぐらなければならないことになる。はたして幕藩体制の厳しい身分制社会において、そんなにたやすく身分を変えたり、隠したりすることが可能であっただろうか、という疑問が生じてくる。

ところで、「長崎略記」には、「初め乞食等宗門調査の事なし因て教徒多く乞食となり諸方を徘徊せり是に於て始て乞食の宗門を調査し踏絵の法を行う」とあるが、元の身分は明確にされていない。この「長崎略記」や「長崎実録大成」も、期せずして被差別部落とキリシタンとの関連については何もふれていない。

しかし、やがて踏絵は被差別部落にまで及ぶようになった。それを証明する記録を列記しておこう。「但是ヨリ以後乞食穢多共ニ宗旨改メノ踏絵」（不明）。「九日迄カツクイ町ニテ相済」（平戸藩『宗門方、類族方手鏡』）。カツクイ町とは非人居所のことである。「八日、皮屋町も又絵踏」（長崎歳時記）。「エタ・非人等は、牢守支配にて絵板を踏み、牢守より、踏絵帳を長崎奉行所に納むのであった」（長崎市史）。

いましばらく史料を追うことにしようと思う。

パエザ神父の書翰には、「平蔵は皮屋町の者に殉教者を留置しておくよう下命しましたが、町の者達はその命令に従いたくない旨答えました」とある。

平蔵は末次平蔵であり、当時、代官の職にあった。平蔵が代官に抜擢されたのは一六一六（元和二）年で、長谷川権六が天領・長崎奉行として在職していた頃である。

徳川家康は、豊臣秀吉が築いた直轄領の長崎を引きついだばかりでなく、キリシタン禁令までそっくり踏襲した。家康は一六一六（元和二）年に没し、徳川幕府は二代目秀忠、三代目家光へと受け継がれていく。キリシタン弾圧は、跡目が代わる度に強化徹底され、家光はついに鎖国をもって国内のキリシタンを孤立させた。やがて踏絵が制度化され、キリシタン弾圧は惨禍を極めるのである。

末次平蔵は幕府の先兵であり、禁教令を駆使し、キリシタン弾圧を残酷なまでに強行した。彼は悪名高い「宗門人別帳」を採用した。そして市内のキリシタンを徹底的に追及し、宗門人別帳にことごとく記帳した。狙いは棄教であるが、棄教しないものは死罪の刑罰をもってあたったという。

平蔵は宗門人別帳にもとづいて逮捕したキリシタンを、パエザ神父の書翰によると、「皮屋町の者に留置しておけ」と命令するのである。「皮屋町」の住民が下役人として使われていたということであろうか。キリシタン弾圧には「皮屋町」だけでなく、「馬町」も動員させられていた。「平蔵は馬町の代表者に命じてドミンゴスを炙るための薪を運ぶように言いましたが、このときもやはり伝言が三回も繰返されたのに、全町民挙ってそれに応じたくない旨答えました」と、パエザ神父は大変興味ある事実を記録している。

パエザ神父の同じ書幹には、「平蔵は皮屋町の者に殉教者を留置しておくよう下命しましたが、町の者達はその命令に従いたくない旨答えました。このように彼等が答えたのは今回が初めてではありません」とあり、「皮屋町」の住民もまた、キリシタン弾圧に非協力＝抵抗していた事実をはっきり書きとめている。

この辺りで少し整理しておきたい。私が知りえた史料では、被差別部落とキリシタンの関係を明確に示すものはなかった。「禁教令」の苛酷な弾圧によって、キリシタンが「乞食」や「非人」に身をまぎらせて、信仰を守ろうとしたことは事実である。一方、被差別部落の住民の中に、キリシタン信者がいても不思議はなかったといえそうである。しかし、それを証明する史料がないから、断定は避けたい。

ところで「長崎民衆史覚書」は、被差別部落がいつ形成されたか、その後の移転の跡付けを史料によってたどり、最終的に浦上村馬込郷に落ち着いたことを明らかにしている。これらの内容は、先学によってすでに証明されているところである。それらの成果に加えて資するところがあると判断できたなら、その段階で補記として稿をあらためることにしたい。いまはその必要を感じないので、以下についてはひとまず省略したい。

階級支配と差別の歴史を転覆する課題

私の郷里の被差別部落は、いま僅かに共同墓地を残すのみで、何の痕跡もとどめていない。かつての二十世帯ほどの集落は田畑にとってかわり、誠に荒涼とした光景である。三年前だったか久し振りに帰った折、その地を歩きながら、余りの変貌に胸を引き裂かれる思いであった。一人、二人と逃散するように何処ともなく去って行き、無人と化した被差別部落は、しかし私の意識の中に鮮明に焼きついている。

私が住んでいた頃、美方郡照来村多子と呼ばれた八十世帯ほどの集落の構造そのものが、差別的な上下関係を基盤に固定されていた。村の中心には神社が居坐わり、周辺の平地を富農衆が陣取っている。分家の集落はずっとくだったところ、段丘状に拓かれた位置にある。そのさらにしもの、村から隔てられた一画に、その名も下村と呼ばれた被差別部落があった。

私が育ったのは、字名を小山といわれた十五世帯ほどの分家の集落であった。分家衆の中には、本家の小作農として位置づけられていた家もあった。階級的にも搾取され、日常生活のあらゆる面で、本家衆に頭があがらなかった。一方、分家の集落は下村と隣り合わせにあり、本家から受ける重圧を下村へ転嫁し、きわめて差別的に振るまっていた。

私の祖父は、本家から独立するとき、僅かの田畑を分けて貰い、分家の仲間入りをした。祖父は家族が多かったせいもあるが、〝水呑百姓〟以下の生活を余儀なくされていたようである。私の記憶は、その祖父が、情深かった下村の人びとから援助を受けていた事実を、はっきりとどめている。

私は〝牛が谷〟という村里離れた畑の中の一画を、いまでもよく覚えている。牛が谷は死牛馬を埋める墓場であり、呼び名もそこからきていた。処理にあたったのは全て下村の博労である。死牛馬ではあれ、解体は法的に禁じられていた。ところが、夜陰にまぎれて死牛馬を掘り出し、臓物を取り出したこともある。祖父は、バケツをもってよく貰いに行った、と話していた。

農繁期は僅かではあったが、賃仕事がはいってくる季節である。一年のうち、田植時期と収穫の秋がそうであったが、私の家は下村から雇われることもあった。下村の人びとは私の家の家計を見かね、目をかけてくれていたのである。その暖い想いやりが、いつか私の心に焼きついていた。

しかし、村全体としては下村に対し画然と一線を放ち、差別的にのしかかっていた。それは凄じいまでに徹底していた。村への出入りから始まり、秋祭りへの参加、入会地への立入りに至る日常生活の隅ずみにわたって、ことごとく排除していた。

私は、おたかさんという女性のことを、痛苦なしに想い出すことができない。精神障害者であったおたかさんは、友を求めて村にはいってきていた。子どもたちはその姿を見かけると、棒切れでぶったり、石を投げつけて追い返したりしたものである。悲しそうな眼をして、おろおろと帰っていく、おたかさんの淋しそうな後姿を、私はいまでも忘れない。下村から暖い想いやりを受けていた私も、おたかさんを虐待した子どもたちの中にはいっていたからである。

私の家は、農業だけでは食えないから、分業を敷いていた。母は家を守って農業を、父は出稼ぎに行って賃労働に励むのである。ある冬は父の仕送りが途絶え、米びつが空になってしまったことがある。思いあまった母は、隣家の米倉に忍びこみ、米を盗みだした。しかし、飢えをしのぐための盗みは不成功に終り、警察沙汰になってしまった。米を入れた袋には穴が開いていたのである。米粒が落ちこぼれ、一筋の白い流れが私の家へつらなっていた。その夜は雪が降らず、盗みの証拠を世間へさらしてしまったのである。

私は、十歳頃のことだったと思うが、しばしば、物置きをかねた米倉に閉じこめられた。いまもってその理由がわからない。考えられることは、祖父や父によく抵抗していたということくらいである。米倉はいつのまにか、私の生活の一部になってしまった。何か面白いものはないかと、嗅ぎまわったのもそのせいである。

ところが間もなく、閉じこめられた米倉の薄暗い二階で、生涯忘れることのできない事件が起こった。あのカール・マルクスと貧農の子の最初の出会いである。どんなふうにして発見したかは覚えていない。記憶にあるのはこうだ。その本は赤い革表紙の部厚い豪華なものであった。読みはしなかったと思うが、パラパラとページをくったにちがいない。「ブルードン」という言葉が記憶に残ったからである。

「哲学の貧困」がその書名であり、マルクスが書いたことを知るようになるのは、ずっとのちのことである。当時は、誰が書いた、どういう本だか興味もなかった。関心をもたないまま、長い時間が経過した。「哲学の貧困」について、やがて全てを了解することになる。十七、八歳の頃、父が大阪で新聞配達の仕事をしながら、一所懸命に学習した本だという。私は頭がさがる想いであった。「社会勉強しに行くんだよ」は、中学を卒業して社会に送りだす私への、父の花むけの言葉である。マルクスを読んだ父にして口にだせる、他の何にも替えがたい「贈る言葉」だった、と私は長じて理解した。

私は、「社会勉強しに行くんだよ」とはよく言ったものだ、と感動をあらたにしている。この言葉には、父の一種の人生哲学のようなものが、秘められていたのではないか、と考えさせられている。なぜなら、私がこれまで歩んできた道は、ひたすら社会勉強であったような気もするからである。しかし、私は父の思想と行動を一歩前進させた位置に立っている。父の志を継いだ貧農の息子はいま、社会勉強ではなく、社会変革を問題にする位置に立っているのである。

私は、部落解放運動との関わりの中から実に多くのことを学び、成長もしてきた。自分の受ける差別がよく視えるのは、誰の場合でも同じだと思う。ところが逆に、自分が差別する立場に立っていたり、現に差別していることはなかなか知覚できないし、視えにくいものである。

ここでは、私にとっての具体的な例を一つだけあげておこうと思う。前にとりあげた米の一件である。盗みは母が子どもを飢えさせないためにとった、生きるためのギリギリの選択だったであろう。私は心中、母に感謝してきた。

しかし私は、この感謝の気持の底に、恐るべき欺瞞の横たわっていることを発見した。盗みの責任を、母だけに背負わせていた、という余りにも醜悪な精神の腐敗を見てほしい。この私自身が、米泥棒の一家の息子ではなかったのか！　長い間、この真実に気づかずにきたことを知ったとき、私は差別の深さ、怖さを身にしみて感じずにおられなかった。

これは一体、何を意味しているのであろうか。一つは帝国主義国家権力の差別分断攻撃に屈服していること、二つは階級意識（自覚）の欠落ということであろう。帝国主義は階級支配の貫徹、延命のために部落差別を温存し、拡大しているのである。また、天皇制国家という共同体としての秩序は、部落差別を基盤に再生産され、伝統的に維持し強化されてきたといえる。

一般民である私の部落差別を捉える基準は、帝国主義国家の枠の中で、差別的な言動もさることながら、それ以上に、存在自体が差別であるというところにおき、この捉え返しをもって闘いの出発としている。腐敗にまみれた私の存在もまた、ひたすらに自由を求めているではないか。だからがゆえに部落差別を撤廃すること、部落を解放することは、私にとって自己解放（回復）の課題以外の何ものでもないのである。

余りにも長い、つらい階級支配と差別の歴史を転覆する課題は、すぐれて権力問題であり、帝国主義国家権力の打倒なしにありえない。私は、社会変革の中に、部落解放の展望を据えきっているものである。この延長に論を先へすすめるとなれば、闘争上の路線、戦略や戦術、さらに革命や前衛党の問題にまで行きつくが、はっきり言ってそれは、別の文脈で考察され、語られるべきであろう。

私は本稿を、長崎で起きた差別事件の報告でしめくくろうと思う。つらい内容ではあり、私の心もうずくが、やはり向きあわなければならぬ。差別発言を受けたのは、福岡の被差別部落の出身で、まだあどけなさを一杯にたたえた十五歳の少女（姓名はふせておきたい）である。差別事件はあろうことか、原水禁大会の取り組みの中で起こったのだ。

一九八七年八月八日午後二時頃、彼女は十五人ほどの仲間と浜町アーケード街に立ち、反戦を訴えるビラを配布していた。アーケード街はその日、夏休みと原水禁大会がかさなり、人波であふれていた。ビラは道行く多くの人の手に渡り、確かな手応えを感じていた、と「部落解放」と書かれたゼッケンを胸に着けた少女は話していた。

差別事件の際の具体的な模様と発言内容は、少女がまとめた「報告書」にもとづき、彼女自身に語ってもらおうと思う。

「私がビラまきをしていると、三十歳位のサングラスをかけた男が近づいて来たので、『お願いします』と、ビラを渡そうとすると『おう、お疲れさん』といい、受け取ってくれるのかと思いましたが、何か変だなと思わせる口調でした。そして、すれちがいざまに「たいへんやねー、エタ・非人は！」といいすてて、ビラも受け取らず通りすぎて行きました。」

「私は一瞬、体が硬直してしまいました。男の声が耳に残っているだけでカーッと頭に血がのぼり、何がなんだかわからなくなってしまいました。今、自分がどんな事を言われたのか考えていくうちに、涙があふれてきて、ただ、ぼーッと立ち、男を引き留める事など出来ず、またそのとき、私は引き留めようなどと、頭の中にありませんでした……」

彼女の「報告書」は、全文千六百字ほどの長さで、経過をきちんとたどっているが、それによると仲間の激励を受けて再び街頭に立っている。「あの男を必死に捜しながら、ビラを配っていました」と書いている。いったんは徹底的にたたきのめされた気持に鞭を当て、勇気を出して起ちあがったのだ。しかし、雑踏の中に差別者を追いながら、ビラを配布している少女の内面における烈しい葛藤が、私の心をしたたかにとらえる。

「あの『エタ・非人』という言葉が、頭をかけめぐり、いかりと、くやしさと、なにもいえなかった自分が、なさけなくてなさけなくてたまりませんでした」と告白しているが、彼女はそれでも挫けなかった。最後まで、仲間とともにビラ配布をつづけ、任務を全うしたのである。そして決意を新たにして、次のように「報告書」を結んだ。

「くやしいことに、あの男を見つけることはできませんでした。でも私は負けたくない。絶対にあの差別発言に屈服などしたくない。……今から先、就職や結婚など、いろんな問題が起こるかもしれませんが、差別に負けず闘っていきたいと思います」。

ところが、彼女が自分の肉体を切り裂き、不安と恐れをいだいて自分をためしたのは、この後である。腕に針を突きさし、流れ出る血の色を見きわめたという。人間としての存在を赤い血で証明し、確認しようとしたのである。闇の心をいだいて、生死の境をさまよった彼女を前に、自分が人間であることを疑ってみずにはおられなかったのは私の方であった。

私は、差別発言から一カ月余り経過した九月二十日、彼女に附き添って長崎を訪問した。彼女は復雑な想いで「現場」に立った。人通りは午前中でもあってまばらである。確認できるものは、彼女の胸の奥深くに刻まれた差別発言の内容と、この現場以外にない。あの日、雑踏の中に消えた差別者を見つけだすことは、いまとなっては不可能に近い。しかし、彼女の心に刻まれた傷は、生涯消えることがないことを私は胸を衝かれる想いで感じていた。

私は、現場に立った彼女に、二週間ほど前の同じ彼女をかさねて凝視していた。彼女は私にむかって嗚咽しながら心の内を明かした。それは必死に助けを求めるといったおもむきの、痛いたしい内容である。「口惜しいよ、悲しいよ、苦しいよ……」と、彼女は涙を流しながら訴えていた。私は、胸にこみあげる熱い感情を抑えながら、彼女の傷ついた心が血を流している光景を、秘かに想像していた。

現場にあらためて立った彼女は、多くを語らなかった。「やたらと空が見たかった」と、あの日の気持を想い出すようにポツリと語った。そして「空気が重たかった」とつづけた。そう言われて見上げると、アーケード街の天上はシートでふさがれ、上空を完全に遮ぎっている。しかし彼女が言いたかったのは空間のことではなく、心象風景ではなかっただろうかと思う。部落差別の厚い壁に閉じこめられ、圧しつぶされそうになっている自分のことではなかっただろうか、と私は考えた。

「アーケード街に火をつけてやりたい。」現場をあとにしようとしたとき、彼女がふともらした言葉である。「あの日もそう思ったが、今も同じ気持だ！」と急いでつけ加えた。私は安堵する気持で彼女の言葉を聞き、共感さえ抱いた。穏やかならぬ言葉ではあったが、彼女の差別発言に対する怒りの激しさ、深さをあらわした表現だったであろう。

彼女の前には、本質的なところで差別発言にカタをつけるための長い道程が横たわっている。その道は私が歩いていく方向でもある。私は、十五歳の少女が酷薄なまでにその生命を踏みにじられた現場から、部落差別との闘いの人生を出発させることを心から希いながら、長崎をあとにしたのだった。

おわりに

私は本稿で、長崎の部落史発掘作業の経過を中心におき、部落解放運動への関わり、生い立ちのとらえなおし、差別事件の報告と書きすすめてきた。だが、読み直してみて、私的なメモをいたずらに綴ってきたのではないだろうか、という気がしきりにしている。自分の辿ってきた道を整理することにはなったが、それを思うと、後ろめたい気持ちにとらわれてしまう。ただ、次のことだけは、はっきり言っておかなければならない。

すなわち、四百年前の誠に苛烈な部落差別とあの少女が受けた差別事件が、人間の非人間化を強いた差別・迫害の長い歳月を貫通する一個の鉄鎖で繋がれているということだ。歴史はまぎれもなく繰り返してきたのである。しかし、部落大衆が階級の底点から、「奴隷」の歴史とその鉄鎖を断ち切って、社会の主人公として登場するのは時間の問題であろう。

私は、部落大衆がすすめている全人民の解放と部落解放の崇高な事業を、自らの大義と掲げるものである。だからこそ、支配の歴史始まって以来の、階級の底深くに累るいと横たわる死者の民衆を数えずにはおられないのである。断わるまでもなくこれまでの歴史は階級支配の歴史であり、これを根底的に廃絶することが、死者をして正当に弔う道であろう。

私は階級の底の死者に自分を連ねることをもって、より激しく、現実の問題に肉迫してきた。それは逆にまた、現実の問題の根、つまり部落差別の元凶である帝国主義を打ち倒さんがためにこそ、死者の民衆へ熱い想いを寄せ、一人ひとりを数えてきたのである。残された道は、やがて、この私自身をして、階級の底深く眠る死者の民衆の一人たらしめることであろう。結論はやはり、生きかわり死にかわりして打つ田かな（鬼城）——をおいてない。

編集後記

（1）本書の底本は、社会新報から一九七〇年八月に刊行された『ナガサキの被爆者―部落・朝鮮・中国』である。本書第Ⅰ部に収録するにあたり、今日の立場から差別的表現が散見され、それを訂正した、差別につながる誤った表現は、使用者の思想の欠陥に根をもち、自己変革が強く要求され、それが果たされて初めて、当該の納得が得られる端緒になることを自覚して、表現の訂正をおこなったのである。

（2）一九六四年秋、雑誌『世界』に掲載された大江健三郎氏が執筆した、「ヒロシマ」をめぐるエッセイを読んだときの感動がわたしを揺り動かし、一九六七年の第一回現代評論社賞に「'67ナガサキの夏」を応募して佳作になった（銓衡委員＝青地晨・高橋和己・長洲一二・日高六郎）。

その後のささやかな執筆活動は、友人の渡辺鋭気さんの仲介で社会新報の池上徳三編集長の眼にとまり、新報新書の一冊として刊行企画に取りあげられた。企画内容の検討に当たっては、池上編集長のはからいで、土方鐵さんの助言を受けた。こうして『ナガサキの被爆者』は刊行されたが、新報新書の最後の一冊となった。

同書刊行後、大江健三郎氏が『社会新報』（一三五三号）へ次のような要旨の書評を書いてくださった。

「西村さんが『ヒロシマ・ノート』から喚起されて、といわれるとき、僕はあらためて、自分が鋭く問われるのを感じ、ほとんどいかなる批判によってよりも、恐ろしい動揺を経験した。

しかし、西村さんが、長崎で持続してきた行為の、思想的な結実が、このような立派な文章によって語られるのに接すると、なお自分が問いつめられる、という思いは持ちつづけながらも、深い喜びにみたされるのである。

そしていまは逆に、西村さんの仕事によって喚起されつつ、自分自身の新しい営為にむかってひそかに決意するのである。」

あわせて、今回は割愛させていただいたが、華僑青年闘争委員会の機関紙『底流』紙上に『ナガサキの被爆者』の書評を掲載していただいたことを特筆しておきたい。

（3）社会新報版『ナガサキの被爆者』は、日本図書センターのシリーズ『日本の原爆記録』第12巻（編集委員＝家永三郎・小田切秀雄・黒古一夫）に収録され、一九九一年五月に刊行される。

（4）第Ⅱ部のⅠは本書のための書下ろし。Ⅱの初出は『解放への照準』（一九七七年、社会評論社）。Ⅲの初出は『ながさき部落解放研究』第15号（一九八七年一〇月三一日、長崎県部落解放研究所）。

（5）社会評論社から本書の刊行にあたっては、多くの人たちから援助や激励をいただいた。諸般の関係で差しつかえのある友人や知人が多くいて、省略せざるをえないが、心から感謝したい。ただ二、三あげておくと『国策と犠牲』の編者の山口研一郎医師やその患者で、現代医療の会の会員の河原健一君。それに部落解放研究者の朝治武氏と竹森健二郎氏からは、誠実で、思いやりのある格別の激励をいただいた。深くお礼を申しあげたい。

最後になりましたが、社会評論社では『解放への照準』につづいて、二冊目の刊行になります。夢にまで見た、『ナガサキの被爆者』のリニューアル版が陽の目をみました。社会評論社の編集部の皆さんにはご協力のみか、適切な助言をいただき、厚くお礼を申し上げます。

二〇一六年七月二二日

西村豊行

著者紹介

西村豊行（にしむら・とよゆき）

著書に『ナガサキの被爆者―部落・朝鮮・中国』（1970年、社会新報刊。本書第Ⅰ部の底本）『解放への照準』（社会評論社）『ドキュメント荒本闘争』（部落解放理論センター）『部落解放への架け橋』（南風社）などがある。

1937年8月23日、大阪市大正区千島町にて生まれる。1944年４月、大阪市立千島国民小学校へ入学。1945年３月、大阪空襲が激しくなり、父の郷里の兵庫県美方郡新温泉町多子（旧照来村多子）へ縁故疎開。

1952年３月、新温泉町中学校卒業後、家業の農業に従事。後に戦前に開業していたクリーニング店を、大阪で父と二人で再建。

1955年４月、大阪府立北野高校定時制課程へ入学するも、１年で退学。クリーニング店の手伝いを続けながら、独学で文学を学習。

1961年２月、上京し、東京都品川区西小山のクリーニング店へ住み込みで就職。新日本文学会の文学学校へ入学するも、１年で退学。

３年間の東京生活を切り上げ、大阪へ戻った後、1965年９月、長崎へ居住を移す。翌年、小冊子「原点」を発行し、長崎の原爆被爆者のルポルタージュを書き始める。1967年第１回現代評論社賞佳作入選する。

1991年３月、大阪へ居住を移し、部落解放闘争に専念しつつ、書き続ける。2013年から福岡へ転居。

ナガサキの被爆者――死者の民衆は数えきれない

2016年８月15日　初版第１刷発行

著　者：西村豊行
装　幀：吉永昌生
発行人：松田健二
発行所：株式会社 社会評論社
東京都文京区本郷2-3-10　☎03(3814)3861　FAX 03(3818)2808
http://www.shahyo.com/
組　版：スマイル企画
印刷・製本：倉敷印刷